琼崖革命简史

QIONGYA GEMING JIANSHI

李德芳 ◎ 主编

中国社会科学出版社

图书在版编目（CIP）数据

琼崖革命简史 / 李德芳主编. —北京：中国社会科学出版社，
2013.8

ISBN 978 - 7 - 5161 - 3091 - 9

Ⅰ.①琼…　Ⅱ.①李…　Ⅲ.①革命史 - 海南省　Ⅳ.①K296.6

中国版本图书馆 CIP 数据核字（2013）第 192229 号

出 版 人	赵剑英
责任编辑	任　明
特约编辑	乔继堂
责任校对	石春梅
责任印制	李　建

出　　版	中国社会科学出版社
社　　址	北京鼓楼西大街甲 158 号　（邮编 100720）
网　　址	http：//www. csspw. cn
	中文域名：中国社科网　　010 - 64070619
发 行 部	010 - 84083685
门 市 部	010 - 84029450
经　　销	新华书店及其他书店

印　　刷	北京奥隆印刷厂
装　　订	北京市兴怀印刷厂
版　　次	2013 年 8 月第 1 版
印　　次	2013 年 8 月第 1 次印刷

开　　本	710 × 1000　1/16
印　　张	13
插　　页	2
字　　数	219 千字
定　　价	40.00 元

目　　录

引　言

中国共产党在海南岛领导的琼崖革命因"二十三年红旗不倒"而闻名于世。聂荣臻曾盛赞琼崖纵队："孤岛奋战，艰苦卓绝，二十三年红旗不倒。"[①] 周恩来也曾指出："海南斗争，坚持二十三年红旗不倒，这是很大的成绩。""从大革命起……两面不倒的大旗，一是陕北，一是海南，对我们国家民族贡献很大。"[②] 琼崖革命以其独特的风采镌刻了中国革命史上的光辉篇章。

中国共产党领导琼崖革命胜利的原因有许多，琼崖共产党人的革命精神是其中十分重要的因素。琼崖革命精神主要包括如下几个方面：

一是坚定的共产主义理想和马克思主义信念。理想信念是中国革命动力的精神源泉。邓小平曾经指出："根据我长期从事政治和军事活动的经验，我认为，最重要的是人民的团结，要团结就要有共同的理想和坚定的信念。我们过去几十年艰苦奋斗，就是靠用坚定的信念把人民团结起来，为人民的利益而奋斗。没有这样的信念，就没有凝聚力。没有这样的信念，就没有一切。"[③] 中国共产党领导琼崖革命历经几起几落，征途坎坷。琼崖革命的红旗之所以始终不倒，靠的是琼崖共产党人坚定的共产主义理想和马克思主义信念。

从一定意义上说，琼崖革命精神形成的过程就是琼崖共产党人坚持共产主义理想和马克思主义信念，英勇奋斗、不怕牺牲的过程。琼崖革命的斗争，是在远离大陆的海岛上进行的。敌我力量之悬殊，斗争环境之险恶与艰苦，在中国革命历史上实属罕见。面对险恶的环境，琼崖共产党人和革命群众始终斗志昂扬，克服了武器装备差、弹药不足、给养不足等严重困难，创造出了惊天地、泣鬼神的英雄事迹。琼崖工农红军总司令冯平在

---

① 《琼岛星火》编辑部：《琼岛星火》第 23 期，1997 年 12 月，第 313 页。
② 转引自赵康太主编《琼崖革命论》，南海出版公司 2005 年版，第 265 页。
③ 《邓小平文选》第三卷，人民出版社 1993 年版，第 190 页。

反"围剿"的斗争中不幸被捕后，大义凛然，始终坚信"革命是杀不绝的，共产主义一定会实现"。面对敌人的高官利诱，他毫不动摇，称"要我不信共产主义，比太阳从西边出来还难"！冯平作为琼崖革命的一位杰出领导人，坚贞不屈，他为实现共产主义理想而奋斗的坚定的革命信念，对琼崖人民起到了巨大的鼓舞作用。

在琼崖革命史上，有两次具有深远意义的历史转折。一是内洞山会议的召开。1928年在琼崖第一次反"围剿"处于十分紧急的关头，琼崖党组织在内洞山召开会议，正确分析了当时的革命形势，建立了以冯白驹为核心的琼崖特委领导核心，确定了坚持武装斗争、土地革命和农村革命根据地建设的工作路线和工作方针，指明了前进的方向，为琼崖革命的红旗不倒奠定了组织基础和思想基础。二是母瑞山艰难岁月的坚持。1932年琼崖红军的第二次反"围剿"斗争失败，琼崖革命进入空前艰难的时期。冯白驹带领着幸存下来的琼崖党政机关干部和红军指战员共100多人，进入母瑞山深处，坚持斗争。由于生存环境的恶劣和敌人的封锁，队伍到后来仅剩26人，但不管环境多么恶劣，斗争多么艰苦，他们始终抱着坚定的共产主义信念。在8个多月艰难的岁月里，他们当中没有一个人逃跑，没有一个人叛变，最后在冯白驹的领导下成功突围。母瑞山的艰难岁月是琼崖革命斗争中最具重要意义的一段时期，它保存了革命的领导骨干，保存了革命火种。琼崖革命的红旗不倒，是千千万万共产党人和革命群众凭借坚定的共产主义理想和马克思主义信念，在血与火的斗争中创造出来的不朽奇迹。

二是孤岛奋战、自立自强、敢为人先的精神。海南岛地处南疆边陲，孤悬海外。在敌人的包围和封锁下，琼崖革命在人力、物力和财力上不可能得到大陆的大量支援，甚至在理论政策和措施上也难以及时得到中共中央的指导。加之岛内经济落后，军民用品困乏，革命环境异常困难。琼崖共产党人和革命群众在孤岛中英勇奋战，诠释了自立自强、敢为人先的革命精神。

海南岛特殊的地理环境，使琼崖男性大多出岛谋生，女性则不得不承担起家庭中的绝大部分户外劳动和全部的家务劳动，成为家庭生产的支柱。特殊的生存环境造就了琼崖女性在心理、个性人格上的男性化特征。这种特殊的文化个性在近代妇女解放运动的思潮和中共琼崖特委妇女工作的指导思想的催化下，演变成一种自立自强的女性意识，催生了名垂青史的"红色娘子军"，即中国工农红军第二独立师第三团女子军特务连。女子军积极宣传发动群众工作、放哨，配合主力红军作战，声名远扬。

女子军特务连作为中国共产党建立的一支妇女武装，是中国人民革命斗争史上的创举。"斯为中华妇女解放之旗帜，海南人民革命之荣光"。①它虽然在历史上存在的时间不长，但其坚强的斗争意志、不怕牺牲、自立自强的精神对后来琼崖妇女的革命斗争产生了重要的示范作用。1943 年，万宁县政府炊事员、共产党员符英在日军进攻六连岭根据地时不幸被捕。面对严刑拷打和威逼利诱，她决不屈服。气急败坏的日寇残暴地割掉她的乳房、耳朵，砍掉她的双臂和双腿，挖出她的眼睛，但她没有屈服，不断高呼"打倒日本帝国主义"、"中国共产党万岁"的口号，最后日寇割去了她的舌头。符英牺牲时，年仅 29 岁。② 在琼崖革命中，有许多像符英这样的女性。在琼崖革命历史上，妇女半边天的作用十分突出。这是琼崖革命的一个显著特色。

琼崖革命斗争过程中，自立自强、敢为人先的事例不胜枚举。历史证明，琼崖共产党人和革命群众就是在极为恶劣和困难的条件下，坚持孤岛奋战，发扬自立自强、敢为人先的创业精神，克服了无数困难，用生命和信仰保证了琼崖革命的红旗始终不倒，最终奏响革命胜利的凯歌。

三是紧密依靠群众，始终保持与群众血肉联系的优良作风。中共琼崖地方组织作为琼崖革命的领导核心，从建立伊始就把宣传群众、组织群众、发动群众、服务群众作为自己的任务，在革命斗争中紧密依靠群众，始终保持与群众血肉联系的优良作风。

琼崖革命是琼崖共产党人从群众的根本利益出发，带领人民进行的反帝反封建的革命。在艰苦的革命斗争中，琼崖党组织始终坚持为人民服务这一方向，努力通过红色政权去组织群众，建立党和革命军队与群众的鱼水关系。1932 年，由于敌人的疯狂"围剿"，琼崖六连岭革命根据地的红军给养变得十分困难。北墩村的革命群众得到消息以后，冒着生命危险，穿过敌人的封锁线，千方百计把粮食和食盐送上了山岭，自己却勒紧腰带用薯根、野菜充饥。在六连岭的山洞里，100 多名群众被国民党陈汉光部队围困，为了保护红军战士，他们宁可集体饿死，也没有一个人供出红军

---

① 中共琼海县党史办公室编：《琼海革命斗争史》，中国三环出版社 1990 年版，第 145 页。
② 中共海南省委党史研究室、海南省民政厅编：《琼崖英烈传》第 3 辑，海南人民出版社1991 年版，第 129 页。

的踪迹。

抗日战争时期，琼崖党组织在艰苦条件下，十分注意和关心群众的生活和困难，经常派出党政机关干部和战士协助群众干农活，解决其生产困难。为发动人民群众支援抗战，琼崖各级党政机关和人民团体做了大量的工作，各地普遍出现了妻送郎、母送子、兄弟相争入伍的局面。解放战争时期，琼崖人民鼎力支持革命，积极捐粮捐款。1949 年 12 月 27 日，中共琼崖区党委发出《准备粮食迎接大军解放海南的紧急通知》，向全琼人民开展最后一次筹粮，掀起筹粮筹款的"一元钱、一斗米"运动。仅一个月的时间，北区就筹粮 22000 石，其中琼山县筹粮 4300 石，文南、文北两县筹粮 8000 多担；东区的定安县筹粮 12000 石、番薯杂粮 5 万余斤，南区仅崖县就筹粮 3000 石，遭敌人严重洗劫的西区人民也筹粮 9000 余石；五指山区的黎、苗族群众也争着把粮食贡献出来。据不完全统计，仅乐东县就筹粮 13000 多石，白沙县筹粮 2700 多石。① 在短短的一个多月的时间内，全琼共筹粮约 5 万石，并且组织起 6 万余人的支前队伍，为迎接中国人民解放军野战部队渡海作战提供了胜利的保证。

冯白驹在纪念中国共产党成立 30 周年时写道：海南人民在革命斗争中"坚持下去并且能够发展的主要原因，就是我们始终依靠群众，联系群众，得到了海南人民的拥护与支持"。② 他用"不是山藏人，而是人藏人"这句话来形容琼崖革命。他的这句话可谓对党的群众路线的最朴实、最通俗易懂的概括。的确，在琼崖革命过程中，党与人民群众建立了紧密联系，人民群众为革命的胜利付出了巨大的牺牲。琼崖革命不倒的红旗，正是千千万万的琼崖共产党人和革命群众甘于奉献，用鲜血染红的。琼崖革命的历史，就是一部党依靠群众，团结群众，发动群众，与群众同呼吸共命运的历史。

四是五湖四海的领导胸怀和民族团结的精神。琼崖革命初期，革命形势发展迅速，干部短缺。中共中央和广东省委十分重视向琼崖输送大陆革命干部，早期曾派遣罗汉、吴明、鲁易和李实等党、团员赴琼培养干部和指导工作。在琼崖党组织成立后，中央更是加强了对琼崖革命的指导与人

---

① 中共海南省委党史研究室编：《红旗不倒——中共琼崖地方史》，中共党史出版社 1995 年版，第 489 页。

② 中共海南区党委党史办公室编：《冯白驹研究史料》，广东人民出版社 1988 年版，第 262 页。

力上的援助，经常分批派干部来海南协助琼崖党组织工作。琼崖党组织也十分重视外地干部的作用，并坚持用人唯贤、量才任用的原则，将外地干部充实到琼崖党政军的各级领导岗位中。其中非常典型的有来自延安的刘亚东，来自广东的欧照汉、陈健、黄康，来自南路地区的李英敏、罗文洪，以及从南洋回来的陈青山、杨少民、符思之等。冯白驹非常重视对这些外来干部的使用。他反复强调：要善于团结培养干部，发挥干部的积极性，特别是善于团结使用外地干部，发挥外地干部的积极性。这充分体现了冯白驹作为琼崖党组织领导人"五湖四海"的博大胸怀和高超的领导艺术。琼崖革命的胜利，是与"五湖四海"的革命干部精诚团结，为共产主义理想而前赴后继，甘洒热血于琼崖的革命精神分不开的。

海南岛是一个由大陆移民而来的多民族共同生活的海岛。黎族和苗族是海南主要的少数民族，除文昌等几个县为纯汉区以外，大多数县是民族杂居的地区。少数民族是中国革命的一支重要力量。在长期的革命斗争中，琼崖共产党人认识到民主革命是广大人民群众自己解放自己的伟大事业，只有发动包括少数民族在内的广大民众，依靠包括少数民族在内的广大民众的力量，才能取得革命的胜利。早在1927年陵水暴动中，琼崖党组织就开始了团结少数民族的工作。当时在暴动中，琼崖党组织争取到了黎族首领王昭夷的支持。王昭夷曾担任琼崖第一个县级人民政府——陵水县苏维埃政府成员。此后有大量的少数民族首领或者能人成为琼崖革命的重要干部，如母瑞山一带的苗族首领朱日明、吊罗山一带的苗族首领陈日光、白沙地区黎族首领王国兴、黎族排长陈理文等。至海南岛解放时，琼崖纵队每五个人中就有一个是黎族同胞。黎族、苗族优秀分子被吸纳到革命领导层中，为海南岛的解放事业作出了巨大的贡献。在中国共产党的领导下，岛内各民族团结一致，共同对敌，为琼崖革命的胜利提供了重要保障。

以上四个方面的琼崖革命精神，概括起来就是：红旗不倒，信念坚定；自立自强，敢为人先；依靠群众，甘于奉献；五湖四海，民族团结。重温琼崖革命血与火的历史，品味琼崖共产党人给我们留下的宝贵精神财富，将给当代中国特色社会主义伟大事业注入强大的精神动力。

第一章　黑暗琼崖

——近代琼崖社会透视

中国最南端的海南岛（琼崖）"孤悬海外、美丽富饶"，是我国南疆的重要门户，有着极其重要的战略地位。全岛有3.4万平方公里的陆地，1584公里的海岸线，四面环海，北部与祖国大陆之间被深狭的琼州海峡相隔，西部是宽阔的北部湾，东部和南部通过浩瀚的南中国海与越南、菲律宾、马来西亚、印度尼西亚和文莱等东南亚国家相邻。海南岛地理环境十分复杂，由山地、丘陵、台地、平原构成环形层状地貌，地势呈斗笠状，中部为地势险要的高山密林，向四周逐级降低，沿海一带多为平原。海南岛以中心腹地五指山为核心，围绕着母瑞山、六芹山、六连岭、尖峰岭等绵延起伏的山脉，地势十分险要。列宁指出："革命不是制造出来的，革命是从客观上（即不以政党和阶级的意志为转移）已经成熟了的危机和历史转折中发展起来的。"[①] 琼崖革命的发生不是偶然的，它是近代琼崖经济发展和政治变革的客观要求，是琼崖社会矛盾不断激化的必然结果。

一、近代琼崖经济："一文一仙皆交入'洋老爷'之手"

鸦片战争前，琼崖的经济基本上是以农业为主的自给自足的自然经济，较之于内地其他地区，生产方式更加落后，生产力水平更加低下。《海南岛新志》中这样记载："本岛除都市外，尚滞留于原始农业时代，工商业更无论矣。"[②] 近代琼崖的产业除了农业外，主要还有渔业、极不

---

① 《列宁选集》第2卷，人民出版社1995年版，第487页。

② （民国）陈植编：《海南岛新志》，海南出版社2004年版，第145页。

发达的工商业、盐业等，工业更是原始而落后，工厂规模小，设备简陋，机械化程度很低。"本岛工业原极幼稚，近代工业日本占领后肇其端，然亦限于规模。"① 商品经济很不发达，输出的商品以土特产品为主，有位到中国旅行的外国人曾这样描述："海南整个岛都是不毛之地，除了兽皮、大米和砂糖以外，没有可输出的货物。"②

鸦片战争后，中国社会性质发生了深刻变化，封建的中国一步步沦为半殖民地半封建的国家。地处中国最南端的琼崖也同整个中国一样，开始进入了激烈动荡的年代。自 1858 年清朝政府在美、英、法、俄等资本主义列强的武力威逼下，签订了丧权辱国的《天津条约》，规定开放琼州为通商口岸以来，西方列强开始利用不平等条约，加紧对琼崖进行经济侵略和掠夺，琼崖逐渐从封建社会沦为半封建半殖民地社会，长期处于"军阀压迫，外资榨取，土匪抢劫，天灾流行，痞绅鱼肉种种恶劣环境的当中"③。

19 世纪下叶，琼崖社会的自然经济开始解体，商品经济逐步活跃。20 世纪初，在广东华侨投资近代资本主义工业企业的影响下，南洋一带的华侨首先开始从事海南资源开发和兴办近代工商业。最早兴办起来的主要是橡胶等热带作物的种植，根据《海南岛志》记载："海南之植胶实始于乐会人何麟书，彼经商南洋，习知树胶之利，于宣统二年（1910 年），运回三叶树胶数千株，植于定安之落河沟地方。"何麟书在定安建立琼安公司；种植从南洋带回的种子及胶苗，获得成功，从而引起更多的华侨投资，在海南广种橡胶。接着咖啡、椰子、菠萝等其他热带作物也有很大发展，工商矿业等各种实业也随之逐渐发展起来。20 世纪 20 年代，海南兴起的中、小工业有 20 多种，其中仅盐业公司就达 120 多家。1915 年，华侨姚如轩等人合股兴办琼郡启明电灯公司，其设备为一部 20 马力的柴油机，开创了海南岛使用电力之先声。④ 这些华侨回海南投资兴办的实业实际上已经具有近代资本主义性质，促进了琼崖商品经济的进一步发展。然而，由于近代琼崖社会动荡不安，同时深受帝国主义和军阀、官僚的掠夺

---

① （民国）陈植编：《海南岛新志》，海南出版社 2004 年版，第 202 页。

② 林日举：《海南史》，吉林人民出版社 2002 年版，第 356 页。

③ 陈永阶：《琼崖革命先驱者文集》，《琼岛星火》编辑部，1985 年，第 67 页。

④ 许士杰、章锦涛、吴郁文：《海南省自然、历史、现状与未来》，商务印书馆 1988 年版，第 119 页。

压迫，刚刚兴起的琼崖工商业十分脆弱，始终无法得到充分发展。

西方帝国主义列强利用不平等条约，对琼崖进行疯狂的经济侵略和掠夺，加速了琼崖的半殖民地半封建化进程。外国资本主义势力通过对海关和海运的控制，垄断了海南的贸易。他们相继在海口、加积、那大、三亚和崖城等市镇开设洋行，向海南大量倾销鸦片和商品，获得了巨额利润。据《粤海关志》记载：仅 1886 年一年，输入海南的鸦片就达 1916 担（每担为 100 斤），价值白银 149 万两，几乎占同年输入洋货总值的 64.7%。输入海南洋纱的数量 1876 年只有 39 担，到 1891 年达 17184 担，仅 15 年间就激增了 440 倍。输入海南洋油的数量，1882 年只有 6980 加仑，到 1925 年增加到 1511486 加仑，超过 216 倍。①

与此同时，西方帝国主义列强还疯狂地掠夺海南的矿产资源和土特产品。早在 19 世纪中叶，西方帝国主义列强就开始在海南开矿办厂，掠夺自然资源，如海南石碌的铁矿、西沙群岛磷矿、南海的海洋资源等。各国侵略者大量廉价地强制收购海南的农副产品及土特产，例如民国以后，每年从琼崖输出大量的土特产品，其中赤糖达 10 余万担，芝麻 10000 担，瓜子 30000 担，槟榔 25000 担，椰子千余万个，椰肉干 3000—4000 担，藤 6000—7000 担，还有大量的其他土特产品。② 19 世纪下半叶至 20 世纪 20 年代，琼崖输入洋货的总值不断递增，而输出的农副产品及土特产价格低廉，从而导致对外贸易连年入超。

西方列强大量倾销商品和廉价掠夺自然资源，使琼崖的民族工业和与农业紧密结合的传统手工业遭到严重破坏，导致传统的农业也出现萎缩，粮食生产每况愈下，唯有内地及东南内陆一些黎、苗族地区情况较好外，广大沿海汉族地区严重缺粮。1891 年后，城镇及官方食粮逐渐依赖于洋米，陷入外国资本主义的控制之中。③ 当时一位琼崖革命先驱曾满怀激愤地描述道："试看我琼崖地方上，所有的货物，有几件是我琼崖的土产？布满市场，没有不是洋货，甚至日用所需：一丝一缕、一针、一杯、一碗，亦莫不是洋货。兵战而败，只是受一时的痛苦。被商品侵略，而不知觉悟，真是灭亡可不旋踵哪！所有的一文一仙，皆交入'洋老爷'之手，

----

① 中共海南省委党史研究室编：《红旗不倒——中共琼崖地方史》，中共党史出版社 1995 年版，第 7 页。

② （民国）陈铭枢总纂，曾蹇主编：《海南岛志》，海南出版社 2004 年版，第 390—469 页。

③ 林日举：《海南史》，吉林人民出版社 2002 年版，第 357 页。

欲不穷真是不可多得的啊。一切从前的手工生活，皆被'洋老爷'打倒，吾人只有分利而无生利，财政命脉，已被洋资本家夺去了。"①

总之，西方帝国主义列强与琼崖的封建地主、官僚、军阀相互勾结，控制了琼崖的经济命脉，对琼崖人民进行残酷的压迫与剥削，琼崖自给自足的自然经济和微弱的民族工业遭到致命打击。

二、近代琼崖政治："黑暗的军阀'暴恶政治'"

随着近代琼崖经济上的深刻变化和国内政治的剧烈动荡，民国初年以后，琼崖终年战祸不断，政局变化频繁无常。"政治方面，受数千年专制淫威之浸润，产业幼稚，文化落后的琼崖，其宗法社会所产生的传统的习惯，消极的思想……均给封建制度所孳乳下的割据式军阀以延长其命运的最好机会。"② 从辛亥革命到 1926 年年初，琼崖先后被陈世华、黄志桓、龙济光、沈鸿英、李根源、邓本殷等大小军阀统治。这些军阀大多是当时广东军阀的嫡系，他们在帝国主义和封建主义反动势力的支持下，长期盘踞琼崖，实行着黑暗的军阀"暴恶政治"统治。

统治琼崖的反动军阀对外勾结帝国主义势力，百般讨好，软弱无能；对内横征暴敛，欺压百姓，胡作非为。琼崖革命先驱王器民在《新琼崖评论》第九期上发表的《琼人还不激起自救吗?》一文中，揭露当时的黑暗统治时写道："琼崖自逆党盘踞了后，把琼崖底地皮，来供给逆党的军饷，和爪牙分肥；其吸夺民膏，如剥茧抽丝一样似的，开赌卖烟……现弄出经济恐慌，疮痍满目，食不得！寝难安！上天无门，入地无路的现象……逆党同这班走狗，我想不出什么美名来替琼人恭贺他们，只可假吴稚辉先生两句'畜生畜生'的话赠他们做流芳百世的德政罢了。"③

反动军阀横征暴敛，巧取豪夺。反动军阀龙济光控制海南后，对琼崖人民进行残暴的统治，大肆扩充自己的军阀武装，其中仅 1914 年一年军费就高达 1102 万元。一方面利用军队实行独裁统治，查禁进步书籍，扼杀言论自由，残酷迫害进步人士，到处捕杀革命党人和与革命党人有联系

---

① 丰仁:《琼崖的两股贼》(1924 年 2 月 1 日)。中共海南省委党史研究室编:《琼崖大革命史料选编》，1994 年，第 71 页。

② 中共海南省委党史研究室编:《琼崖大革命史料选编》，1994 年，第 272 页。

③ 陈永阶编:《琼崖革命先驱者文集》，《琼岛星火》编辑部，1985 年，第 50—51 页。

的群众。另一方面，为了满足庞大的军费开支，千方百计掠夺搜刮财富，开征名目繁多的杂税，重开赌禁，纵容包庇贩运鸦片，收取赌饷和毒饷，从中牟取暴利，积极为其主子袁世凯复辟效力。

邓本殷统治期间，恣意搜刮民脂民膏，苛捐杂税名目多达200多种，如田亩捐每亩收银七元，房屋捐每间收银一元三角，水牛每头抽银一元，椰子树每株抽银四角，人头税每丁收银一元等，此外还有结婚税、女子出阁捐、道路捐、祠堂捐等名目繁多的项目。据统计，每年从捐税搜刮光洋近千余万元。甚至不惜使贩毒、卖淫等社会丑恶现象合法化，公然征收鸦片烟税、娼妓税。为了攫取更多的钱财，反动军阀广开烟馆赌场，铸假银元，滥发钞票，贩卖鸦片，销售军火，杀人放火，无恶不作。当时，整个琼崖官场腐败成风，甚至公开卖官鬻爵，从排长、连长、营长到县长，明码标价分别为600元、2000元、6000—10000元，买到官职的官吏到职后，便会变本加厉地疯狂掠夺和压榨人民的血汗。

反动军阀拥兵自重，放纵其部属，到处为非作歹，官匪勾结，兵匪合流，肆无忌惮地敛财和诛戮群众。邓本殷的部下陈凤起，嗜杀成性，"视人命如草芥，以人肝为珍馐，居常宴饮，非人肝无以称快！时人号为'生阎罗'！民人死再其刺刀之下者，不知凡几！地不分南北东西，人无以男女老少，一经捕获，戮身取肝，无一幸免！"[1] 1923年邓本殷的军队在儋县新英港内"奸杀妇人"，"焚毁数百家，死亡亦众"，"及旅长陈凤起乘兵至马井，复派兵焚屋外，并令黄营长玉书人南岸村，缉获男妇三十人，除留妇人二口外，所有二十八人均行枪决"。[2] 陈凤起在文昌清乡因勒索不遂枪毙百余人，定安枪毙百余人。陈庆图在定安、乐会、万宁四出勒索不遂而杀戮了80多人！[3]

黑暗的军阀"暴恶政治"统治，导致琼崖各地恶霸土匪横行，农商荒废，经济凋残，民不聊生，琼崖人民挣扎在死亡线上。《琼崖革命同志大同盟成立宣言》曾描述当时的"悲苦惨况"道："琼崖（各军阀）相继盘踞，肆其蹂躏，至邓本殷而益变本加厉，臻于绝顶——烟馆遍地，捐税层生，勒赎拉夫，杀人放火，私铸伪银，强迫种烟，无所不用其极，致

---

① 吴家桧：《海南近志》，台湾鹤见广告传播有限公司1993年版，第220页。
② 中共海南省委党史研究室：《红旗不倒——中共琼崖地方史》，中共党史出版社1995年版，第32页
③ 中共海南省委党史研究室编：《琼崖大革命史料选编》，1994年，第302页。

使工缀于肆，农缀于野，商缀于请帖市，士缀于校，其欲生不得想死不能的悲苦惨况，真是令人见之坠泪，言之心痛……唉！渴想解决琼崖社会问题的人们，对于琼崖现在的暴恶政治作何感想？"①

反动军阀对琼崖人民实行残暴统治，却对帝国主义卑躬屈膝，甘愿充当其走狗，成为帝国主义在琼崖的代理人，干着见不得人的罪恶勾当。1924年，琼东县嘉积基督教会美国传教士冯卓支被土匪所杀，美国以保护侨民的借口，派出军舰侵入海口进行威胁恐吓。军阀邓本殷为了取得美帝国主义的支持，非但不敢抵抗，反而主动向美帝国主义献媚，立即以清乡为名向人民举起屠刀，派人到嘉积杀害了几十名无辜百姓，并向美方承诺赔偿所谓杀人款40万银元，请美方了事。为了进一步讨好帝国主义，邓本殷甚至以出卖海南的主权和资源为代价，阴谋伙同北洋军阀、广东军阀陈炯明等，企图同美方代表签订卖国协约。

三、近代琼崖人民生活："徘徊歧路，找无逃生之路"

反动军阀与帝国主义列强狼狈为奸，相互勾结，在极端黑暗的反动军阀统治下，琼崖人民过着悲惨的生活。当时在陵水一带曾流传着这样一首民谣，成为当时琼崖人民苦难生活的真实写照："乌云压压把天遮，穷人租债重如山；年关三十又来到，抱仔哭啼心如麻。乌云压压把天遮，荒年卖仔去逃命；求得清风来相助，干柴烈火明路行。"②

琼崖聚居着汉、黎、苗、回等民族，自远古以来，勤劳勇敢的琼崖各族人民，用自己辛勤的汗水和智慧不断开发着这块美丽富饶的宝岛，创造了悠久的历史和文化，对巩固和发展多民族的国家作出了很大的贡献。近代琼崖人口约有200万人，除土著的黎族外，其他外来人口主要是经过长期一代又一代移民以流徙、避难、贬谪等方式从岛外迁徙而形成的。人口中汉族占绝大多数，主要分布于琼崖环岛四周，黎族占20万，苗族占5万，回族1000人③，黎、苗族大多居住在海南岛的中部山区，回族则主要生活在崖县羊栏区一带。

在帝国主义、封建主义和反动军阀的残暴统治和压迫下，琼崖的阶级

---

① 中共海南省委党史研究室编：《琼崖大革命史料选编》，1994年，第272页。
② 转引自《琼岛星火》第7期，第3页。
③ （民国）陈植编：《海南岛新志》，海南出版社2004年版，第81页。

矛盾和民族矛盾空前尖锐，社会经济受尽摧残，琼崖各族人民生活在水深火热之中，近代琼崖社会也陷入了灾难的深渊。腐败无能的清政府为了支付巨额的战争费用和战败赔款，解决由此造成的财政危机，对人民横征暴敛，把这些沉重的负担转嫁到包括海南在内的全国人民身上。除了负担名目繁多的所谓"厘金"、"战败赔偿摊派"、"捐献"、"附加税"外，海南人民还要负担极其沉重的田赋、"色米"。琼崖"地方财政尤甚，各县市署及城乡警团学各机关团体皆得自由征收杂税。税目繁苛，几于无物不税。轻重由己，办法错杂。重重抽剥，有一物数税或十余税者"。海口捐税征收中，"烟灯附加税捐"，"每月或每晚每盏灯收银二毫"。① 与汉族地区相比，少数民族地区负担更为沉重，"如海南崖州汉区，田赋额银一两折一千八百文，民色米一石折钱四千文。黎族地区剥削更重，额银一两折钱一千八百文，黎色米折钱五千五百文，加重百分之四十以上"。② 各地的贪官污吏在催征中又巧立名目、勒索苛派，往往造成人民的实际负担多于应纳粮额数倍，从而使原本贫困的琼崖人民纷纷破产，更加陷入绝境。

随着海南的自然经济遭到严重破坏，地主阶级同买办资本、高利贷资本之间的相互勾结和日益结合，大大加速了琼崖土地的迅速集中，加剧了对广大农民的榨取和盘剥。从20世纪初以来，琼崖的耕地面积中70%—80%的土地被地主阶级占有，而地租至少占收获物的半数甚至70%。在陵水县独霸一方的"土皇帝"大地主张鸿犹，勾结官府洋人，仗势横行乡里，鱼肉百姓，先后强占乡民宅基地20多亩，霸占良田4000多亩，每年收取租谷高达3000多担。此外，还蓄养家奴、保镖，包揽庙产、公田，私吞财物不计其数。1925年当陵水发生重大旱灾，粮食绝收，饿殍遍地时，张鸿犹等却丧尽天良，攀结官府，乘机垄断市场，哄抬粮价，牟取暴利。把原本每升60串钱的大米抬到每升300串钱，同时却将原本1个光洋兑换3000串钱压低到260串钱，贫苦百姓向他借粮时，又采取小斗放出、大斗收回、借一还二的办法坑害他们。新中国成立后拍摄的影片《红色娘子军》中的南霸天便取材于此。当时琼崖的高利贷亦达到了惊人的地步，一分本一分利，有的甚至高达"一本二利"。万宁县有个穷苦农

---

① （民国）陈铭枢总纂，曾蹇主编：《海南岛志》，海南出版社2004年版，第191页。

② 胡传：《游历琼州黎山同行程日记》，转引自黎雄峰《海南社会简史》，海南出版社2003年版，第200页。

户借了地主的一把钩刀使用，几年后竟然因还不起本和利，被夺去了田地，而后地主就用收获的租谷向这片田地的农户放高利贷，巧取豪夺，几年间便将整片田地归入地主名下。在官府、地主的压迫、剥削下，琼崖大批农民被迫典押、出卖土地，而广大丧失土地和少地的农民为了维持生计，不得不向地主租种耕地或为地主当雇农，受尽了地主的残酷剥削和压迫。

在近代琼崖社会，广大黎族等少数民族群众更是生活在地狱的最底层，他们在遭受同汉族贫苦农民一样的剥削压迫的同时，还要受到民族歧视和民族压迫。据国民党县党部农民运动部1927年的调查资料记载，每年在黎族聚居的昌江县农村人口中，完全没有土地的佃农、雇农大约占55%，只有10亩以下耕地的农户大约占20%，大约占有全县耕地总数的13%，而总数只占人口14%的地主、富农，却占有全县耕地的81%。无地、少地的农民沦为佃农、雇农后，境况十分悲惨，辛辛苦苦劳作一年，给地主交完租后，自己留下的甚至连穿衣吃饭都不能保障。往往遇到天灾人祸，年成不好，就不得不挨饿受冻，成群结队出外逃荒要饭。每当此时，到处田地荒芜，饿殍载道，一片凄凉悲惨的景象。①

近代以来，不少琼崖人特别是文昌、琼东、琼山、乐会等沿海一带地区的穷苦百姓，被生活所迫，不得不一次又一次冒着生命危险，漂洋过海，辗转于东南亚等地谋生，"文昌、琼东、乐会、万宁、琼山、定安、澄迈等县，乃竟向安南、暹罗、南洋群岛间经营农工商诸业，其有往安南作佃农者"。②据统计，1876—1898年，琼崖往东南亚等地华人有344698人。③ 1914—1924年，仅是往新加坡移民的就多达6300多人，如果再加上往欧洲、美洲的人数就更多。帝国主义侵略者在对琼崖进行掠夺和剥削的同时，还在琼崖各地进行拐卖华工的罪恶勾当。在漂流海外的琼崖人中，有不少是以"招募华工"的名义而实际上被当作"猪仔"拐卖到海外的华工。他们上船后被关进船舱，"并肩叠足而坐"，"交股架足而眠"，途中死者枕藉。④ 而经过长途跋涉最终幸运活下来的人，在异域他乡过着

---

① 参见程昭星、刑诒孔《黎族人民斗争史》，民族出版社1999年版，第177页。
② （民国）陈铭枢总纂，曾蹇主编：《海南岛志》，海南出版社2004年版，第134页。
③ 陈翰笙主编：《华工出国史料汇编》，中华书局1980年版，第156页。
④ 中共海南省委党史研究室编：《红旗不倒——中共琼崖地方史》，中共党史出版社1995年版，第11页。

非人的生活：男的被迫从事挖矿、垦荒、筑路等种种苦工，当牛作马；女的被迫沦为娼妓，命运极其悲惨。

琼崖革命先驱周士第1925年在《新琼崖评论》第22期发表的《琼崖的"压迫阶级"与"被压迫阶级"》一文中指出："琼崖的社会上只有两种阶级：军阀、土匪、绅士（反动的教育界也拨归在内）是'压迫阶级'；农人、工人、学生、小商人是'被压迫阶级'"。而琼崖农民占全琼崖人口的十分之八九①，在以农业为主的琼崖社会，被剥削、被压迫的主要是占人口绝大多数的农民。土地是农民的命根子，而近代琼崖农村土地却主要集中在少数地主、富农手中。琼崖革命先驱洪剑雄在分析琼崖农村社会时将其划分为四个阶层：一是多有田庄，自己不耕种，专租给人家而自己坐着收租的"土财主"；二是自己所有的田地，自己或雇人耕种，以此养活全家的"中等农民"；三是自己也有一点田地，但不能养活全家，不得不租种他人田地的"下级农民"；四是自己连插针的地方都没有，专靠耕人家的田来谋生活的"穷光蛋"。这四种人也就是当时琼崖农村中的地主、富农、贫农和雇农。其中，过着丰衣足食生活的第一、第二种人只是极少数；而过着饥寒交迫生活的第三、第四种人却占了农村人口中的绝对多数，尤其是第四种农民最苦，每年到头苦作，还不够穿衣吃饭，如果一遇年岁不好或地主作恶，遭到兵抢、匪劫，即使借贷、卖田、卖儿卖女等，连生计都无法维持，全家差不多要饿死。② 贫苦农民最具反抗精神，他们既是近代琼崖社会生产力的主体，也是琼崖革命的主力。正因为如此，革命先驱徐成章强调指出："琼崖的革命运动，没有农民加入，是终难成伟大的民众革命。"

在帝国主义和军阀残酷地压迫和奴役下，近代以来的琼崖社会，陷入苦难深重和极度屈辱的深渊中，在国家的主权被剥夺，经济命脉被控制在帝国主义列强手中的同时，广大琼崖人民生活在水深火热之中，正如琼崖革命先驱徐成章在当时的《新琼崖评论》上所说的那样："处于资本主义与万恶的军阀两重压迫之下的中国人民，尤其是琼崖人民，除受两重暴力压迫之外，还遭一般麇集山林丛中的伪革命军土匪，掳人放火，截路抢劫，几普遍于全琼崖。致使工人失业，农民辍耕，交通阻隔，百业停顿，

---

① 陈永阶编：《琼崖革命先驱者文集》，《琼岛星火》编辑部，1985年，第100—101页。
② 同上书，第52页。

消费日增，生产日减……人民徘徊歧路，找无逃生之路。"①

总之，近代琼崖社会落后的社会生产力和极端贫乏的物质条件，剧烈动荡、黑暗腐败和压制扼杀琼崖生机而深受琼崖人民痛恨的政治统治，空前尖锐的社会矛盾，孕育着一场巨大的社会变革。民族解放斗争的风暴将要降临到琼崖大地上来。

四、近代以来的人民斗争：民众暴动与武装起义

近代琼崖社会经济上的急剧变化引起了政治思想的剧烈动荡，腐败黑暗的社会不断激起琼崖人民的反抗斗争。为了抵御外侮、挽救民族危亡，"创造庄严灿烂的中华民族独立的新国家，尤其是解放目下受压迫最厉害的琼崖人民"。② 追求自由、民主、幸福，无数"琼崖民众里头先知先觉的分子"和琼崖革命的"伐木开山的先锋"——琼崖革命先驱和琼崖人民，前仆后继地与帝国主义及其走狗进行了不屈不挠的斗争。

近代以来，有着光荣革命斗争传统的琼崖人民的反抗斗争几乎就没有间断过，仅从19世纪50年代至20世纪20年代的七八十年间，见于史志的民众暴动和武装起义就达十数起之多。燃烧在琼崖大地上的革命斗争的烈火，不断地反抗着帝国主义及其走狗封建统治阶级的残暴统治和压迫，在我国反帝反封建的斗争史上写下了光辉的一页。

19世纪50年代，太平天国革命席卷了大半个中国，琼崖人民纷纷起来响应。1853年（咸丰三年），在琼崖天地会首领李家俊等人的领导下，文昌、琼山、澄迈、会同、乐会等县的天地会会员3000多人举行武装起义，攻占了会同县城。同时，文昌天地会首领符老发等人在澄迈县的加类水、龙骨寨等地集合千余会众，向金江、加乐、澄迈县南部地区的反动势力发动进攻，"通境尽恐匪威"③。同年6月，黎族首领王亚峰响应天地会起义，率众进攻藤桥市。1854年（咸丰四年），广东爆发了轰轰烈烈的天地会"洪兵"起义，琼崖各地又群起响应。1857年（咸丰七年），琼崖天地会会众2000余人围攻定安县的枫木（今属屯昌县）、岭门（今属琼中县湾岭镇），不久被地方豪绅叶文锦等和知县章增耀率官兵镇压。1858

---

① 陈永阶编：《琼崖革命先驱者文集》，《琼岛星火》编辑部，1985年，第48页。
② 同上书，第60页。
③ 参见程昭星、邢诒孔《黎族人民斗争史》，民族出版社1999年版，第177页。

年（咸丰八年）夏，陵水县红鞋、红袍等十八村黎族农民在黄有庆的带领下发动武装起义，附近地区的黎族群众纷纷响应，起义队伍迅速壮大，黎族起义军围攻陵水县城，坚持斗争达一年之久，斗争烽火遍及陵水县全境和崖州的赞坡、三亚等地，最后被清政府残酷镇压。

在红鞋等十八村黎族农民起义被镇压后，琼崖各地农民起义抗暴斗争连年不绝，到1885年（光绪十一年），终于爆发了规模空前的汉黎各族人民的联合起义。当时，临高、儋州一带遭受大旱，从4月到次年3月滴雨未下，粮食绝收，而当地地主、奸商却与官吏相勾结，乘机抬高囤积居奇，哄抬粮价，敲诈勒索，牟取暴利。穷苦农民忍无可忍，不得不揭竿而起，奋起反抗。12月间，在汉族人黄邹强（有的史籍记作黄邹保、黄河清）的领导下，汉族人民和黎族人民共2000多人发动起义，以临高的和舍、兰洋、岭仑、南丰，儋州的抱舍、田表、洛基、那大、四方山、大星等地为据点，向封建统治者发起猛烈的进攻，曾一度攻陷澄迈县的重镇金江镇。起义爆发后，迅速得到万州、乐会、陵水、崖州等地黎汉人民的积极响应，汉族人陈忠明、陈忠清、郑显昌，黎族人王打文、文高山、胡那肥等人率领1000多人的起义军，连续攻克了定安县的南间、仙沟、雷鸣等市，以及澄迈县的新吴和感恩县的西乡，直迫定安、澄迈两县城。黎汉人民的起义沉重打击了封建统治者，使清王朝和当地统治者极度惊恐，两广总督张之洞急令原广西提督、钦廉防务提督冯子材率兵到海南进行镇压。1887年（光绪十三年），冯子材率领3000多名清军抵达海南，分兵两路向黎汉起义军攻击。起义军坚筑营垒、环以深沟，用鸟枪、梭镖、药箭、藤牌等简陋武器与敌人展开激烈的斗争。在今琼中县利仑隘、什密村，陵水县的廖二弓、马岭，崖县的南霖岭等地，起义军在深山峻岭中与敌人周旋，充分利用熟悉的有利地形，发挥己之长处，出其不意地打击敌人，使清军屡屡失败，损失惨重。冯子材在受挫之后，改攻抚并重的策略，采取收买和分化的手段，利用黎汉起义军分散作战、缺乏统一指挥的弱点，采取集中优势兵力攻其一点的战术，战斗中起义军首领陈忠明、陈忠清被叛徒杀害，在清军重兵围剿下，各个据点先后被各个击破，相继失陷，持续一年多的黎汉各族农民起义最后被残酷镇压。这次黎汉农民起义沉重地打击了封建统治，迫使统治者不得不作出一些让步。清政府为了加强对黎族人民的统治，接受张之洞、冯子材等的"治黎"方针，开通道路，发展黎族地区经济和文化教育事业，并且在实际中取得了一定成效，显示了黎汉人民这次武装反抗斗争所起的历史作用。

1902 年，深受太平天国爱国运动影响的琼剧武旦郑洪明，不堪忍受当地恶霸豪强的迫害，在海南万州组织起反清组织"三点会"（又称"三合会"，"三点"，取自洪秀全的"洪"字偏旁三点水，以示对洪秀全的崇拜），并借演戏时机，聚众起义。"三点会"起义声势浩大，所到之处，首先开仓放粮，救济灾民，备受群众拥戴。许多"三点会"成员家中都挂有这样的诗句对联："三点暗藏革命中，入我洪门莫空风；养成锐气复仇日，誓灭清朝一扫空。"当时，这些反清的农民革命组织势力曾发展到琼山、文昌、澄迈、琼东、乐会、万宁、儋州、昌化等地。据民国《琼山县志》记载：1911 年琼山县的"三点会"会员联合当地黎族人民，进行反清武装斗争，并攻占了岭肚市一带。"三点会"农民革命斗争持续多年后最终失败了，但在琼崖近代史上产生了很大影响，使当时的清朝统治者十分恐慌，充分体现了琼崖人民追求自由，反抗压迫的革命精神。

清朝末年，在资产阶级民主革命思潮的激励下，一些思想进步的琼崖青年学生和进步商人，秘密组织"励志社"。他们以研究学术、互助互励为名，暗中聚集力量，准备进行反清武装起义，琼崖人民以推翻专制统治为目标的反帝反封建斗争日益兴起。辛亥革命时期，伟大的民主革命先行者孙中山对海南的民主革命运动寄予极大的热情和关注，认为"琼州形势，最有可为"，若琼崖能配合广东革命形势，发动起义，"粤省地方大动，琼州为之后援，则尤为事半功倍"。[1] 在孙中山"驱除鞑虏，恢复中华，建立民国，平均地权"纲领的影响和推动下，琼崖社会开始了思想启蒙与民主革命思想的宣传，遵照孙中山"联成海南同志，扩充团体"以发展和壮大革命力量的指示，1909 年琼籍同盟会会员林文英、陈子臣先后从泰国返琼，联络进步学生和励志社部分成员徐成章、徐天炳、梁秉枢等人，在海口成立了海南第一个资产阶级革命组织——琼崖同盟会支部，对在海南宣传爱国与反帝反封建的革命思想、进行民主革命斗争发挥了重要作用。

1911 年 11 月，经过海南同盟会和革命志士的艰苦斗争，在全国辛亥革命高涨的革命形势影响下，琼崖兵备道刘永滇看到清政府气数已尽，随势改旗易帜，宣布琼崖独立。此后，琼崖政局几经较量和政权嬗变，随着

---

① 黎雄峰：《海南社会简史》，海南出版社 2003 年版，第 205 页。

1912 年 2 月宣统皇帝退位，革命党人黄明堂领兵入琼，琼崖军政大权最终得以收归革命党人手中。孙中山领导的推翻封建专制制度的辛亥革命在海南的胜利，是自第二次鸦片战争以来，海南革命先驱和海南人民与全国人民一道坚持不挠不挠斗争的结果，成为近代中国人民反侵略反封建的民主革命的重要组成部分。它打开了近代琼崖社会政治进步的闸门，使民主革命思想深入琼崖人心，为琼崖社会开辟了民主革命的道路。此后，凡在琼崖实行军阀统治的企图，都必然遭到海南人民的强烈反对和唾弃，这不能不说是一个历史进步。

　　另一方面，由于资产阶级及其政党的软弱性和革命的不彻底性等自身的历史局限性，无法领导人民彻底完成反帝反封建的革命任务，使得海南与全国各地一样，在辛亥革命之后，进入了地方军阀割据专权的黑暗统治时期，琼崖人民依然挣扎在贫穷、落后、动荡、混乱的苦难深渊中，琼崖迫切需要一种代表先进阶级的政治力量和政党，领导人民去夺取民主革命的彻底胜利。

　　辛亥革命后，面对袁世凯复辟帝制的倒行逆施行径，孙中山发动和领导了武力讨袁的"二次革命"。琼崖革命党人响应孙中山的号召，掀起了讨袁的武装斗争。广东都督胡汉民密派陈侠农为琼崖讨袁军司令，返琼后在文昌树德、白延至琼山海口一带开展讨袁活动。同时，由同盟会刘中悟领导的辛亥时期的"人民起义军"，改为"人民起义讨袁军"，在万宁、陵水边界至藤桥一带进行斗争。1914 年 2 月，陈侠农派黄胜朱、陈异甫等人策动具有进步思想的黎族首领、万宁县兴隆地区的黎团总长钟奇曾和钟孟君兄弟参加革命，他们兄弟两人率领 4000 多名黎族农民参加讨袁军，进一步壮大了起义队伍。讨袁军迅速击垮了军阀龙济光的军队，很快占领万宁县城，接着向陵水县挺进，守敌闻风而逃，讨袁军乘胜相继攻克三亚、崖城等地，宣布取消各项苛捐杂税，得到广大群众的积极拥护。讨袁军得到万宁县城陷落消息后，从崖城回师兴隆，重新组织反攻。当进攻嘉积到达离镇十余里的椰子寨时，讨袁军与敌人遭遇，激战 6 个多小时，双方伤亡颇重，为了保存实力，讨袁军主动撤离，退到定安县榆林市一带坚持斗争。1915 年，陈继虞在澄迈县组织讨袁队伍，任民军司令，王鸣亚任副司令，张良栋在昌化县敦头村组织西路讨袁军，很快发展到 200 多人，并攻下昌化县城。1916 年，反动军阀龙济光率所部 3 个旅入驻琼崖后，大举出兵围剿琼崖讨袁军武装。因讨袁军武器装备低劣，粮食短缺，在战斗中连续失利，在力量对比悬殊的情况下，适逢段祺瑞政府命令各地讨袁武装解散，为了避免更大的牺牲，奉命解散和听候改编。轰轰烈烈的琼崖讨袁运动为反对袁世凯复辟进行了英勇顽强的斗争，先后攻占了琼山、澄迈、定安、文昌、乐会、琼东、万宁、陵水和崖县等9座县城，控制了几乎半个琼崖，沉重打击了军阀的反动统治。

军阀龙济光盘踞琼崖后，疯狂地镇压各族人民，打击反袁时期的进步力量，曾在反袁运动中作出重大贡献的黎族首领钟奇曾被龙济光杀害。因此，琼崖人民再次掀起反对军阀统治的"讨龙"斗争。曾任讨袁东路军司令的陈继虞，在琼崖人民群众的支持下，重整旧部，又举起了"讨龙"大旗。1917年农历八月十六日，陈继虞率领讨龙军攻克万宁县城。1918年4月，龙济光部渡海进攻广州被滇桂联军打败，桂军派遣黄明堂等部进入琼崖清剿龙济光残部。陈继虞率领各族民军攻占了陵水县城，乘胜进军海口，包围府城，军威大振，各族群众踊跃参加民军，汉黎族人民武装达3000多人。在陈继虞率领的民军配合下，同年11月，桂军在禄马墟一带将龙济光残部消灭，琼崖人民终于推翻了军阀龙济光的反动统治。龙济光被打败后，陈继虞领导琼崖民军又与沈鸿英、李根源和邓本殷等接踵而来的大小军阀展开了激烈的斗争。1919年秋，沈鸿英开始对琼崖实行军阀统治，琼崖民军又在陈继虞领导下不断进行反抗。1920年，民军袭击了金江镇，然后进攻定安县城，陈继虞派人潜入安县城，内外夹攻"智取"了定安县城。此后，民军声威大震，队伍发展壮大到4000多人，整编成7个支队，2个独立营。从1921年开始，陈继虞领导的民军又与军阀邓本殷展开了不屈的斗争。1922年，陈继虞带领的民军余部从海路在万宁县的龙滚乡山钦海岸登陆，以六连岭的常树、田头、加荣等一带村庄为根据地，派人到琼岛各地招集民军旧部，重整队伍，到1923年，民军又重新发展到1000多人。1924年初，邓本殷派重兵围剿民军，陈继虞带领民军主动退至陵水县境内，联合黎族农民武装，攻占陵水县城，缴获150多支枪支，此后转移到万宁县九曲岭一带山区坚持斗争。为了给民军制造武器，陈继虞在一次试验地雷时，不幸发生爆炸，身负重伤，1925年在五指山腹地的中平去世。此后，民军逐渐瓦解。1916—1925年陈继虞领导的民军反抗军阀的斗争，声势浩大，持续十年之久，是近代以来琼崖历时最长、规模最大、影响最深的一次反帝反封建斗争。陈继虞领导的民军活动遍及琼崖13个县，攻占过定安、澄迈、文昌、琼东、陵水等县城，曾一度逼近府城、海口地区，震撼了反动军阀对琼崖的统治，给帝国主义及其走狗以沉重的打击。

综上所述，为了反抗阶级压迫和民族压迫，反抗封建帝制和军阀统治，谋求一条生路，近代以来琼崖人民进行了不懈的斗争。从第二次鸦片战争到中共琼崖特委成立之前（1858—1926 年），琼崖人民前赴后继、不屈不挠坚持了近 70 年之久的民主主义革命斗争，其中辛亥革命后，为反对反动军阀统治的武装斗争持续 14 年不息。

琼崖人民的这些反抗斗争，打击了帝国主义和封建势力的反动统治，显示了琼崖人民顽强的反抗精神和伟大力量，在琼崖民主革命史上写下了光辉的一页。但是，在半殖民地半封建的近代琼崖，面对强大凶残的双重敌人，由于涣散的农民阶级和软弱的民族资产阶级自身无法避免的历史局限性，又得不到先进工人阶级及其政党的正确领导，反帝反封建的历史任务始终未能完成。琼崖迫切需要一种代表先进阶级的政治力量，来领导人民民主革命。

第二章　日出琼崖

——中共琼崖地方组织的成立

在琼崖人民进行如火如荼的反军阀斗争之际，五四运动爆发了。五四运动的爆发，揭开了中国新民主主义革命的序幕，这场空前的反帝爱国政治运动迅速席卷了中国大地，很快波及南疆的琼崖，进一步促进了琼崖人民的觉醒。徐成章、杨善集、王文明等琼崖革命先驱和先进分子开展的革命活动，使革命的种子在琼崖的土地上扎根、发芽，促进了中国共产党琼崖地方组织的建立和革命形势的进一步发展。

一、五四运动与琼崖革命思想的传播：
"将革命的潮水涌入琼崖"

五四运动爆发后，1919 年 5 月 7 日，海府地区琼崖中学、琼山师范、华美中学等 6 所学校的青年学生首先起来响应，在琼崖中学礼堂集会，声援北京学生的爱国行动。5 月 8 日上午，海府地区各校青年学生集合后从琼崖中学浩浩荡荡向海口进发，沿途高呼"打倒日本帝国主义!"、"誓死收回青岛!"、"惩办卖国贼曹汝霖、陆宗舆、章宗祥!"、"废除亡国的二十一条!"等口号，声势震天，群情激昂。游行示威后，爱国学生又组织宣传队，分散到海口市街头和附近村庄向群众发表演说，控诉军阀的卖国罪行，进行爱国宣传，唤起人民群众投身爱国运动，青年学生的爱国热忱和正义行动深受广大人民群众的支持和拥护。此后，文昌、乐会、琼东、万宁、澄迈等地的青年学生也纷纷响应，举行集会和游行示威，抗议帝国主义的侵略和北洋军阀的卖国罪行。

5 月 18 日，为了统一领导和进一步推动琼崖各地的爱国运动，由海府学生代表发起，各县学生代表参加，在琼崖中学召开全琼学生代表大会，成立了"琼崖十三属学生联合会"（因当时琼崖设琼山、文昌等十三县，故称十三属）。大会推选钟衍林为会长，琼崖中学学生会会长王文明为副会长，杨善集、陈垂斌、罗文淹、符传范等为常务理事，理事会下设宣传、组织、文书、总务、检查日货等股。各县学校也相继设立分会。琼崖学联成立后，加入了全国学联组织，在全国学联的领导下，琼崖青年学生的爱国运动也就成为五四运动的组成部分。

在五四运动中，海南文昌籍北大学生郭钦光奋不顾身，遭到曹汝霖卫兵的毒打，吐血不止，七日后溘然逝世，年仅24岁，成为五四爱国运动中牺牲的第一位烈士。郭钦光在五四爱国运动中为国而死的消息传到琼崖，激起了青年学生的愤慨和爱国热情。5月20日，在琼崖学生联合会的组织下，海府地区和各县青年学生代表1000多人在琼崖中学举行追悼大会，沉痛悼念为国而死的革命先驱，愤怒声讨帝国主义及其走狗的滔天罪行。会后又在海口举行了声势浩大的示威游行，声讨卖国贼，一路高呼"打倒日本帝国主义!"、"打倒军阀!"、"惩办卖国贼!"、"抵制日货!""为死去烈士报仇!"等口号，接着文昌、琼东、乐会、万宁、嘉积等地的青年学生也纷纷响应，进行集会、罢课、游行示威。郭钦光的牺牲进一步教育了琼崖人民，激励着琼崖人民继续坚持不屈不挠的反帝反封建斗争，琼崖掀起了声势更加浩大的反对卖国官僚军阀斗争的高潮。

从5月底开始，随着五四运动的发展，海府地区和琼崖各地发起了声势浩大的抵制日货爱国运动。在琼崖学生联合会的统一领导下，成立了抵制日货总会，琼崖学联负责人王文明兼任抵制日货总会会长，杨善集兼任宣传队长。他们组织纠察队、宣传队、抵制日货检查队等，走上街头，深入村巷，散发传单，书写标语，呼号奔走，向广大群众进行抵制日货的爱国宣传，同时逐店劝阻采购和出售日货，对店里日货进行检查和登记封存，海府地区的学生还积极联络海关，禁止日货进口。为了把抵制日货运动引向深入，抵制日货总会在海口商业区中山路的大神庙里举办日货样品展览会，并且把学联成员个人所有日货汇集起来当众焚毁。

在爱国学生的宣传和影响下，海府地区的广大工人、店员及爱国商人也纷纷行动起来，进行罢工罢市，积极加入到抵制日货运动中。琼东、文昌、万宁、定安等县人民群众抵制日货的活动也蓬勃发展起来，抵制日货的斗争很快发展成为群众运动。有少数奸商在反动当局的庇护下，竭力反对和破坏抵制日货运动。在工人阶级的支持下，爱国学生与奸商展开斗争。在海口开办健寿堂和岳阳堂洋行的日本人胜间田父子，既抗拒登记日货，又暗地里勾结英国海军和一些走私奸商继续进行日货走私，激起了广大工人、学生的愤怒，于是 100 多名工人、学生团结起来，包围了胜间田洋行，严加封锁达 20 多天，胜间田父子不得不屈服。

抵制日货的斗争，由学生、知识分子逐渐扩大到工人、农民、商人等广大琼崖人民群众，从海府地区扩展到琼崖各县市，日货到处被查封和焚毁，仅集中在海口大庙焚毁的日货历时就达三昼夜。① 在琼崖人民的坚持斗争下，经过一年的努力，取得了抵制日货运动的胜利，到 1920 年底，琼崖各地的日货几乎绝迹。

"五四运动的杰出的历史意义，在于它带着为辛亥革命还不曾有的姿态，这就是彻底地不妥协的反帝国主义和彻底地不妥协的反封建主义。"② "启导广大人民的觉悟，准备革命力量的团结，这就是五四运动最伟大的功绩"。③ 五四运动有力地促进了琼崖人民新的觉醒，在琼崖近代史上具有划时代的意义。随着运动的深入发展，琼崖的工人阶级、青年学生和各界民众汇成一股强大的爱国洪流，有力地支援了北京乃至全国的反帝爱国运动。在这场斗争中，琼崖工人阶级和青年学生展现出了高度的爱国热情和坚定的斗争精神，一批具有先进思想的先进分子逐渐成长起来，如杨善集、王文明、陈垂斌、周士第、叶文龙、王器民、洪剑雄、冯平、冯白驹、许邦鸿、黄昌炜、符节等，他们率领先进青年开始深入工农群众，宣传反对帝国主义、封建主义主张，宣传新文化、新思想，对于传播马克思主义和唤醒琼崖人民的革命精神起到了积极的作用。在五四精神和马克思主义的影响下，琼崖青年学生纷纷走向工厂和农村，在群众中进行马克思主义理论与进步思想文化的传播。

五四运动后期，琼崖进步青年掀起了出外求学的热潮，出外读书的青年多达数千人，主要分布在广州、上海、北京和南洋等地。其中，以赴广州求学的人数最多，达七八百人，有徐成章、周士第、严凤仪（徐、周、严部是先在云南讲武堂学习，后赴穗入黄埔军校）、杨善集（先是在广东工程学校，后赴苏联入东方大学）、杨树兴、雷永铨（在广州农民运动讲习所学习）等；在上海的有王文明、冯白驹、许侠夫、王器民、罗文淹、郭儒灏等；在北京的有莫孔触、柯嘉予等；赴南洋的有徐天炳、潘云波、

---

① 中共琼山市委党史研究室：《琼山革命史》，海南出版社 1994 年版，第 9 页。
② 《毛泽东选集》第 2 卷，人民出版社 1991 年版，第 699 页。
③ 张闻天：《中国现代革命运动史》，中国人民大学出版社 1987 年版，第 133 页。

黄昌炜、王业熹等。他们中的大多数人，经过俄国十月革命的影响和五四运动的洗礼，抱有忧国忧民、奋起救琼之心，如饥似渴地学习新文化、新思想，以改造社会、救亡图存。

与此同时，这些在京、沪、穗等大城市求学的琼籍进步青年学生和侨居海外的华侨，纷纷将一些宣传新文化、新思想和社会主义的报刊和图书，如《新青年》、《每周评论》、《广东群报》、《马克思全书》、《共产党宣言》等，通过各种渠道陆续传入琼崖。这些书刊的流传，对新文化、新思想，特别是对马克思主义在琼崖的传播，起到了积极的推动作用。在五四运动中涌现出来的这一批先进青年通过学习，很快接受了新思想，逐渐成长为传播新思想和革命理论的中坚力量，他们回到琼崖后，开始自发地在各地进行新文化、新思想的宣传和鼓动工作。

琼崖的先进分子在传播马克思主义和领导琼崖革命的过程中，始终执著于对革命理论的不懈追求和对革命舆论宣传的努力付出，把革命的信仰和激情播种于琼崖群众的心中，激发了群众革命的自觉性，增强了琼崖革命的凝聚力和感召力，推动着琼崖革命运动不断向前发展，同时也不断培育、传承着以琼崖革命精神为核心的琼崖革命文化。1920 年，革命先驱徐成章、冯平、符节等在海口创办了《新琼岛报》；1921 年 4 月，徐成章、王器民等在海口创办《琼崖旬报》，任用刚从欧洲回国的罗汉、鲁易及从北京来琼宣传革命的李实等人担任该报编辑，以"改造琼崖"为宗旨，积极"介绍欧洲最近的社会主义学说"，"给琼崖人研究"[1]；1923 年，许邦鸿、卢鸿兹等在嘉积出版了《良心月刊》；1924 年，陈垂斌、董昌炜、罗文淹和郭儒灏等出版了《琼崖新青年》；同年，莫孔融和柯嘉予等在北京出版了《琼岛魂》；从事革命活动的共产党人杨善集、王文明、叶文龙等在广州出版了《琼崖革命大同盟》；在上海的琼籍学生出版了《琼崖旅沪学会月刊》；在南京的琼籍学生出版了《琼崖青年》；等等。

1924 年，杨善集、洪剑雄等在广州以"改造社会"为宗旨，以"研究品学"相号召，成立了"海外品学观摩会"，出版了会刊《觉觉》杂志。接着，杨善集、徐成章、洪剑雄、周士第、王器民等又组织"琼崖少年同志会"，创办了革命刊物《新琼崖评论》，作为研究社会问题和向琼崖宣传革命思想的阵地。杨善集任该刊书记，徐成章任交际主任和理财

---

①　中共海南省委党史研究室编：《琼崖大革命史料选编》，1994 年，第 7 页。

主任，洪剑雄为编辑主任。该刊坚持至 1925 年 5 月，共出版 30 期，杨善集、洪剑雄、徐成章、周士第、王器民、王文明和徐天柄等，撰写了大量关于探讨琼崖社会改造和号召琼崖人民革命的文章。这些进步刊物通过抨击反动军阀黑暗统治，提倡民主与科学，宣传新文化、新思想，介绍和传播马克思主义，不仅直接传递了革命文化，起到了启蒙教育人民的作用，而且使琼崖革命的酝酿有了坚实的思想理论基础。正如琼崖革命先驱洪剑雄在《"新琼崖评论"之回顾和希望》一文中所指出的那样：这是"能够引诱许多青年走上革命的轨道和指导许多有革命性的人们一条最经济最有效力的途径。所以我们坚决地干下去，努力奋斗的不息"，从而"将革命的潮水涌入琼崖，洗去琼崖人民底悲痛与耻辱；作琼崖革命的号筒，呼集一班革命的群众，作革命的武器，攻击一切伪革命的以及反革命的行动。并且要将中国国民革命的意义，渗入琼崖青年的生活里面去，完成全体国民革命的使命"。[①]

　　1921 年年底到 1922 年年初，中共中央派早期党员、团员吴明（即陈公培）、罗汉、鲁易、李实等人先后来琼崖进行革命活动。他们到琼后，很快同已在琼崖的中共早期党员毛孟屏和琼崖的先进分子徐成章、徐天柄、王器民、王大鹏等人相结合，于 1922 年上半年在海口建立了琼崖第一个社会主义青年团组织。他们在这一革命团体的领导下，在青年学生和工人群众中积极开展马克思主义理论和革命思想的宣传活动，给当时正在兴起的琼崖思想解放运动注入了崭新的内容。

　　同年秋，经中共中央同意，罗汉、鲁易、王文明、徐成章、徐天柄、王器民、王大鹏等十多名先进分子加入了中国共产党，从而极大地加强了党在琼崖的力量。他们带领琼崖革命青年学生深入工厂、农村，在群众中广泛地进行马克思主义的传播。鲁易、徐成章等在海口等地举办书报巡回阅览社，开办工人夜校，帮助工人改组原有的海口工人互助社，成立新的琼崖总工会，广泛吸收工人、店员参加工会组织；王大鹏等在琼东县嘉积镇兴办新式学校，设立文化书局，传播新文化；李济川、李家光等在嘉积镇开办平民书店，经销马克思主义和其他进步书报；社会主义青年团还通过学联和青年互助社，发动广大青年学生利用假期，深入工人、农民和人民群众中宣传革命理论和科学文化知识。徐成章、王器民等人还组织

---

① 　中共海南省委党史研究室编：《琼崖大革命史料选编》，1994 年，第 159—160 页。

"琼崖友声书社"、"琼崖文化书局"、"琼崖土剧改良社"，帮助著名琼剧作家吴发风等人进行琼剧改革，编排文明剧，经常组织学生剧团到全琼各地演出，如《灭种婚姻》、《秋瑾殉国》、《爱国学生郭钦光》、《林格兰殉义》、《大义灭亲》、《破除旧礼教》、《新娘走年》、《蔡锷出京》等，用戏剧这一群众喜闻乐见的形式来宣传反帝反封建的革命思想和革命文化，深受广大群众的欢迎和喜爱。

1922年秋，在曾经留学日本的琼东县民选县长王大鹏的支持下，罗汉、王文明等创办了嘉积农工职业学校，王大鹏担任董事会董事长，罗汉任校长，王文明任教务主任，教员有符节、姜心培、刘百川、李应春、彭湘等。为了解决办学初期的经费困难，罗汉、王文明等远渡重洋，到新加坡、马来西亚等地发动华侨募捐，在广大华侨的支持下，很快就募集到一批资金，建起了能容纳200多名学生的校舍，于1924年春开始招生。这是一所以广州农民运动讲习所为楷模的新型的革命学校，专门招收工人农民出身的青年入学，坚持理论联系实际，教育与生产劳动相结合，开设政治理论课，较系统地讲授社会发展史和共产主义基本知识。学生实行半工半读，既学专业，又学政治和军事，在接受系统的革命理论教育的同时积极参加社会宣传活动。在课程设置方面，主要开设实用技术和文化理论两方面课程。实用技术方面设农科、工科，进行瓜果种植、木料加工、雕刻等专业教育。文化理论课程方面开设语文、算数、历史、地理、音乐等课程。1925年底，中共两广区委为了适应革命发展的需要，加强琼崖党的力量，派遣中共党员雷永铨回琼担任嘉积农工职业学校校长，陈秋辅担任教导主任，同时，先后选派冯建成、符明经等一批党员来校担任教员，在他们的努力下，嘉积农工职业学校成为一所专门培养革命干部的学校。1926年3月，为纪念国民党左派领袖廖仲恺先生，嘉积农工职业学校改名为琼崖仲恺农工学校。随着学校影响的不断扩大和党的力量的不断加强，雷永铨等中共党员以学校为阵地，在向学员宣传马克思主义的同时，经常组织和带领广大仲恺农工学校的师生到农村和农民运动的第一线去进行考察和宣传，推动了农民运动的发展。

嘉积农工职业学校的创办，对琼崖传播马克思主义和培养革命骨干起到了非常重要的作用，在短短的3年时间里，不仅培养了大量具有新知识的工农技术人才，而且播下了琼崖革命的火种，造就了一批新文化的接受者和革命的拥护者，培养了一批革命骨干和后备力量，成为琼崖革命的摇篮。学校用革命文化去教育启发工农学员，并通过这些学员传播了革命思想，扩大了党的影响，大大促进了琼崖群众革命意识的觉醒。

在五四运动后新思想的传播过程中，一批琼崖的先进青年逐渐成长起来，转变为马克思主义者，走上了革命的道路。琼崖革命先驱杨善集回忆五四运动对自己的影响时说："民八（年）'五四'运动！我便如蛰虫惊雷，由颓靡不振的生活当中改头换面的出来做五四运动的战士。"① 被周恩来同志称为"琼崖革命的一面旗帜"的冯白驹将军，也曾在他的《我的自传》中回顾自己的思想历程时写道："在学生时代，虽然我的思想，主流是专心攻书，求个人的发展，希望做官发财，荣宗耀祖。"但在先进思想的影响下，"激起我思想的剧变：认为现在（指当时）的社会是穷人吃亏的社会，出路只有参加改革旧社会旧制度的革命运动。加上当时国难当头，目击当时的国家景况，更加强了我参加革命的决心。因此，'回乡参加革命去'，就成为我既定的行动"。② 可见，琼崖的先进分子转向马克思主义的立场，不是受任何其他人所左右，而是根据自己的亲身经历，经过审慎的思考，才最终作出的抉择。

在革命思想传播的同时，琼崖各地在北京、上海、广州、南京等地出外求学和进行革命工作的海南籍共产党员和革命青年骨干先后成立了一批革命群众团体，如北京琼岛魂社、北京琼崖旅京同乡会、琼崖旅沪学会、上海琼崖新青年社、上海中华互助团、广州琼崖改造同志会、广州琼崖留省学会、广州新琼崖评论社、琼山青年同志会、乐会青年同志会等。为了聚集琼崖的革命力量，把各地的革命群众团体统一组织起来，进一步促进琼崖革命运动的发展，1925 年夏，在中国共产党的指导下，由广州新琼崖评论社、北京琼岛魂社、上海琼崖新青年社等革命群众团体发起，成立了琼崖革命同志大同盟。琼崖革命同志大同盟选举王文明、杨善集、周士第、柯嘉予等人为执行委员会委员，王文明为执行委员会常务委员，主持同盟的工作。琼崖革命同志大同盟通过了《琼崖革命同志大同盟组织大纲》和《琼崖革命同志大同盟宣言》，提出琼崖革命同志大同盟的主要任务是："（一）联络革命团体，造成革命的伟大力量；（二）用革命伟大势力，打倒琼崖的军阀及其所勾结的帝国主义；（三）建设国民政治，以全

---

① 中共海南省委党史研究室编：《琼崖大革命史料选编》，1994 年，第 469 页。
② 中共海南区党委党史办公室编：《冯白驹研究史料》，广东人民出版社 1988 年版，第327—328 页。

力谋求琼崖压迫民众的利益，同时努力于全国全世界被压迫民众之解放。"① 包括新加坡等地琼崖华侨组织的革命团体在内的 20 多个革命团体先后参加琼崖革命同志大同盟，使其成为当时聚集琼崖革命力量的主要组织。琼崖革命同志大同盟是"集中琼崖革命力量的枢纽"，是"琼崖三百万民众由黑暗之中跑道光明大路必经的途径和解放琼崖三百万民众痛苦的唯一工具"。② 琼崖革命同志大同盟的成立后，对琼崖革命的发展起到很大的推动作用。1926 年初，琼崖革命同志大同盟成员有 200 余人，分批随南征的国民革命军从广州迁到琼崖的府城。这个革命组织的许多成员都是共产党员、共青团员或革命进步人士，为中共琼崖地方组织的成立准备了干部条件。

二、琼崖工人运动的发展：工人阶级登上政治舞台

从 19 世纪下半叶开始，在外国轮船航运事业的刺激下，琼崖官办、商办的码头港口和轮船帆船航运公司逐步兴起，交通运输、邮电等事业也相应发展和开始兴办，琼崖出现了最早的一批产业工人。

由于近代琼崖工业落后，琼崖工人阶级虽然发展缓慢，数量很少，知识水平较低，受小生产影响较深，但作为一支崭新的社会力量，具有极强的革命性，富有组织性和纪律性，同广大农民有着天然联系。在半殖民地半封建的琼崖社会，琼崖工人阶级深受帝国主义、资产阶级和地主、官僚、反动军阀等反动势力的压迫格外剧烈和残酷，因此革命更坚决、更彻底。在 1919 年抵制日货的斗争中，琼崖工人阶级作为独立的政治力量第一次登上政治舞台，显示了强大的战斗力。五四运动以后，琼崖工人运动迅速与马克思主义结合起来。

1922 年，海口工人互功社成立，后在鲁易、徐成章等帮助下，对工人互功社进行了改组，成立了琼崖总工会③，下设海员、旅业、屠业、鞋业等基层工会。从此，琼崖工人阶级在反帝反封建的斗争中发挥着越来

① 中共海南省委党史研究室编：《琼崖大革命史料选编》，1994 年，第 273—274 页。
② 同上书，第 303 页。
③ 参见中共海南省委党史研究室编《琼崖大革命史料选编》，1994 年，第 45 页。另外一种观点认为，海口工人互助社成立于 1921 年，琼崖总工会成立于 1922 年，参见中共海南省委党史研究室编《琼崖大革命史料选编》，第 570 页。还有一种观点认为，琼崖总工会于 1921 年冬，参见中共海南省委党史研究室编《中共琼崖党史纪事》，第 27 页。

重要的作用。1922 年，日本帝国主义乘南方军阀混战之机，出兵侵占了我国的西沙群岛，准备成立"西沙群岛实业公司"，掠夺西沙群岛上的磷矿资源，阴谋长期霸占西沙群岛。1924 年，反动军阀邓本殷为了筹款购买军备物资，扩充自己的实力，实现其长期割据琼崖的目的，与北洋军阀相互勾结，主动投靠美帝国主义，企图给美帝国主义以琼岛森林矿产资源、修路、开发商埠等特权的条件来换取向美国借款 3000 万美元。这遭到了琼崖工人阶级的反抗。从 1922 年反对日本侵略者掠夺西沙群岛上磷矿资源的斗争，到 1924 年至 1925 年反对军阀邓本殷以琼岛森林矿产为抵押向美国借款 3000 万美元的卖琼斗争，在工人阶级积极参与和支持下，全琼崖工农学商各界纷纷行动，进行罢工、罢市、罢学，开展了声势浩大的抗议运动，得到了国内外的广泛支持与声援，终于粉碎了帝国主义侵略者和反动军阀的罪恶阴谋，取得了斗争的最后胜利。

1925 年五卅惨案发生后，在中国共产党的发动下，上海、广州、北京、南京、武汉、天津、长沙、济南、青岛等数十个城市的工人、学生、商人实行罢工、罢课、罢市，迅速兴起了反帝反封建军阀斗争的高潮。随着全国各地反帝反封建军阀斗争的高涨，琼崖工人运动有了空前的发展，琼崖工人阶级也很快从自在阶级转变为自为阶级。五卅惨案的消息传到琼崖后，在工人阶级的带动下，海府地区工农商学各界代表召开大会，并发表《琼崖援助沪案公民大会宣言》，提出"我们同胞应誓死力争之条件"：（一）严惩凶手，抚恤死伤。（二）英日两国，应向我政府及死伤家属道歉。（三）赔偿损失。（四）撤换英日及各关系国之驻华公使。（五）收回领事裁判权及租界。① 广大工人和青年学生走上街头，进行反帝反封建军阀宣传。

不久，沙基惨案和省港罢工的消息传来，琼崖各阶层群众群情激奋，纷纷行动起来，立即举行集会和示威游行，成立了"支援五卅惨案暨省港罢工后援回"，积极支援和配合全国工人斗争，发动全琼罢工、罢课、罢市。呼吁全体同胞做到"八不"：不在英国人的家庭、商店、工厂内做工；不用英国钞票，不在英国银行存款；不买英国货，不装英国船，不在英国公司保险；不在英国船上当水手、伙夫及任何职工；不乘英国船及汽车、电车；不在英国人办的学校内读书；不用英国律师、会计师、医生、

---

① 中共海南省委党史研究室编：《琼崖大革命史料选编》，1994 年，第 366 页。

工人；不把中国货卖给英国人①。为了进一步配合省港罢工斗争，广大工人、青年学生和琼崖群众对香港实行封锁，发布了锁港宣言和条例，由工人和青年学生组织纠察队，封锁海港，禁止英货进入，禁止土特产品和食物运往香港。琼崖支持省港大罢工的斗争，以海口为中心，遍及定安、文昌等琼崖各地，仅琼东县嘉积镇由当地 19 个团体召开的支援省港大罢工大会，参加人数就达万人。② 在工人阶级的参与支持和海府各界的努力下，这场规模空前遍及全岛的反帝爱国斗争从 1925 年一直持续到 1926 年，有力地支持了全国的工人运动，在琼崖革命史上留下了光辉的一页。

可见，琼崖工人阶级从产生之始就汇入了反帝爱国运动的洪流，随着马克思主义的传播和革命斗争的深入，琼崖工人阶级的觉悟日益提高，尤其是经过五四运动以后，琼崖工人运动迅速与马克思主义相结合，逐渐成为一支全新的革命力量。在中共琼崖地方组织建立前，代表着先进生产力的工人阶级，仅海口一地，数量就达六千以上，全岛有万数以上。③ 琼崖工人阶级的发展壮大，为中共琼崖地方组织的成立奠定了阶级基础。

三、中共琼崖一大召开：琼崖革命进入新的历史阶段

1926 年 1 月，国民革命军第 4 军的两个师渡海讨伐割据琼崖的反动军阀邓本殷，大批共产党员随着国民革命军先后来到琼崖，如第 4 军党代表罗汉、第 12 师党代表兼政治部主任王文明、第 11 师政治部主任廖乾五、第 34 团政治部主任伍锋等。省农会的特派员和广州农讲所毕业后返琼搞农运的共产党员，以及从全国各地返回琼崖的共产党员和革命青年，会集到琼崖，进行革命活动，成为当时海南国民革命的骨干力量。为了加强对琼崖党组织的工作指导，中共两广区党委派特派员杨善集回到琼崖指导工作，与王文明等一起在海口和嘉积等地举办短期党员训练班，培养了一批新干部，使党的力量迅速发展，琼崖一批先进工人、农民和革命知识分子加入了中国共产党。

随着马克思主义在琼崖的广泛传播，革命文化和革命思想的深入宣

①　中共海南省委党史研究室编：《琼崖大革命史料选编》，1994 年，第 332 页。
②　《琼崖民国日报》1926 年第 152 号。
③　肖焕辉：《琼崖曙光》，广东人民出版社 1989 年版，第 16 页。

传，琼崖工人运动的开展，琼崖社会出现了一批接受马克思主义的先进分子，从而使琼崖党组织的建立具备了必要的思想基础和组织基础。国民革命军收复琼崖后，随军到琼崖工作的共产党员，利用国共合作的有利条件，积极开展活动，推动了革命形势的进一步发展。建立中国共产党的琼崖地方组织已成为一种必然要求。

1926 年 2 月，在琼崖第一次国共合作的良好政治环境中，由罗汉、王文明等人发起，在海口成立中共琼崖特别支部，罗汉任特支部书记，王文明、冯平、李爱春、何毅、符向一、柯嘉予、陈公仁等任委员。中共琼崖特别支部成立后，作为近代琼崖第一个中国共产党的组织机构，承担起了指导全岛革命工作和各县建立基层党组织的任务，在工人和青年学生中发展了一批党员，开展了许多卓有成效的革命工作。

首先，以革命刊物为阵地，进一步深入宣传马克思主义理论。中共琼崖特别支部利用当时国共合作的有利形势，积极扩大发行《向导》、《中国青年》、《少年先锋》、《犁头》等革命刊物，同时创办了《琼崖民国日报》、《路灯》、《扫把》、《群众》、《现代青年》等报纸刊物，组织刊印了《共产主义 ABC》、《共产主义问答》、《马克思主义入门》、《人类社会进化史》、《唯物史观》、《新人生观》等革命理论图书，进一步大造革命舆论，深入宣传马克思主义。这些革命刊物和图书，对于促进琼崖党的思想建设和组织建设，动员琼崖人民投入革命斗争，都起到了极为重要的作用。

其次，积极组织和领导群众运动，帮助组建工、农、青、妇等群众革命团体。中共琼崖特别支部以国民党琼崖特委名义，成立了琼崖农工商学各界联合会，为巩固"国民的联合战线"开展工作。1926 年 2 月，在共产党的帮助下，恢复了琼崖总工会，黎竞民、林平、曹俊升等担任负责人。与此同时，成立了广东省农民协会琼崖办事处，冯平担任办事处主任，何毅为书记，符向一为委员。中共琼崖特支派出陈三华、陈玉婵等党团员加强广东省妇女解放协会琼崖分会的领导，并对琼崖学生联合会进行改组，组建了新的琼崖全属学生联合会，陈安国担任主席。4 月，海口市总工会成立，在总工会的领导下建立了一批基层工会，这些工会涉及旅店、汽车、茶居、织造、木匠、皮革、海员、药材、印刷、理发、钢铁机器等 20 多种行业，会员达六七千人。① 在党组织的领导下，琼崖其他各

---

① 中共海南省委党史研究室编：《中共琼崖党史纪事》，《琼岛星火》编辑部，1992 年，第 40 页。

县也开始筹建县总工会及其基层工会、农民协会筹备办事处，以及妇女解放协会、学生联合会等群众革命团体，琼崖人民的革命热情空前高涨。

再次，积极发展琼崖各地党团基层组织，进一步加强琼崖党和共青团的建设。为了贯彻落实中国共产党第四次全国代表大会决议，中共琼崖特别支部结合琼崖实际，积极组织党团员深入城乡、机关、学校等地发动群众，开展革命斗争，在广泛组织和领导民族革命运动、工人运动、农民运动、青年运动的斗争中，培养和吸收先进分子加入党团组织，不断加强党的领导作用和党团的建设。经过努力，继中共琼崖特别支部之后，琼崖各地相继建立起一批党、团基层组织。如以雷永铨为书记的中共琼崖东路特别支部；府城、海口、文昌、琼东、乐会、万宁、澄迈、儋县、临高、陵水、定安、崖县等市县基层党支部；广东省立第六师范、琼崖仲恺农工学校、琼东中学、乐会县立中学、琼海中学、琼山中学、琼山师范等党、团支部，琼东、乐会等县农民协会筹备办事处党支部；海口市总工会党支部、琼东嘉积镇党支部、乐会县农训所乐农党支部等。至 1926 年 6 月底，全琼除感恩县和昌江县外，12 个市、县都先后成立了党团基层组织。①

中共琼崖特别支部成立后开展的一系列卓有成效的工作，壮大了党在琼崖的领导力量，密切了党同人民群众的联系，初步打开了琼崖革命工作的新局面，从政治上、思想上和组织上为中共琼崖地方组织的成立奠定了基础。随着琼崖革命形势的进一步发展，各地党团组织的建立和不断发展壮大，建立统一领导全琼革命运动的中共琼崖地方组织的时机和条件已臻成熟。

1926 年 6 月，为了适应琼崖革命形势发展的需要，加强全琼革命斗争的统一领导，在中共广东区委特派员杨善集的指导和王文明的主持下，中国共产党琼崖第一次代表大会在海口竹林村邱宅（现海口市解放路竹林里 131 号）举行，琼崖革命的领导核心——中共琼崖地方委员会宣告成立。

参加会议的有王文明、罗文淹、冯平、许侠夫、周逸、何德裕、李爱春、黄昌炜、陈三华（女）、陈垂斌、罗汉等 10 余名中共党员，代表了当时琼崖各地的 240 多名党员，中共广东区委特派员杨善集出席和指导了

① 中共海南省委党史研究室编：《红旗不倒——中共琼崖地方史》，中共党史出版社 1995年版，第 46 页。

这次会议的全过程。大会由杨善集传达了中国共产党第四次全国代表大会的精神和中共广东区委的指示，分析了全国和琼崖的革命形势，讨论了琼崖党组织的主要任务，认为琼崖党组织在政治上要巩固和扩大革命统一战线，号召党员要站在民族革命前列，带领群众将革命进行到底，通过了关于开展职工运动、农民运动、政治工作、军事工作等决议案，选举产生了中国共产党琼崖地方委员会。王文明任书记，罗汉、许侠夫、陈垂斌、黄昌炜、罗文淹、柯嘉予、冯平、何德裕、陈三华、李爱春等人为委员。委员会下设机构的分工为：王文明兼农民部部长（后由周逸接任）；陈垂斌任组织部部长，黄昌炜为组织部副部长；许侠夫任宣传部部长；冯平任军事部部长；柯嘉予为军事部副部长；罗文淹任青年部部长；罗汉任国民党工作部部长；陈三华任妇女部部长。

中国共产党琼崖第一次代表大会按照党的"四大"明确提出的民主革命必须由最革命的无产阶级有力参加并且取得领导地位才能够得到胜利，农民是无产阶级的同盟军，在中国民族革命中具有重要地位，只有发动农民起来斗争，才能取得无产阶级的领导地位和中国革命的成功等重要精神，根据"四大"通过的关于民族革命运动、职工运动、农民运动、青年运动等议决案和在全国更广泛地建立党的组织、使党发展成为密切联系群众的党的要求，明确提出中共琼崖党的组织的主要任务是在琼崖各地的工人、农民和知识分子等革命群众中发展党员，推进党的组织建设，在"一切工人组织、农民协会及革命的组织、阶级团体里组织我们的支部和党团"，"在国民党和其他有政治性的重要团体里，应组织党团"。① 大会在正确分析当时全国和琼崖革命形势的基础上，强调中共琼崖党的组织在政治上要进一步巩固和扩大革命统一战线，在国民党琼崖特别委员会和琼崖各市、县党部中，坚决贯彻执行"党在国民党中工作的政策"，"决定'党部机关与人民合作'的联合战线政策，以谋除去党部行政与人间的隔膜"，"决定巩固'国民的联合战线'政策，促进各县党部切实帮助组织各种人民团体，再加以农工商学大联合，以巩固后方基础"。②

中国共产党琼崖第一次代表大会通过了关于开展职工运动、农民运动、政治工作、军事工作等决议案。在党的组织建设方面，大会决定进一

---

① 中共海南省委党史研究室编：《红旗不倒——中共琼崖地方史》，中共党史出版社1995年，第47页。

② 中共海南省委党史研究室编：《琼崖大革命史料选编》，1994年，第509页。

步加强马克思主义宣传，在琼崖的城市、农村和学校中积极吸收先进的工人、农民和青年学生加入党组织，帮助建立琼崖各地的党团组织；在职工运动方面，大会决定认真贯彻党的"四大"关于职工运动的决议，加强对工人运动的领导，在海口和琼崖各主要城镇建立和健全各级工会组织，并且在工会中建立党的基层组织以加强党对工会的指导；在农民运动方面，大会按照党的"四大"关于开展农民运动的方针和要求，决定必须注意启发农民的阶级觉悟，尽可能地、系统地鼓动并组织琼崖各地农民逐渐从事经济的和政治的斗争，帮助和发动琼崖农民普遍建立各级农民协会；在军事工作方面，根据党的"四大"关于建立农民自卫军以保护农民运动的成果和中共中央关于"继续扩大工人自卫军的组织"等指示，大会决定大力发展琼崖农民自卫军、工人纠察队，以革命武装力量维护农民、工人的利益和捍卫革命成果。

中共琼崖地方委员会成立不久，在党组织的帮助下，共青团琼崖地委成立，黄昌炜任团地委书记（因黄昌炜被党派往南洋工作，后由罗文淹继任），委员有：罗文淹（兼组织部部长）、陈垂斌（兼宣传部部长）、陈玉婵（兼妇女部部长）、郑景深（兼学生部部长）、魏宗周等。中共琼崖地方党和共青团组织成立后，一方面深入进行马克思主义理论的宣传，积极发动群众，进一步开展工、农、青、妇运动，支援北伐战争；另一方面积极发展琼崖党和共青团的组织，对党员和团员进行系统训练，提高党员和团员素质。琼崖各地基层党和共青团组织认真贯彻中共琼崖地委的指示，大力加强组织建设，1926 年下半年到 1927 年初，全琼党员就迅速发展到 1000 多人。

中共琼崖地方组织的诞生，是马克思主义与琼崖工人运动、农民运动和青年运动相结合产的产物，也是琼崖革命运动发展的必然结果。中共琼崖第一次代表大会的召开和中共琼崖地方委员会的建立，是琼崖人民革命斗争史上具有划时代意义的重大事件。它给灾难深重的琼崖人民带来了光明和希望。自从有了中共琼崖地方党组织，琼崖革命也就有了坚强的领导核心，进入了新的历史阶段。中共琼崖地方党组织为琼崖人民指明了革命斗争的目标和走向胜利的道路，它以马克思主义这个锐利的思想武器，明确的奋斗纲领、代表人民利益的宗旨、严密的组织、严格的纪律和共产党人的献身精神昭示于琼崖社会，日益赢得了琼崖广大民心，牢固地在琼崖的大地上扎下根来，逐步发展成为一支不可战胜的力量。广大琼崖工农群众纷纷集合在党举起的民主革命的旗帜之下，奋力开拓救国救琼之路。琼崖各族人民在党的领导下，为了民族独立、人民解放和国家富强，在琼崖这个四面环海、孤悬海外的海岛上坚持孤岛奋战，进行了长期艰苦卓绝、不屈不挠的斗争，创造了琼崖革命"二十三年红旗不倒"的奇迹。

第三章　潮涌琼崖

——国民革命运动的发展与危机

1926 年中共琼崖地方委员委成立后，在国共合作和革命统一战线的背景下，党领导的琼崖工农运动、青年学生运动、妇女运动蓬勃发展，掀起了波澜壮阔的琼崖国民革命运动高潮。

一、琼崖国民革命运动的发展：琼崖社会新景象

（一）日益高涨的琼崖工人运动

琼崖工人阶级经过五四运动、支援五卅运动和省港大罢工斗争的洗礼，逐渐发展成为琼崖一支重要的政治力量，在琼崖国民革命运动中发挥了重大的作用。琼崖国共合作和革命统一战线的建立，为琼崖工人运动的发展创造了有利条件，中共琼崖地委成立后，在党的领导下，琼崖工人运动很快出现了日益高涨的局面。

在国民革命军渡琼南征反动军阀邓本殷期间，全国总工会特派员曹俊升、林尤璜，广东省工会特派员林平、中共广东区委特派员黎竞民等，先后来到琼崖开展工人运动。国民党琼崖特别委员会成立之后，中共琼崖党组织以国民党琼崖特委的名义，于 1926 年 2 月成立了琼崖农工商学界联合会。不久，恢复了琼崖总工会，黎竞民、林平、曹俊升等为负责人。此后，王文明以国民党广东省党部指导员兼国民党琼崖特别委员会工人部委员的身份，指导琼崖总工会的工作，他和林平、曹俊升等深入广大工人群众中，向工人群众宣传革命思想，进行艰苦细致的思想发动和组织工作，经过努力，海口、府城、嘉积、陵水、乐会、文昌、定安、万宁、三亚等城镇相继建立起总工会（或筹备处）和基层工会。例如 1926 年 4 月成立的海口市总工会，领导下的基层工会主要有汽车、旅店、屠业、茶居、全

基、织造、泥水、驳载劳力、木匠、鞋业、烧灰、纸料、内河船业、熔炼等 22 个基层工会，会员人数多达六七千人。

总工会和各基层工会组织成立后，党组织和工会在广大工人群众中积极创办各种训练班和夜校，对工人群众进行马克思主义理论和文化知识的宣传和教育，提高工人的阶级觉悟和革命热情，培养工人运动的骨干，加强各级工会组织的力量。当时许多党组织和工会领导人如王文明、林平、曹俊升、许侠夫、朱润川、柯嘉予等，都多次到训练班和夜校讲课或作报告。为了进一步推广工人教育，总工会还特设工人教育宣传委员会，"并设工人运动讲习所，以养成工运的中心人才"。① 同时，王文明等还主持出版了革命刊物《琼崖工人》，以此为阵地向琼崖工人进行革命思想宣传和指导琼崖工人运动。总工会在领导工人运动中还建立了工人纠察队和宣传队，加强工人运动的力量和影响。工人纠察队在维护广大工人的利益、支援工人罢工、打击破坏工人运动的活动等方面发挥了很大作用。工人宣传队在党和工会的领导下，发动工人张贴"打倒帝国主义"、"打倒军阀"、"团结起来，争取自由与解放"等标语，以各种形式积极对琼崖工人和广大群众宣传革命思想，组织工人向帝国主义、封建军阀和买办资产阶级进行斗争。

在党组织和各级工会的领导下，琼崖广大工人群众不断掀起工人运动的高潮，琼崖工人运动也被逐步由改善劳动条件、办工人福利、合理提高工资的经济斗争，引导到反对压迫、争取解放的政治斗争。1926 年 2 月，海府工人举行大罢工。3 月，为了声援省港大罢工，琼崖成立了援省港大罢工委员会，总工会发动琼崖各界人民捐款支持省港大罢工斗争，并积极协助省港罢工委员会驻海口办事处组织工人纠察队，封锁海口至香港的航运，有力支援了省港大罢工。海口作为琼崖工人运动的中心，工人多次举行罢工斗争。当时海口资本家对工人的剥削极其严重，工人工资极低，而织造工人情况尤其突出，男工每月仅三至十元，女工平均每月只有三至四元，并且工资一个季度才发一次，工人生活极端困难。1926 年 7 月，海口织造工人在党组织的领导下，为增加工资、改善待遇举行了罢工，迫使资本家不得不接受工人的合理要求；8 月，海口码头工人为反抗封建"把头"盘剥，在工会领导下，进行了坚决的斗争，迫使封建"把头"作出

---

① 　中共海南省委党史研究室编：《琼崖大革命史料选编》，1994 年，第 513 页。

让步；9 月，海口鞋业工人进行罢工，要求增加待遇，最终迫使资本家增加了三成工资；12 月，海口旅店工会为了增加工资和改善工作条件，组织工人罢工，迫使店东答应了工人的增加工资、实行 8 小时工作制、不能随意开除工人等条件，罢工斗争取得了胜利。海口市总工会为了进一步使工人运动和农民运动结合起来，加强工农联盟，扩大国民革命统一战线，号召广大工人回乡发动农民加入农民协会。泥水工会中许多工人纷纷回到自己家乡，动员亲属加入农民协会，使他们的家乡大铜、大鼓村后来成为全琼闻名的仲恺乡之一。国民党海口市党部工人部长吴清坤也回到老家薛村发动农民建立农民协会。①

　　琼崖其他县市的工人群众，也在党组织和各级工会的领导下，纷纷举行游行示威、罢工等反封建、反帝国主义的斗争，积极参加和支持当地的农民运动，形成了琼崖工农运动相互配合、全面高涨的好局面。琼东县嘉积镇和乐会县中原镇是琼崖东部经济、文化和交通枢纽，工商业较发达，工人数量较多。琼东县党组织成立后，大力加强对工人运动的领导，于 1926 年夏成立了以刑诒奕为主席的嘉积总工会，相继建立起搬运、印务、汽车、店员、理发、轮船、民船等基层工会。在此前后，乐会县总工会也宣告成立，张典伍为工会主席。工会成立后，积极帮助工人解决困难，创办工人夜校和讲习所，提高工人觉悟和培养工人运动骨干，领导工人开展斗争。在党组织和工会组织的领导下，广大工人联合各界群众，进行了支援五卅运动和省港大罢工和反对贪官污吏、土豪劣绅的斗争，发挥了极为重要的作用。琼东六区的大恶霸李文辉，平时与土匪相互勾结，打家劫舍，横行乡里，胡作非为；琼东县税务局长丁超秀，一贯欺压百姓，贪污受贿，徇私枉法，他们与反动县长罗让贤狼狈为奸，欺压百姓，广大群众对他们恨之入骨。在中共琼崖东路部委和工会的发动和领导下，1927 年 3 月 5 日，琼东工农群众和各界人士 3000 余人在琼东县广场召开大会，揭露恶霸李文辉、贪官丁超秀的罪行。大会上，愤怒的群众将李、丁揪押上台进行控诉和斗争，罗让贤企图为两人开脱，被群众当场指责。迫于工农群众和各界人士的压力，罗让贤不得不将李、丁逮捕入狱，这次以工人为主体的群众运动取得了胜利。此外，文昌、定安、万宁、陵水、三亚等地也先后建立了总工会和基层工会，这些工会在党组织的指导下，组织领导

---

① 《琼岛星火》第 2 期，《琼岛星火》编辑部，1980 年，第 129 页。

工人群众积极开展反帝反封建斗争。

日益高涨的琼崖工人运动，极大地提高了琼崖工人阶级的思想觉悟，维护了广大工人阶级的利益，琼崖工人阶级作为琼崖社会一支全新的革命力量，在党的组织和工会的领导下，在琼崖国民革命运动中发挥了极其重要的作用，极大地推动了琼崖国民革命运动的深入发展。

（二）如火如荼的琼崖农民运动

在琼崖国共合作和革命统一战线形成的有利条件下，由于国共两党的共同努力和实行"扶助农工"的政策，琼崖农民运动迅速兴起。中共琼崖地委成立后，十分重视在琼崖各地农村中开展农民运动，派出了大批党、团干部到琼崖各县发动和领导农民运动，各县、区、乡的农民协会发展很快。在党的领导和农民协会的推动下，琼崖各地的农民运动进行得如火如荼，成为琼崖国民革命运动高潮中靓丽的风景线。

1925 年 1 月，中国共产党第四次全国代表大会通过了关于农民问题的决议，强调农民是无产阶级最可靠的同盟军，要求组织农民协会和农民自卫军，促进农民运动的发展。为了培养农民运动骨干，中国共产党以国民党中央农民部的名义，在广州开办了 6 期农民运动讲习所，先后有 30 多名琼崖籍青年进入广州农民运动讲习所学习，这些学员毕业后，大多回到琼崖各地开展农民运动，成为琼崖农民运动的骨干力量。1926 年 1 月，在国民革命军渡海南征邓本殷时，从苏联莫斯科东方大学学习回国的共产党员冯平，以国民党中央农民部特派员身份奉命随军回琼进行革命宣传和农运组织工作。2 月 3 日，广东省农民协会琼崖办事处成立，冯平任主任，何毅任书记，符向一为委员。

中共琼崖地方党组织成立后，为了加强对农民运动的领导，先后派遣了一批在琼的党团员为农运特派员，到琼崖各地指导农民运动。在广东省农民协会琼崖办事处和各县农民运动特派员的大力宣传发动下，海口、琼山、文昌、澄迈、定安、临高、万宁、陵水、乐会、儋县、琼东等 11 个市、县相继建立起农民协会或筹备办事处。其主要负责人：海口市郊区农民协会办事处主任为冯继周（冯白驹），琼山县为王天贵，文昌县为李应春，澄迈县为欧赤，定安县为王会东，临高县为冯道南，琼东县为曹超，乐会县为王绰余，陵水县为吴文道，儋县为周朝候，万宁县为杨树兴。到 1926 年 2—6 月间，在琼崖各市县的 83 个区乡建立起立起了区、乡农民协会，会员达到 8800 余人。① 8 月，琼崖第一次农民代表大会在海口召开，会议传达贯彻了广东省第二次农民代表大会精神，决定成立琼崖农民协会，选举冯平为主任兼农民自卫军总司令。会后又组织工人、学生深入琼崖广大农村进行宣传发动，进一步推动农民协会组织的建立和农民运动的发展。到年底，全琼除感恩县外，各市、县的区、乡都普遍建立起农民协会，会员发展到 20 余万人，能直接领导的群众达 100 万人。②

随着琼崖各地农民协会的建立，农民运动蓬勃开展起来。为了培养农民运动急需的农民运动干部和农民自卫军骨干，进一步推动琼崖各地农民运动的深入发展，中共琼崖地委和农民协会以广州农民运动讲习所为榜样，于 1926 年夏在嘉积的琼崖仲恺农工学校增设军事班，对各县选送的农民运动骨干进行政治、军事等方面的训练，学员结业后再分派到琼崖各县举办农民运动讲习所。1926 年 9 月，中共琼崖地委决定在海口创办琼崖高级农民政治军事训练所，在冯平、周逸等的主持下，在海口市高州会馆筹建，1927 年春正式开学。冯平任训练所主任，周逸为政治主任，由云南讲武堂毕业的冯建农担任军事教员，王文明、柯嘉予、许侠夫、罗文淹、陈公仁、何毅、冯平、吴友农、洪钟、林基、云石天等人为兼职教员。第一期学员有陈国栋、王文源、王天骏等 32 人，他们都是由乐会、万宁、琼东、定安、琼山、澄迈、临高等地农会和农民训练所选送的农民运动的骨干。农训所学员按军事编队接受严格的政治、军事学习和训练，还建立了学员党支部，陈国栋任支部书记（后为王文源）。在琼崖高级农民政治军事训练所创办的同时，乐会、琼东、万宁、琼山、文昌、澄迈、儋县、临高、崖县、定安等县也先后成立了农民政治军事训练所。乐会县农民政治军事训练所由王绰余担任所长，雷永业为政治主任，第一期训练班招收学员 60 名，第二期招收学员 120 名；琼东县农民政治军事训练所由符功桓担任所长兼军事主任，仅第一期训练班学员就有 100 多人。琼崖高级农民政治军事训练所和各县农民政治军事训练所的相继创办，培养了一大批各级农民协会领导骨干和农民自卫军的干部，大大推动了琼崖农村革命形势的发展，为琼崖农民运动和以后革命武装斗争的进一步发展奠定

---

① 中共海南省委党史研究室编：《红旗不倒——中共琼崖地方史》，中共党史出版社 1995 年版，第 53 页。

② 肖焕辉：《琼崖曙光》，广东人民出版社 1989 年版，第 32 页。

了坚实的基础。

在党的领导和各级农民协会的推动下，农民运动在琼崖各地如火如荼地进行。琼崖的广大农民利用各级农民协会这一农民自己的组织，展开了以经济斗争、政治斗争、军事斗争、文化和社会生活斗争为主要内容的轰轰烈烈的农民运动，使琼崖的广大农村发生了深刻变化。

在经济斗争方面，农民协会带领广大农民在全琼农村进行减租、减息，反对不合理的捐税，强迫地主减租退押，废除苛捐杂税的剥削，没收地主不义之财，积极维护广大农民的利益。当时国民政府规定实行"二五"减租，但在琼崖的农民运动中，群众发动起来之后，实际上往往冲破国民政府的规定而实行一半或超半减租，在农民协会的威慑下，不少地主甚至不敢收租。

文昌县的各乡农民协会成立后，组织农民起来强迫地主减租减息和退押，东阁乡农民协会甚至带领农民起来没收了风头村大地主林启东、白茅村地主文德宣的部分财产和粮食分给穷苦农民。琼山县农民协会在进行减租减息时，组织农民给当地大地主冯志赞戴上猪笼改制的高帽子，揪到三江市游街示众，使地主豪绅的威风扫地。在农民协会的支持下，琼东县和乐会县农民公开斗争了几个民愤极大的土豪，押着他们进行批斗游行。[①]海口市郊区农民协会带领农民开展减租减息的斗争后，发布命令销毁地主恶霸的高利贷契约，收回贫苦农民被强占的房屋、田地、耕牛等，同时禁止地主商人相互勾结，囤积居奇，抬高米价，在很大程度上维护了广大农民的利益。陵水县由于发生了严重旱灾，广大农民生产失收，粮食奇缺。但当地地主奸商不顾农民的死活，与反动县长邱海云相互勾结，催租迫债，垄断粮食市场，囤积居奇，任意提高米价，并将粮食外运从中牟取暴利，因而激起了广大农民的公愤。各乡汉、黎族农民在农民协会的领导下，组织起来到县政府请愿，要求县政府减租减税，降低粮价，禁止粮食外运。邱海云却以农民闹事为名，不仅没有答应农民们的正当要求，反而扣押了农民代表蒙马乡农民协会领导人谢是位。在陵水县党组织和农民协会领导和发动下，数以千计的农民群众组织起来，高呼"工农联合起来"、"打倒贪官污吏邱海云"、"打倒土豪劣绅"等口号，手持大刀、梭镖上街游行示威。与此同时，农训所学员陈番姚、叶用祥等，带领农训所

---

①　《琼岛星火》第 8 期，《琼岛星火》编辑部，1982 年，第 78 页。

学员和农民封锁了港口和交通要道，封车封船，截住外运粮食。陵水农民的反抗斗争取得了彻底胜利，最终迫使邱海云不得不放出所押农会代表，邱海云自己也化装成农民狼狈逃出县城。儋县遭受严重旱灾，农业歉收，新英村的地主却强迫租种他们土地的盐场、东方等村的农民按期送租，如过期就要罚款。在农民协会的支持和领导下，盐场、东方等村数千名农民到县政府请愿，这一行动使县政府决定交不起租的农民可以不交租，并布告全县执行，儋县农民的反"送租"斗争取得了胜利。

在政治斗争方面，琼崖各级农民协会成立后，立即提出"一切权力归农会"的口号，领导广大农民在开展减租减息运动的基础上，进一步发动和组织广大农民向地主恶霸、土豪劣绅、贪官污吏等进行斗争。在农村中，农民协会按照地主恶霸、土豪劣绅罪行的大小，分别采取戴高帽子游街示众、召开农民群众大会审判、押送县政府惩办等方式进行斗争。这些斗争，使得农村的地主恶霸、土豪劣绅惶惶不可终日，不少人逃往县城躲避，留在农村的也只得老老实实，不敢乱说乱动；广大农民则扬眉吐气，农民协会威信也大为提高，原来的乡村政权也变得形同虚设，有事先得征求农民协会同意了才敢去办，关于农民协会的事他们也不敢多过问。各级农民协会成为广大农民信任和依赖的自己的组织，农民们遇到纠纷和问题都会去找农民协会解决。

万宁县盐墩村的农民世世代代以煮盐为生，长期以来饱受盐务官吏的横征暴敛和迫害欺凌。盐务机关不仅对广大盐民征收苛捐杂税，而且暴戾横行，提高盐税，殴打群众，调戏妇女，强占民妻，抓人勒赎，无恶不作。万宁县农民协会派共产党员王天贵、谢育才等发动盐墩村农民成立了农民协会，并相继建立了农民自卫军、少先队、儿童团、妇女团等革命组织。在党和农民协会的领导下，立即向盐务机关提出六项要求：盐民煮盐晒盐、起火停火自由，废除定时定量煮盐制；不准盐警借查私之名搜查民房、奸淫调戏妇女；盐民夜间行动自由，不得借口缉私横加干涉或殴打；缉私没有证据不得勒款；不得强占叶氏祖祠作盐务机关，应即交回农会办公；盐务机关租用民房要盐民自愿，并交租金。盐务机关不仅没有答应农民协会的要求，反而勾结反动县长陈瀛无故扣押农会积极分子。1926年4月12日，万宁县盐墩村盐民在党和农民协会的领导下，举行罢工，全村盐灶全部停火，反抗反动的盐务机关的压迫和剥削。全县各区、乡也迅速成立了"援助农友罢工筹备会"，筹集了大批粮款支援盐民罢工。罢工斗争坚持了两个月，迫使政府和盐务当局不得不答应农会的一切要求，罢工取得彻底性利。① 海口市郊有个被农民们称作"活阎王"的大地主吴为藩，奸险毒辣，勾结官府，横行乡里，欺压百姓，强占了五村农民被潮水冲垮的大片田地。1926 年 9 月，海口市农民协会办事处主任冯继周（冯白驹）领导市郊五村农民掀起了"反霸护田"斗争，组织五村农民数千人到琼山县政府请愿示威，强烈要求严惩吴为藩，退还被霸占的田地。琼山县县长何春帆企图为吴为藩撑腰，千方百计为其辩护。但经过冯白驹和农民代表据理力争，在广大农民的强大压力下，何春帆不得不答应要求，责令吴为藩退出霸占田地并向农民赔礼认错。定安反动县长黄梦麟上台后，纵容土匪恶霸横行乡里，鱼肉百姓，强令全县群众预交三年租税，定安农民忍无可忍，于 1927 年 1 月爆发了反对反动县长的斗争。在党组织和县农民协会的支持和领导下，全县几千名农民、工人及学生举行游行示威，包围了县政府，声讨反动县长的罪行，迫使县政府不得不取消要农民预交三年租税的决定。

　　在军事斗争方面，如火如荼的琼崖农民运动，始终把经济斗争、政治斗争和军事斗争等方面有机结合在一起。当时的琼崖广大农村，长期以来由于反对军阀的腐败统治造成匪患成灾，社会动荡，而地主豪绅又以"防匪"之名组织民团武装与土匪狼狈为奸，横行乡里，为非作歹，欺压百姓。随着农民运动的进一步发展，为了保护农民生命财产的安全和维护广大农民利益，巩固农民运动的胜利成果，根据广东省第二次农民代表大会通过的《广东省农民协会章程》和《农民自卫军组织法》的精神，琼崖各地党组织和各级农民协会纷纷购置和收缴地主枪支和武器，以农训所学员为骨干，建立起农民自己的武装——农民自卫军（又称农军）。琼崖各县相继成立的农民自卫军主要有：以符功恒为团长的琼东县农民自卫团，以何君焕为团长的乐会县农民自卫团，以杨树兴为总指挥的万宁县农民自卫军，以黄金容为总指挥的儋县农民自卫军，以李应春为总指挥的文昌县农民自卫军，以王宏训为总指挥的定安县农民自卫军，以王昭夷为总指挥的陵水县农民自卫军，以冯平为总指挥的临高县农民自卫军等。农民自卫军力量迅速发展，各乡农民自卫军一般都有十多人至数十人不等，至

① 中共海南省委党史研究室编：《琼崖大革命史料选编》，1994 年，第 628—631 页。

1926 年 8 月，全琼农民自卫军达 1000 多人。① 到 1927 年春，仅临高县的农民自卫军就发展到 3000 多人，长短枪 1000 支。②

琼崖各地的农民自卫军建立后，在党组织和农民协会的领导下，积极开展剿灭土匪、镇压恶霸豪绅、打击封建势力的斗争，在保护广大农民利益、维持社会治安等方面都发挥了极大作用。儋县盐场、东方等村农民的反"送租"斗争取得胜利后，地主们怀恨在心，扬言要进行报复。农民谢燕如被地主捆绑、殴打，农民自卫军及时赶到，地主不得不马上释放谢燕如并赔偿治伤医药费。高地村地主朱耀南、羊尚宾等带领地主武装打死农会会员李维成、李垂宽二人，附近农民和自卫军数千人立即包围高地村，在县政府的支持下逮捕了朱、羊等五名凶手，交农民协会批斗后给予法办。儋县东北与临高交界处的四方山长期以来匪患猖獗，附近农民深受其害。农民协会带领临高、儋县农民自军五六百人联合进剿，彻底消灭了这股为害多年的顽匪，匪首吴亚生也被生擒经公审后枪决，基本上消除了四方山周围的匪患。乐会县土匪何光业把一位归侨抓去并勒索几百元钱财，农民自卫军抓到了这个土匪把他解往县署。但县长在接受了土匪的 600 元贿赂后，准备释放他。农民协会闻讯后，立即召开群众大会进行揭露，带领成千上万愤怒的农民包围了县署，县长不得不将这个土匪交给农民协会处理，农民自卫军的声望大增。琼东县匪首林树标等带领一股土匪长期出没于枫树坡、石坑仔一带，疯狂叫嚣要"先灭党部，继灭农会"，使广大农民不敢接近县党部和农民协会，甚至不堪匪患而背井离乡，导致田地荒芜。琼东县农民自卫军在符功恒的带领下前往清剿，消除了多年的匪患，使广大农民又得以重返家园。③ 土匪不怕官兵怕农会，文昌、琼山等县的农民自卫军也在广大农民的支持下，基本上平息了当地长期存在的匪患。琼崖党组织和农民协会领导下的各地农民自卫军的斗争，有力地打击了地主豪绅和土匪等反动势力。琼崖各地在大革命斗争中成长起来的农民自卫军，成为后来琼崖武装斗争的重要基础。

随着农民运动的不断深入，"打倒土豪劣绅，农民闹翻身"成为当时

---

① 中共海南省委党史研究室编：《琼崖大革命史料选编》，1994 年，第 464 页。

② 中共海南省委党史研究室编：《琼崖大革命史料选编》，1994 年，第 637 页。另一种观点认为是 1000 多人、枪。参见中共海南省委党史研究室编《红旗不倒——中共琼崖地方史》，中共党史出版社 1995 年版，第 57 页。

③ 中共琼海县委党史办公室编：《琼海革命斗争史》，中国三环出版社 1990 年版，第 47—48 页。

势不可当的农运洪流，整个琼崖农村面貌发生了翻天覆地的变化。党组织和各级农民协会在发动和领导广大农民开展减租减息，反对贪官污吏、土豪劣绅和土匪恶霸斗争的同时，还在广大农村兴办平民学校、夜校和识字班，大力发展农民教育。农民协会号召男女老少一律免费入学，学员由县农民协会和教育局提供课本。平民学校"既是识字教育之所在，又是政治宣传之所在"，在教农民识字学文化的同时，还大力宣传革命道理和革命政策，提高广大农民的文化素质和思想觉悟。逐渐觉悟起来的广大农民在农民协会的带领下，向几千年来在农村根深蒂固的一切封建宗法制度发起了猛烈冲击，破除封建迷信、革除各种陈规陋习一时在琼崖广大农村蔚然成风。农民协会发动群众捣毁祠堂中的神主牌、庙宇中的神道偶像，把祠堂和庙宇改为学校；实行禁烟禁赌，很快使乡村中的烟赌几乎销声匿迹；反对买卖婚姻，提倡男女平等。乡村中地主豪绅的权势被打落，再也不敢像过去那样为所欲为，农民协会在广大农村实际起着政权或半政权的作用，成为广大农民的主心骨，真正做到了"一切权力归农会"。

总之，如火如荼的琼崖农民运动造成了一个空前的农村大革命，深刻地改变着琼崖广大农村的面貌，在琼崖革命史上有着十分重要的意义。正如毛泽东所说的那样："国民革命需要一个大的农村变动。辛亥革命没有这个变动，所以失败了。现在有了这个变动，乃是革命完成的重要因素。"①

（三）蓬勃兴起的琼崖青年学生运动

琼崖青年学生运动有着悠久的历史和光荣的传统，曾经在五四运动和新文化运动中为促进广大琼崖人民的觉醒作出过巨大贡献。大革命时期，蓬勃兴起的琼崖青年学生运动又成为琼崖国民革命中重要的组成部分，有力地配合了工农运动的开展。

琼崖党组织在领导国民革命运动过程中，对青年学生运动非常重视，早在中共琼崖地委成立之前，就派遣了一大批党的骨干到琼崖各地各类学校开展工作，在不少学校先后建立了党团组织。中共琼崖地委成立后，立即着手加强对青年学生工作的领导，于 1926 年 7 月在海口成立了中国共产主义青年团琼崖地方委员会。中共琼崖地委和共青团琼崖地委的成立，

---

① 《毛泽东选集》第 1 卷，人民出版社 1991 年版，第 16 页。

标志着琼崖青年学生运动进入一个新的发展阶段，琼崖青年学生运动揭开了新的一页。共青团琼崖地委创办了革命刊物《现代青年》，以此为阵地进行革命理论宣传和指导琼崖青年学生运动。同一时期，《南针周报》（中共琼崖地委主办）、《路灯》（陈公仁主编）、《扫把》（陈文晃主编）等革命刊物，在宣传革命理论和推动琼崖青年学生运动方面也发挥了重要作用。①

为了进一步推动琼崖青年学生运动的发展，琼崖党团组织的领导人杨善集、王文明、许侠夫等和广大党团员干部，经常深入到琼崖各地各类学校开展工作，进行革命形势和革命理论的宣传，举办各种党团员训练班，极大地激发了青年学生的革命热情。当时从苏联留学归来杨善集，在青年中拥有很高声望，经常以广东区党委特派员、区团委负责干部的身份，奔波于海口、府城、文昌、加积等地学校进行演讲，"青年学生听后反响热烈。每到一地，都有许多人挽留详谈革命理论，以至杨善集不得不以公开信的形式向广大青年朋友作答，并将所讲编成小册奉献给读者"。② 为了培养更多的琼崖青年学生运动骨干，中共琼崖地委决定在海口市得胜沙路重新开办琼崖公学，招生一百余人，由陈公仁、林基、林平、柯嘉予、冯骥等担任教员，邀请张难光等人到校讲政治课，并且还建立了党、团支部。在此前后，为了加强党对青年学生工作的领导，党组织派罗文淹、陈垂斌到省立第六师范学校分别担任训育主任和教务主任；后又派陈垂斌、王业熹、郭儒灏到澄迈中学分别担任校长、教务主任和训育主任；派冯裕江到琼山中学担任校长。在党团组织的领导下，琼崖各地许多学校成立了新的学生会，并重新选举了琼崖全属学生联合会，从而统一了全琼的学生组织。③ 在青年运动中，革命青年不断得到锻炼并迅速成长起来，青年学生中的许多先进分子都先后加入了中国共产党组织或共青团组织，如到1926 年 9 月仅省立第六师范四班一个班，就有十七八人加入党组织，几乎占了全班学生的一半，④ 到 1927 年春全岛加入共青团组织的青年学生就达两千余人。⑤ 所有这些，均为琼崖青年学生运动的蓬勃兴起打下良好

① 中共海南省委党史研究室编：《琼崖大革命史料选编》，1994 年，第 544 页。
② 肖焕辉：《琼崖曙光》，广东人民出版社 1989 年版，第 28 页。
③ 中共海南省委党史研究室编：《琼崖大革命史料选编》，1994 年，第 549 页。
④ 同上书，第 543 页。
⑤ 同上书，第 525 页。

的基础。

随着反帝反封建的深入发展，广大琼崖青年学生觉悟的普遍提高，在琼崖党组织和共青团组织的领导下，青年学生运动在琼崖蓬勃兴起。广大琼崖青年学生利用墙报、会刊、讲演等途径和方式广泛宣传革命理论，报道革命消息，扩大革命影响，组织学生宣传队深入街道、农村宣传革命道理，参加各种革命活动。1926 年寒、暑假，还组织了学生回乡工作团，回到家乡开展平民教育运动，兴办平民夜校，对农民进行革命宣传，发动和帮助农民群众建立农民协会和妇女解放协会，深受农民群众欢迎。这些活动，一方面，极大地促进了琼崖农民运动和妇女运动的发展；另一方面，也使广大青年学生自身得到了锻炼和提高，使琼崖青年学生运动与农民运动、妇女运动等相互配合、相互促进，从而促成了琼崖国民革命高潮局面的到来。

在蓬勃兴起的琼崖青年学生运动中，由党领导、琼崖全属学生联合会发起的"择师运动"，规模大，范围广，影响深远。这一运动首先在府海地区开始。1926 年夏，琼海中学（今海南中学）校长钟衍林无理开除了公开批评学校的韩超元和韩秀元（学生会成员）两名学生，当校学生会组织起来要求钟衍林撤销这一错误决定时被拒绝，于是学生会便带领广大学生掀起了"驱钟学潮"。这一学潮发生后，琼崖总工会、农民协会、妇女解放协会等琼崖各界纷纷声援学生的革命行动，海府各校学生也立即起来支持琼海中学学生的正义斗争。琼崖全属学生联合会会刊《琼崖学生》专门出版了《驱钟专号》（第二期），发表《驱钟宣言》，列举钟衍林"破坏学生统一运动"等十大劣迹，[①] 大造舆论。《琼崖民国日报》发表了琼山中学学生吴江滋的文章，严厉抨击反动校长和教师的反革命思想观念。海府地区各校学生在声援琼海中学的"驱钟学潮"的同时，也对本校的守旧反动校长、教师展开斗争，从而海府地区形成了一个声势浩大的择师运动高潮。在这场择师运动中，琼山中学校长王政、琼山师范校长白学初、省立第六师范校长李开定等一批坚持反动立场、反对学生参加革命活动的校长被赶下台，由共产党员和进步人士接任。如琼海中学和琼山中学两校合并成立琼山中学后，由中共党员冯裕江、陈秋辅分别任校长和教务主任，省立第六师范校长李开定被赶走后，由进步人士云卓章任校长。

---

①　中共海南省委党史研究室编：《琼崖大革命史料选编》，1994 年，第 446 页。

反动校长钟衍林慑于学生运动的威力和社会舆论的压力，最终不得不向学生低头认错，表示支持学生的革命行动，轰轰烈烈的海府地区的择师运动取得了彻底胜利。

随着海府地区择师运动的胜利，在党组织的推动下，到1926年下半年，择师运动迅速发展到琼崖各地。1926年11月，在琼东嘉积，省立第十三中学（今嘉积中学）爆发了"驱张（韬）运动"。省立第十三中学校长张韬，是公开反对革命运动的反动的孙文主义学会骨干分子，同社会上的反动势力呼应，一贯仇视学生运动，反对工农运动。在党组织的领导下，十三中学生会于11月5日召开动员大会，发动"驱张运动"。张韬马上进行报复，开除了校团支部书记符廷燕等5名进步学生。这激起了广大青年学生的愤怒，他们组织起来举行为期两周的罢课斗争，工友也积极支援学生们的正义行动，校工拒绝给张韬卖菜，理发店拒绝为张韬理发。琼东各界群众举行集会、游行示威，揭露张韬破坏革命的种种罪行，声援十三中学生的"驱张"斗争，琼崖全属学生联合会及府海、文昌、定安、万宁等地学生代表前来参加，极大地支持了十三中的"驱张运动"，形成了全琼规模空前的学潮。最终"驱张运动"取得彻底胜利，广东省教育局决定撤销了张韬的校长职务。正如当时的评论所说："十三中风潮的爆发，决不是无意识的事情，而是十三中学校当局行为的必然现象。具体来说，就是张韬反动行为所激起的，……于此，我们可以说此次十三中的学潮，在学生的利益上和革命的观点上，都有重大的意义和价值。"①

在万宁县，万宁中学校长陈儒敷，经常迫害进步师生，反对学生参加革命，在党的领导下，万宁中学学生熊侠、杨学哲等带领广大学生发起了驱除反动校长陈儒敷的运动。万宁中学学生走上街头，进行游行示威，列举陈儒敷八条罪状，强烈要求县政府撤换陈儒敷的校长职务。在遭到县政府拒绝后，熊侠、杨学哲等继续带领学生进行罢课。陈儒敷以"闹事"为由，开除了熊侠、杨学哲等十多名进步学生。熊侠、杨学哲等带领学生到国民党万宁县党部和县农民协会告状，在党组织的支持下，经过交涉，迫使县政府撤销了陈儒敷的校长职务，被无理开除的学生也回到了学校。在文昌，原来被琼海中学学生赶出校门后又来到文昌中学的国文教师陆达

---

①　中共海南省委党史研究室编：《琼崖大革命史料选编》，1994年，第483页。

节，仍然继续坚持反动立场，经常攻击工农运动，文昌中学学生发起了驱赶陆达节运动，在学生的强烈要求下，陆终于再次被解职。在澄迈，澄迈中学学生发起了驱赶校长何仁楷、教务主任李日芳的运动，最终反对学生运动的何仁楷、李日芳被赶下台，由中共党员陈垂斌继任校长，王业熹任教务主任，郭儒灏任训育主任。

在党组织和共青团组织的领导下，琼崖各地学校掀起的波澜壮阔的"择师运动"，沉重地打击了学校内外的反动势力，极大地发展和加强了学校中的革命力量，大力促进了新思想、新文化的宣传，为青年学生运动的进一步深入发展扫清了障碍，有力地配合了琼崖各地工、农运动的开展，促进了琼崖国民革命高潮局面的到来。同时，在蓬勃兴起的琼崖青年学生运动中，广大琼崖青年学生经受了革命锻炼和考验，一批青年学生运动的先进分子，走上了与工农群众相结合的道路，逐渐成长为琼崖革命的骨干力量。

（四）迅猛发展的琼崖妇女运动

在轰轰烈烈的国民革命运动中，伴随着工人运动、农民运动和青年学生运动的蓬勃兴起，琼崖的妇女运动也在全琼崖迅猛发展，成为琼崖国民革命运动的重要组成部分。

长期以来，广大琼崖妇女深受封建政权、族权、神权、夫权等封建宗法制度的束缚和压迫，处在灾难深重的近代琼崖社会的最低层，社会地位极端低下，处境十分悲惨。五四运动以后，琼崖的广大妇女逐渐开始觉醒，一批批青年妇女勇敢地冲破封建伦理枷锁的束缚和家庭的阻挠，走进学校，有的甚至走出琼崖出外求学，接受新思想，学习新文化，相继投身于轰轰烈烈的国民革命运动中，加入了共产党和共青团组织，成为迅猛发展的琼崖妇女运动的骨干。

早在五四浪潮和新文化运动的激荡下，琼崖的青年女学生就进行了争取自由、反对封建婚姻的斗争。如1924年琼东县青年女学生冯素娥奋起反抗家庭包办婚姻，公开在当时的《琼崖旬报》上发表抗婚书，成为琼崖妇女反对封建、争自由的榜样。大革命时期，广东省作为全国的革命中心和根据地，也是当时全国妇女运动的中心和发源地，琼崖当时作为广东省的一部分，深受大革命浪潮的影响。1925年5月广东省妇女解放协会成立，同年12月广东省妇女解放协会琼崖分会在海口也相继成立。广大琼崖妇女特别是青年女学生，在党和共青团组织的教育和领导下，纷纷投身于反帝反封建的国民革命的洪流中。1925 年底，毕业于广州农民运动讲习所的海南琼山籍女青年高慧根，当选为广东省妇女解放协会第二届执行委员，广州女师的海南文昌籍学生陈三华也当选为候补执行委员，她们都成为了琼崖妇女运动的领导人。

　　1926 年 6 月中共琼崖地方委员会一成立，就积极贯彻落实党的妇女解放斗争的方针、政策，进一步加强了对妇女运动的领导，为此琼崖地委设立妇女部，由琼崖地委委员陈三华兼任部长。共青团琼崖地委成立后，陈玉婵任团地委委员兼妇女部部长，琼崖妇女运动进入一个新的阶段。在党和共青团组织的领导下，从广州等地学习返回琼崖的青年女学生陈三华、陈玉婵、吴雪梅、符文清、吴惠兰、江秋月、王竹波、冯文英、陈士英等与琼崖本地的青年女学生先进分子陈国盈、梁慧贞、钟慧英、邢慧学、孙宝珊、冯爱媛、谢琼香（谢飞）、陈秋若、蔡秀姬、韩敬华、李如兰、王秀莲、谢琼华等人，深入琼崖各地，积极发动和组织妇女运动。1926 年下半年，琼崖妇女解放协会进行调整和充实，陈三华、陈玉蝉、陈国盈、冯爱媛为负责人，不久，琼崖各地 13 个县，除昌江、感恩外，也都相继成立了妇女解放协会。各地主要负责人：嘉积的琼崖东路妇女解放协会负责人为马士芬，文昌县为吴冠群，琼山县为陈王蝉，澄迈县为李培兰，临高县为陈淑梅，儋县为吴丹心，琼东县为符俊华，乐会县为曹家椿，万宁县为李慕琼，等等。

　　随着琼崖各地妇女解放协会的相继建立，琼崖各地的妇女运动迅猛发展起来。为了培养妇女运动急需的妇女干部，进一步推动琼崖各地妇女解放运动的深入发展，1926 年秋，中共琼崖地委和妇女解放协会在省立第六师范创办了社会工作训练班，派遣陈玉婵、冯爱媛、陈秋若等一批妇女干部参加学习。同时，又派出一批女共产党员和进步女青年分别到海口和琼崖各县开办女子学校，如陈三华任校长的海口中山女子学校、陈三华兼任校长的府城女子第一高等小学和女子职业学校、吴冠群任校长的文昌县中山女子学校、吴琼华任校长的临高县女子学校、梁慧贞任校长的澄迈县女子高等小学、肖鸣玉任校长的万宁县女子学校、吴觉群任校长的陵水县妇女学校等。这些女子学校大多有女学生 70 到 100 余人，有的女子学校还面向穷苦女学生，实行免费教育。另外，党创办的"琼崖公学"、"琼崖仲恺农工学校"等革命学校也设立了女生部或妇女班，招收了一批女生。这些女子学校或妇女班对广大女青年积极进行新文化教育和革命教育，开展各种革命宣传活动，大多数女子学校都建立了党和共青团支部，积极吸收先进分子入党或入团，为琼崖妇女运动培养了一大批妇女骨干和积极分子。同时，中共琼崖地委和妇女解放协会在琼崖各地大力发展平民教育，发动群众创办妇女夜校，根据当时统计，仅琼东县就有夜校55所，学员4800多人；乐会县有妇女夜校学校40所，学员4000多人。①

在中共琼崖地委和各级妇女解放协会的领导下，广大党团员妇女干部深入琼崖城乡各地，积极开展各种革命宣传活动，从而使一批批城乡妇女逐渐开始觉醒，政治觉悟迅速提高，勇敢地投身于迅猛发展的琼崖妇女运动之中。不久，以砸碎封建宗法制度枷锁、冲破封建礼教束缚、破除封建迷信和陈规陋习、争取男女平等和人身自由为主要内容的妇女运动在琼崖大地轰轰烈烈地开展起来。广大琼崖妇女特别是青年妇女在党团员和先进分子的带动下，勇敢地冲破封建伦理枷锁的束缚和家庭的阻挠，走进学校和识字班，学习新文化和新思想。她们勇敢地向封建礼教和陈规陋习宣战，提倡婚姻自主，反对家庭包办买卖婚姻，积极争取男女平等，反对男尊女卑。她们破除了琼崖历来妇女无正规名字的陋习，在妇女解放运动中平生第一次有了自己真正的名字。昔日处在琼崖社会最底层、没有任何社会地位的广大琼崖妇女，积极投身于轰轰烈烈的国民革命，踊跃参加罢工、减租反霸等社会政治活动。在海口等地，广大妇女积极参加各种政治集会及其他社会活动，如城市女工的罢工活动、农村妇女的农运活动等。在琼山县，1926年9月妇女解放协会还派代表参加了国民党中央妇女部在广州开办的妇女运动讲习所的学习，学习《中华民族妇女解放运动史》、《妇女运动》等课程。

琼崖妇女运动不仅促进了广大琼崖妇女的迅速觉醒和自身的解放，而且也有力地配合和支持了工人运动、农民运动和青年学生运动的蓬勃发展，一批琼崖妇女的先进分子，在妇女运动的火热斗争中逐渐成长，成为琼崖民主革命的中坚分子，林一人、符英、刘秋菊等就是其中的楷模。

总之，在琼崖国共合作和革命统一战线形成和发展的有利条件下，

---

① 中共琼海县委党史办公室编：《琼海革命斗争史》，中国三环出版社1990年版，第53页。

琼崖共产党获得了公开的合法身份，在党的领导下，工人运动、农民运动、青年学生运动和妇女运动在琼崖各地蓬勃兴起和深入发展，掀起了波澜壮阔的琼崖国民革命运动的高潮。琼崖国民革命运动的深入发展，对巩固广东革命根据地，支援国民革命军北伐战争的胜利进行作出重要贡献；同时，发展壮大了琼崖的革命力量，促进了琼崖人民的解放运动，扩大了琼崖共产党组织的影响，培养和造就了一批琼崖革命的骨干力量，为琼崖革命的进一步发展创造了良好的条件，奠定了广泛、坚实的社会基础。

二、琼崖国民革命运动的危机：革命统一战线破裂

正当国民革命蓬勃发展、工农群众革命运动日益高涨之际，以蒋介石为代表的国民党新右派在北伐中逐步控制了军权和政权，在国内外反动势力的支持下，一步步地加紧了破坏国民革命统一战线、叛变革命的活动，准备发动大规模的反革命政变。

1926 年下半年，琼崖的国民党右派势力逐渐猖獗起来，加紧进行反革命酝酿和蓄谋，有组织、有计划地开展分裂革命的阴谋活动，到处散布各种舆论攻击工农群众，不断挑起一连串的限制共产党、破坏国民革命统一战线的事端，琼崖大地出现了一股反革命逆流。国民党左派将以国民党左派许志锐为团长的第四军三十四团调离琼崖，派遣以国民党右派黄镇球为团长的第四军三十三团驻防琼崖；改直隶国民党中央的国民党琼崖特别委员会为国民党琼崖党务办事处，改隶国民党广东省党部；诬陷与共产党亲密合作的国民党左派人士、国民党琼崖的党政长官张难先，张难先被迫去职离琼，由梁朴园、吴国鼎等国民党右派分子把持琼崖党务办事处。三十三团驻防琼崖后，在国民党右派团长黄镇球、参谋长孙文主义学会骨干分子叶肇的把持下，团政治部主任、中共党员伍锋被迫离职，三十三团成为琼崖国民党右派反动势力的主要支柱。为了进一步破坏革命的需要，国民党右派在琼崖成立了以黄镇球任总司令的琼崖警备司令部。国民党右派在控制了琼崖军政大权后，立即着手加紧限制共产党和革命群众、破坏国民革命统一战线的阴谋活动。国民党右派撤换了海府地区中小学中由中共党员担任的校长、教务主任，让反对分子把持校政教务；对《琼崖民国日报》进行改组，撤销了由中共党员罗文淹、陈公仁担任的社长兼总编

辑和报社经理的职务，以国民党右派分子吴国鼎为社长兼总编辑，以反动分子、流氓工贼张学良、王苏民、刑觉非等为编辑，掌握了宣传喉舌；[①]琼崖各县、市共产党员或左派县长、县党部主任委员也相继被吴国鼎等撤换，改由国民党右派分子担任。

国民党右派分子和各地反动势力相互勾结，在琼崖各地大肆进行破坏国民革命的反动活动。在海口，以甘乃光为首的所谓国民党广东"左派青年分子"，组织"孙文主义青年团"，在青年学生中制造分裂，破坏中国共产党领导的青年运动；[②] 国民党右派分子刑觉非和工贼张学良等狼狈为奸，拉拢和欺骗一部分工人，拼凑了一个海口市工代会（即蓝牌工会），攻击海口市总工会是"赤色工会"、"过激工会"，千方百计挑起工人械斗，分裂和破坏中国共产党领导的工人运动。在文昌县，孙文主义学会骨干分子刑森洲担任县长以后，公然谩骂攻击中国共产党领导的工农运动是"共产党搞赤民"、"挑拨农民暴动"，还秘密杀害了文昌县工会主席符昕。[③] 在琼东县嘉积镇，国民党右派公开压制农民运动，在嘉积镇街头巷尾公开张贴和散发攻击琼崖共产党领导人杨善集、王文明的标语和传单，嘉积黄色工会头子符民意公开攻击嘉积总工会领导下的工人运动，指责"工人运动太过火"。[④] 1927 年 4 月，琼崖反动当局举行了一系列会议，为发动反革命事变进行密谋策划，琼崖警备司令黄镇球、叶肇的等已经开始对"清党"进行部署。山雨欲来风满楼，种种迹象表明，国民革命统一战线即将破裂，琼崖已经处于反革命势力向革命力量疯狂反扑的前夜，革命形势中隐伏着严重的危机。

针对国民党右派和反动势力猖獗的破坏活动，中共琼崖地委于 1927 年 4 月 18 日在海口市召开扩大会议。会议在地委书记王文明的主持下，分析了当时琼崖国民革命运动和国共合作统一战线的形势与问题，认为琼崖国民革命统一战线随时可能会走向分裂，国民党琼崖当局随时可能叛变革命，事变随时可能发生。因而，大会决定：全体共产党员在接到上级的指示之前，要坚守岗位，不准擅离职守；要做好思想准备，提高警惕，准

---

① 中共海南省委党史研究室编：《琼崖大革命史料选编》，1994 年，第 580 页。
② 《中共琼崖党史纪事》，《琼岛星火》编辑部，1992 年，第 50 页。
③ 同上。
④ 中共琼海县委党史办公室编：《琼海革命斗争史》，中国三环出版社 1990 年版，第 61—62 页。

备应付不测事件发生。会后，为了强烈反对和抗议国民党右派和反动势力猖獗的破坏和分裂活动，显示琼崖共产党和广大群众的革命意志和决心，中共琼崖地委在府城省立第六师范学校组织了工农兵学商各界 5000 多名群众参加的集会，集会后走上街头，高呼："坚决拥护孙总理的三大政策!"、"打倒国民党右派"、"拥护中国共产党"等口号，举行游行示威。[①] 4 月 21 日，中共琼崖地委在海口市再次组织工农兵学商各界 5000 多名群众参加的集会，强烈谴责国民党右派和反动势力进行分裂和破坏革命的罪行。在林平等带领下，市总工会组织 4000 多人进行游行示威，并前往国民党三十三团驻地请愿，强烈抗议国民党右派分子和反动势力把持的"工代会"破坏工人运动的罪行。

通过这些革命行动，中共琼崖地委带领广大革命群众揭露了国民党右派和反动势力分裂革命的阴谋，显示了琼崖共产党和广大群众的革命意志和决心，并为将来应对随时可能发生的不测事件做了一些思想上的准备。但是，由于琼崖共产党组织还处在"幼年"时期，缺乏丰富的革命斗争经验，对国民党右派和反动势力的叛变行径及其残忍性认识不足，对琼崖国民革命运动形势缺乏清醒的认识，因而，没能有效地制定应对随时可能发生的不测事件的具体措施。

1927 年 4 月 12 日，蒋介石在上海发动"四一二"反革命政变，屠杀大批共产党员和革命群众。4 月 15 日，广东的国民党反动派也发动反革命政变，血洗广州城。广州发生反革命政变后，中共广东省委派冯振藩、孙成达赴琼，向琼崖地委传达关于"撤离城市，转移到农村坚持斗争"的紧急指示。与此同时，国民党右派分子邢觉非也带着给琼崖国民党反动派屠杀共产党人的"清党"密令回琼，他们乘同一船于 4 月 22 日中午同时到达海口。由于冯、孙对海府地区不熟悉，耽误了两三个小时后，几经辗转才找到琼崖地委。[②] 琼崖地委书记王文明接到省委指示后，立即指派郭儒灏、朱柳溪等分头通知海府地区的主要负责同志及各地党组织，王文明、陈垂斌、周逸、何毅等带着党的重要文件转移到东路乐会县第四区；

---

① 中共海南省委党史研究室编：《琼崖大革命史料选编》，1994 年，第 581 页。
② 中共海南省委党史研究室编：《红旗不倒——中共琼崖地方史》，中共党史出版社 1995 年版，第 70 页。另一种说法是省港罢工纠察队队员郭之椿带回紧急指示，参见李黎明《关于大革命时期琼崖党和人民革命斗争的一些情况》；中共海南省委党史研究室编《琼崖大革命史料选编》，第 552 页。

许侠夫、罗文淹转移到中路的文昌；冯白驹撤到琼山；冯平事前已在西路的临高；各县、市的党组织也相继转移到农村坚持斗争。在琼崖"四二二"事变前几个小时这个革命的紧急关头，王文明等地委主要领导根据中共广东省委的紧急指示，果断地把党组织转移到农村坚持斗争，这关键的一步，为琼崖的革命斗争保存了力量。但是，由于情况紧急，也有不少同志因来不及转移而被捕或遇害。

4月22日凌晨，驻海口、府城的国民党33团团长黄镇球、参谋长叶肇等根据蒋介石和广东省国民党反动当局的"清党"密令，发动反革命政变，出动大批军警，伙同倾巢而出的国民党党部的右派分子、黄色工会的工贼、地主恶霸、流氓地痞等一起，解除工人纠察队的武装，包围中共琼崖地委、海口市、琼山县党部及各革命团体和学校，在"宁可错杀一千，不许漏掉一人"的口号下，一批优秀的中共党员和工、农、学、妇运动领导人以及革命群众惨遭逮捕、毒打、枪决甚至活埋。遇难的海府地区的共产党员、共青团员和革命群众达200余人，其中，中共琼崖地委委员李爱春，国民党琼崖特别委员会委员符国光，琼崖总工会领导人吴清坤、林平，海口市总工会领导人朱润川、何万桂，琼崖妇女解放协会领导人陈玉婵，琼崖公学负责人林基，琼崖青年运动领导人洪钟，琼山农协领导人王天贵、蒋习统，琼山师范学生领袖陈安国、孔庆晨、陈之华等党的优秀干部先后被捕牺牲。① 以李爱春为代表的琼崖共产党人和革命群众，在敌人的法西斯暴行和残酷屠杀面前，始终坚贞不屈，不向敌人低头，临刑之前，高唱《国际歌》，高呼"打倒国民党反动派！""中国共产党万岁！"等慷慨激昂的口号，从容就义，表现了坚贞不屈的高贵品质和视死如归的大无畏革命精神。

"四二二"反革命政变后，国民党琼崖反动当局立即成立反共领导机构"琼崖清党委员会"，黄镇球任主席兼琼崖警备司令，随即国民党反动派的"清党"运动迅速在琼崖各县展开。4月23日，文昌反动县长邢森洲派兵包围文昌中学及各革命团体机关，各乡镇也同时动手，李应春、洪德云、李德民等党团组织和革命团体领导人、共产党员和进步学生等190多人惨遭逮捕杀害。② 在琼东县，黄镇球率兵配合反动县长罗让贤进行

---

① 肖焕辉：《琼崖曙光》，广东人民出版社1989年版，第39页。
② 中共文昌县委党史办编：《文昌人民革命史》，海南人民出版社1988年版，第47页。

"清党"，由于事先得到了琼崖地委的紧急指示，中共琼崖东路部委书记雷永铨和符功桓等率领仲恺农工学校师生、县农民训练所全体学员、各中学部分进步师生、农民自卫军以及大部分党组织干部团员360多人转移到农村隐蔽。来不及转移的琼东六区区长吴世经、嘉积汽车工会主席王雁如等惨遭捕杀，杨善集、黄昌炜、黄心源、符明经、符传范、杨庆芬、雷永铨等中共党员干部的家也被烧毁。① 24日，黄镇球派一个营前往乐会县"清党"，来不及转移的县农训所政治部主任雷永业及其妻子、东路妇女解放协会负责人冯爱媛被捕杀害，王绰余、陈永芹、张良栋等党员干部的家也被纵火烧毁。25日，澄迈县反动县长王光炜带领县兵和驻军包围县农训所、澄迈中学及县工会等革命团体机关，林绍銮、王世宗、徐端玉、梁再忠、冯振腾、黎光亚等中共党员和农训所学员、进步学生共200多人被逮捕，绝大部分被残酷杀害。② 各县革命力量损失惨重，只有临高县在冯平、黄振士等领导下，中共临高支部全体党员和农训所全部学员，及时转移，避免了损失。③

"四二二"反革命政变后，在持续近半月之久的大屠杀中，据不完全统计，全琼崖被捕的共产党员和革命群众达2000多人，被杀害者就达500多人④，整个琼崖笼罩在白色恐怖之中。"四二二"反革命事变，标志着琼崖革命统一战线全面破裂，轰轰烈烈的琼崖国民革命运动遭到失败。

琼崖国民革命运动的夭折，是琼崖革命运动主客观因素相互作用的结果。客观方面，首先敌我力量对比悬殊，琼崖国民党反动当局的力量过于强大，拥有配备着精良武器的正规军第三十三团，同时还有大量的地方反动武装和地主恶霸、土豪劣绅、流氓恶棍助阵；而琼崖共产党人却没有直接领导的武装部队，只有一些缺乏枪支、武器装备低劣的农民自卫军和工人纠察队。其次，由于琼崖孤悬海外，交通不便，信息不灵，导致上海"四一二"事变已经过去一星期，琼崖共产党组织一点也不知道。"直至4

---

① 中共琼海县委党史办公室编：《琼海革命斗争史》，中国三环出版社1990年版，第63—65页。

② 参见中共海南省委党史研究室编《红旗不倒——中共琼崖地方史》，中共党史出版社1995年版，第72页。

③ 中共海南省委党史研究室编：《琼崖大革命史料选编》，1994年，第638页。

④ 中共广东省海南行政区委员会党史办公室、广东省海南行政区档案馆编：《琼崖土地革命战争史料选编》，1987年，第334页。

月 21 日，才接到广东省委派人带来的口信；同时，知道了广州也发生了捕杀共产党人和革命群众的事变。"① 琼崖"四二二"事变前几个小时中共琼崖地委才得到省委的紧急指示，因而来不及进行充分的准备和部署，从而及时应对反动派的疯狂屠杀。

主观方面，由于当时的中国共产党琼崖地方组织还处于幼年时期，来不及作好各种准备就投入到大革命的洪流中，发动群众，开展琼崖革命，推动琼崖的社会改造，大量的社会工作和组织工作成为年幼的党组织繁忙的事务，因而根本无暇去思考统一战线和琼崖革命的理论问题，去关注全国革命的发展趋势和重大事件，并在这些思考中分析琼崖的社会状况，确立党在革命中的原则和立场；也不懂得深入了解和把握琼崖革命运动的规律和特点，把马克思主义基本原理与琼崖革命的具体实践相结合。因而，中共琼崖地委对国民党右派和反动势力的叛变行径及其残忍性认识不足，对琼崖国民革命运动形势和潜伏着的巨大危机缺乏清醒的认识，没能及时组织力量进行针锋相对的斗争和有效的部署应对随时可能发生的不测事件，从而使琼崖革命遭受巨大的损失。

但是，年幼的琼崖共产党组织经过大革命的洗礼，从国民革命运动蓬勃兴起到最终夭折的反复中，初步积累了正反两方面的经验，逐步成长起来。琼崖的共产党人，从血泊中站起来，以百折不挠的革命精神继续新的战斗，开始把革命斗争的重心转移到了农村，拉开了武装斗争的序幕。

①　中共海南省委党史研究室编：《琼崖大革命史料选编》，1994 年，第 581 页。

第四章　风雨琼崖

——琼崖土地革命战争

"四二二"反革命事变以后，琼崖共产党人和广大革命群众，面对国民党反动派的白色恐怖和黑暗的反动统治，面对空前残酷、艰苦的斗争，不仅没有退却，反而变得更加坚强起来。中共琼崖地委按照中共广东区委的紧急撤退通知，转移到农村，继续坚持斗争，琼崖革命开始进入到土地革命战争时期。

一、琼崖武装总暴动：农村革命根据地的开辟

"四二二"反革命事变后，琼崖的国民党反动当局继续推行其反共反人民的政策，各县相继成立了"清党委员会"，他们依靠手中掌握的军队、地方反动武装和其他各种反革命组织，到处清查、屠杀共产党人和革命群众，建立起反革命的恐怖统治。琼崖革命转入低潮。

"四二二"反革命事变时，中共琼崖地委主要负责人和大部分党员，在革命群众掩护下，相继撤退到琼崖各地农村继续坚持斗争。琼崖各县、市的党组织也在"四二二"反革命事变后，相继转移到农村。有些地方的党组织在敌人动手之前，带领农训所学员和农民自卫军等革命武装撤到农村开始武装反抗国民党反动派。在乐会、万宁两县，黄埔军校毕业生、乐会县农训所负责人陈永芹等共产党人带领 200 余人的两县农训所学员和部分农民自卫军等革命武装，从县城转移到万宁县与乐会县交界的火碟、公庙村一带。5 月 12 日，由中共琼崖地委书记王文明主持，在军寮村对这些革命武装人员进行整编，统一编成一个武装大队，下辖两个中队，中队下设分队和小队，由陈永芹担任大队长。当天中午，这支刚成立的武装大队就在军寮岭和国民党黄镇球部的两个排展开激战，战后，部队转移到岭脚村。军寮岭战斗是在琼崖共产党的领导

下，用革命的武装反抗国民党反革命武装的先声。在琼东县，5 月 13
日，党组织率领的琼东县农训所学员、仲恺农工学校的全部学员和农民
自卫军等革命武装共 300 多人，从县城和嘉积镇转移到郭村、礼昌村一
带，把这支革命武装整编为一个武装大队，下辖两个中队，由符功桓担
任大队长，严英、罗贤芬担任中队长。5 月 16 日，这支革命武装在郭
村、礼昌村一带同国民党驻嘉积正规军、嘉积商团以及大路民团进行激
战。在陵水县，黄振士等率领县党政机关和农训所学员 120 多人，在坡
村击溃了县长邱海云带领的反动武装。在文昌、琼山交界一带，党组织
带领农民武装人员 100 多人，在琼山县坡上圆谭琅袭击敌护路军车，经
过激战，大获全胜，击毙敌排长、击伤敌士兵多人，缴获敌全部枪支。
与此同时，文昌、定安、澄迈、临高等县的党组织和革命武装也都先后
转移到各地农村坚持斗争。①

　　中共琼崖地方组织在琼崖革命的紧急关头，果断地把党组织转移到农
村，同时，在转移过程中，把农训所学员和农民自卫军等革命武装组织起
来坚持斗争，给琼崖革命留下了希望的种子，也为以后组织工农革命武装
准备了条件。发生在万宁县的军寮岭战斗、琼东县的郭村和礼昌村战斗以
及琼山县坡上圆谭琅的袭击战等战斗，虽然规模不大，但在政治上扩大了
影响，坚定了琼崖人民的革命信心，是琼崖共产党人和革命群众武装反抗
国民党反动派的先声，拉开了琼崖革命武装斗争全面兴起的序幕。

　　1927 年 6 月，中共广东省委为了加强琼崖党组织的领导，派杨善集
以省委特派员的身份到琼崖指导工作。杨善集与地委书记王文明一起，经
过紧张的筹备，在乐会四区宝墩村李氏祠堂召开具有历史意义的琼崖地委
紧急会议。杨善集在会上传达了中共广东省委重要指示，强调了掌握革命
武装的必要性和迫切性，指出当前各级党组织的迫切任务是恢复农村工
作，武装工农，以反抗国民党反动派的屠杀政策，以革命的红色恐怖镇压
反革命的白色恐怖。会议根据省委的指示，结合当时琼崖的实际情况，确
定琼崖党的中心任务是：在政治方面，广泛揭露蒋介石叛变革命残酷屠杀
革命群众的罪行，继续宣传孙中山先生的三大政策，静观武汉国民政府；
在组织方面，迅速恢复党的各级领导机构，在农村积极发展党的基层组织

---

　　① 　中共海南省委党史研究室编：《中共琼崖党史纪事》，《琼岛星火》编辑部，1992 年，第
53—54 页。

和各种革命群众组织，深入开展各种革命活动；在军事方面，积极收集枪支弹药，建立农民革命武装，以革命的红色恐怖反抗国民党反动派的白色恐怖。会议还根据中共广东省委的指示，决定把"中共琼崖地方委员会"改组为"中共琼崖特别委员会"，同时成立了中共琼崖军事委员会和中共琼崖肃反委员会，大会选举杨善集、王文明、冯平、许侠夫、陈垂斌、罗文淹等为委员，杨善集为特委书记兼军事委员会主席，王文明为肃反委员会主席。

琼崖六月紧急会议在琼崖革命的紧要关头，指明了琼崖革命前进的方向，坚定了琼崖党和群众的革命信心，明确了以建立农民革命武装，用革命的武装反抗国民党反动派的反革命武装为琼崖党组织当时的中心任务，点燃了琼崖革命武装斗争的烈火。

中共琼崖特别委员会和各县党组织积极组织革命武装力量，用革命的武装反抗国民党反动派的反革命武装。在琼崖革命的中心地区、中共琼崖特委所在地乐会县第四区，特委书记杨善集指派陈永芹、周朝候、王天骏、王文源等人，在乐万边界收集军寮岭撤退回来的武装人员，组织成几支小分队，每队10人左右，进行逮捕枪决作恶多端的反革命分子和袭击反动武装等一系列的武装斗争。6月，杨善集、陈永芹和王绰余等带领这支革命武装袭击了国民党中原团局和坡村、迈村汤乡团，共缴获敌人枪械10多支，组建了一支20多人的突击队。7月上旬，杨善集等带领突击队袭击博鳌港国民党警察局和盐务所。王文源带领短枪队与龙江农民自卫军配合攻打石壁民团，缴获了一批短枪和财物。这些活动沉重地打击了乐会县第四区周围地区反动势力的气焰，发展壮大了革命武装力量。在琼山县，琼山县委从合群乡等地抽调武装人员，组建了一支20多人的短枪队，并于6月间袭击道崇民团、琼山县府征粮队及琼山县兵连，缴获一批武器。此后，琼山县委从各乡农民自卫军中挑选精干力量百余人和较好的枪支集中于大道湖村，成立琼山县人民革命中队，冯建农任中队长，中队下辖两个小分队。不久，这个中队奉命调往特委，琼山县又组织了一个大队的武装组织，人数达到200多人。① 在琼东县，县委成立后，把郭村战斗后失散的武装人员聚集起来，组建起武装小分队，处决了李禹光、李异轩

---

① 中共海南区党委党史办公室编：《冯白驹研究史料》，广东人民出版社1988年版，第415页。

等地方反动头子、反革命纵火犯，严厉惩办了一些罪大恶极土豪劣绅和反革命分子，极大鼓舞了革命群众的斗志，打击了猖獗一时的反动势力。与此同时，在6—7月间，文昌、定安、万宁、陵水等地也相继建立起革命武装，人数少则100人，多至几百人不等。在短短的几个月间，中共琼崖特委领导下的革命武装力量就发展到数千人。

随着革命武装力量的不断发展壮大，为了适应琼崖革命发展的需要，加强党对琼崖革命武装力量的统一领导，1927年7月，中共琼崖特委决定把各县的革命武装统一改编为"琼崖讨逆革命军"，成立讨逆革命军司令部，由冯平任总司令，陈永芹任副总司令，杨善集任党代表。讨逆革命军分成十一路军，每县为一路军，共计700多人。讨逆革命军成员主要是农民，另外还有部分青年学生和工人，其骨干力量绝大部分是接受过一定军事训练的农训所学员。在建立讨逆革命军的同时，琼崖各县区、乡还组建了相应的革命武装，统称为农军，成为讨逆革命军的后备力量。琼崖讨逆革命军的组建，标志着中共琼崖特委直接领导的革命武装正式诞生。

琼崖讨逆革命军组建后，在各级党组织的领导下，立即在琼崖各地积极开展武装斗争。六月紧急会议后不久，在黎、苗、汉等民族杂居的陵水县，在特委派遣的由何毅、冯娥群等带领的一个驳壳班的协助下，陵水县委书记黄振士（黎族）很快组织起一支有2000多人以黎族农民为主体的陵水县讨逆革命军，以坡村为根据地进行武装斗争。1927年7月11日，陵水县讨逆革命军向陵水县城发起试探性进攻，在得知陵水县城有国民党正规军驻守，敌我力量悬殊的情况后，讨逆革命军主动退回坡村。7月18日拂晓，陵水县委利用驻守县城的国民党正规军调往万宁，县城中仅有保安队和中区民团300余人防守的有利时机，带领陵水县讨逆革命军在农军的配合下，向陵水县城发起猛烈攻击。经过两个多小时的激战，县长邱海云带领残敌仓皇逃窜，讨逆革命军胜利攻占陵水县城，击毙敌人10余人，缴获了一批枪支弹药。7月21日，宣布成立陵水县人民政府，欧赤为人民政府主席，黄振士、陈贵清、王昭夷、陈来曾、谭玉连、何毅等为委员，同时还成立了县工会、农会、妇女协会等革命群众组织。建立人民政权后，县人民政府、中共琼崖肃反委员会陵水县分会和琼崖讨逆革命军第八大队部联合发出安民布告，宣布封闭、没收国民党反动官僚及反动地主、资本家的住宅及财物，一时讨逆革命军的声威大震。7月25日，邱海云在国民党正规军的配合下，纠集土匪民团向陵水县城疯狂反扑，由于敌众我寡力量悬殊，为保存实力，陵水讨逆革命军主动撤出陵水县城，退回坡村。

7月下旬，冯平指挥临高县讨逆革命军数百人，在中共临高县党支部书记王超带领的新盈农军、符英华带领的东英农军等的配合下，攻打临高县城。经过激战，敌人不得不弃城而逃，讨逆革命军占领了临高县城，俘虏了一批敌人，缴获了不少武器弹药。冯平以琼崖讨逆革命军西路指挥部名义发布安民告示，打开了临高监狱，救出了被囚的共产党员和革命群众。3天后，敌军疯狂反扑，面对强敌，为了继续革命力量，讨逆革命军主动撤回农村。

由琼崖共产党领导的陵水、临高等地的武装起义，虽然时间较短、规模较小，却沉重地打击了国民党反动派，粉碎了敌人企图一举消灭共产党和革命群众的阴谋，极大地鼓舞了琼崖共产党人和革命群众的斗志和革命信心。同时，把武装起义与建立革命政权结合起来，开创了琼崖共产党领导人民革命武装斗争和夺取政权的先河，锻炼了一批革命干部，为全琼武装总暴动和琼崖共产党探索琼崖革命道路进行了最初的尝试，积累了宝贵的经验。

南昌起义后，中共中央在武汉召开了具有历史意义的"八七"会议，提出了实行土地革命和武装起义的总方针，号召全党和革命群众继续坚持革命斗争，并通过湘鄂赣粤四省秋收暴动大纲，决定发动秋收起义。为了响应中央号召，积极配合湘鄂赣粤四省的秋收起义，中共琼崖特委于1927年9月上旬在乐会县第四区召开军事会议。会议在特委书记杨善集的主持下，根据"八七"会议和中共广东省委指示精神，认真总结了几个月来全琼武装斗争的经验教训，分析了琼崖当前的革命形势和实际情况，认为随着当前琼崖革命与反革命斗争的日益尖锐，举行全琼武装总暴动的时机已经成熟，决定于9月举行全琼武装总暴动。会议确定的全琼武装总暴动的总部署为：以集中兵力攻取琼崖东部重镇嘉积为总暴动的重点，由杨善集、陈永芹带领的乐会、万宁两县的讨逆革命军与王文明指挥的琼山、定安两县的讨逆革命军配合作战；由冯平统一组织和指挥西路的澄迈、临高、儋县三县的武装暴动；各县武装暴动同时举行，相互配合和策应，造成全琼武装总暴动的局面。中共琼崖特委为了加强对全琼武装总暴动的领导，进一步充实了军委领导机关，琼崖各县也相继成立了县暴动委员会，具体组织和指导各县的武装暴动。这次军事会议部署了琼崖武装总暴动，是中共琼崖特委坚持以武装斗争推动土地革命发展的一次重要会议，成为中共琼崖党组织有组织有计划地领导全琼革命武装的起点。

9月13日，中共琼崖特委接到广东省委《关于琼崖暴动工作指示信》、《革命委员会宣言》和《南方局宣言》等重要文件，强调"在琼崖的工作，切不可使其变为纯粹的军事行动，一定要含着明显的阶级斗争的意义"，提出了对琼崖琼崖暴动工作的14点意见，要求在政治方面，镇压土豪劣绅的反抗，推翻发革命政权，建立各级民选革命政府；在军事方面，解除土豪地主的反动武装而武装工农；在经济方面，没收大、中地主之土地分配给无地农民和佃户，废除旧税；在组织建设方面，在工农群众中积极发展党员，对党员进行训练及实行严格纪律，注意工会、农会的发展；在革命宣传方面，扩大工农政府和反对汪蒋的宣传。这些重要指示，给即将发动的琼崖总暴动以非常及时的指导，同时也为以后琼崖革命武装斗争的发展指明了方向。

九月军事会议后，中共琼崖特委按照军事会议的决定和广东省委的指示精神，制订了全琼武装总暴动计划，作出了先扫除嘉积外围的椰子寨据点，接着攻取周围其他据点，然后继续集中兵力攻占嘉积镇，再向全岛扩展的具体部署。根据暴动计划，9月中旬，琼山讨逆革命军一个连与王文明带领的定安讨逆革命军在定安七区会合；乐会、万宁讨逆革命军个派一个连开往琼崖特委驻地乐会四区集中待命；琼东讨逆革命军破坏嘉积通往文昌、海口的三发岭桥和里草桥，阻止前来救援之敌；动员群众封锁道路，孤立嘉积之敌。9月20日，琼山、定安、乐会、万宁、琼东等五县特委讨逆革命军相继到达指定地点，中共琼崖特委决定东路暴动由杨善集、王文明、陈永芹指挥；椰子寨战斗由陈永芹任指挥，王天骏为副指挥，杨善集为参谋长，王文明负责指挥琼山、定安讨逆革命军，在9月23日凌晨5时从南北两个方向同时向椰子寨发起攻击。

1927年9月23日拂晓，在中共琼崖特委的组织和领导下，琼崖武装总暴动的枪声在万泉河南岸的椰子寨打响。椰子寨位于嘉积西南10公里，水陆交通十分方便，是连接乐会四区与定安七区两个红色区域的交通要道，也是嘉积镇的西南门户和屏障，自古以来就是兵家必争之地。当时这里驻扎着国民党刚刚收编的梁振球、李文魁两股土匪50多人。按照原定部署，王文明带领琼山、定安讨逆革命军两个连在9月23日黎明从丹村渡河向椰子寨发起猛烈攻击。杨善集、陈永芹率领的乐会、万宁讨逆革命军因夜间冒雨行军，遭遇不期而遇的台风，加之山路崎岖而没能按时赶到。经过激战，王文明带领讨逆革命军击败敌人，胜利占领了椰子寨。不久，杨善集、陈永芹率领的乐会、万宁讨逆革命军赶到，两军在椰子寨胜利会师。随后，杨善集召集领导干部举行战地紧急会议，决定王文明带领琼山、定安讨逆革命军渡河返回丹村待机行动，杨善集、陈永芹率领乐会、万宁讨逆革命军继续留守椰子寨向群众进行革命宣传。当日上午 11 时，嘉积镇守敌纠集国民党正规军一个营和嘉积反动商团进行疯狂反扑，杨善集、陈永芹等率领讨逆革命军英勇反击，终因力量对比悬殊，不得不边战边退，损失巨大，杨善集、陈永芹相继在战斗中壮烈牺牲。此后，中共琼崖特委停止了进攻嘉积的原定计划，将革命武装转移到了乐会四区。

琼崖椰子寨武装暴动遭受挫折，其主要原因是客观方面敌我力量和武器装备相差悬殊，主观方面琼崖党组织还处于幼年，缺乏领导武装总暴动的经验，在攻取椰子寨后，没能对敌人的反扑作出较为周密的军事部署，及时转移。尽管如此，琼崖椰子寨武装暴动在琼崖革命史上具有深远的历史意义，打响了全琼总暴动的第一枪，全面揭开了琼崖革命武装斗争的序幕。椰子寨武装暴动发生的 9 月 23 日这一天，成为中国共产党领导的琼崖人民军队的诞生日，为琼崖坚持长期坚苦卓绝的革命武装斗争奠定了基础。同时，椰子寨武装暴动极大地促进了以乐会四区为中心，包括万宁、陵水等多块革命根据地的建立，使琼崖较早形成了"工农武装割据"的局面，沉重地打击了国民党反动派的血腥统治，支援和配合了全琼以至全国各地的秋收暴动，把琼崖武装反抗国民党反动派的斗争推向高潮。总之，椰子寨武装暴动在琼崖革命史上的历史作用是不可磨灭的，是琼崖革命的重要里程碑。

琼崖椰子寨武装暴动之后，全琼各地相继掀起了武装暴动的高潮，有力回击了国民党反动派的疯狂屠杀，扩大了共产党在琼崖人民群众中的影响，显示了新生的革命武装强大的生命力和顽强的战斗力。1927 年 10 月 15 日，中共中央南方局和中共广东省委在分析当时的革命形势后，对琼崖革命发展寄予厚望，认为"南路与琼崖敌人势力均极薄弱"，"根据此种情形，我们颇有占据琼崖为军事发源地之可能"，决定选择琼崖作为军事策源地，并制定了《经营琼崖计划》。为了实施这一计划，中共中央南方局和中共广东省委准备向琼崖派遣军事人才，运送武器弹药，对琼崖原有农军依军队编制进行整编和训练。同时，准备派中共党员、国民党张发奎部第四军二十五师参谋长张云逸，以张发奎部第四军名义到琼招兵，大力招收我党团员和革命群众成立部队，发展武装力量，待时机成熟后，便舍弃第四军名义改为工农革命军，协助夺取琼崖，实现割据琼崖的目的。此后，中共广东省委相继派省委常委杨殷和徐成章、刘明夏等人赴琼崖琼指导工作。南方局和广东省委对琼崖革命斗争的重视，加速了琼崖第一次土地革命高潮的到来。①

11 月初，中共琼崖特委为了进一步贯彻"八七"会议精神，传达中共中央南方局和中共广东省委的指示，在乐会县第四区白水磉村召开特委第一次扩大会议。会议由杨殷传达了中共中央"八七"会议精神和南方局、广东省委的指示，总结了中共琼崖特委领导九月全琼武装总暴动的经验教训，分析了琼崖当前革命形势，通过了《特委第一次扩大会决议案》和《新的军事计划》，决定在琼崖进一步扩大革命武装暴动，开展土地革命，建立苏维埃政权和建立革命根据地，实行工农武装割据。决定将《新的军事计划》呈报广东省委，并请求省委派遣一批工运、军事干部来琼帮助工作和给予枪支弹药方面的援助。同时，还决定将琼崖讨逆革命军统一改编为琼崖工农革命军，冯平任琼崖工农革命军总司令，王文明任党代表。取消原来每县一路军的编制，分别成立东路、中路和西路总指挥部。东路总指挥部辖乐会、万宁、陵水、崖县，徐成章为总指挥；中路总指挥部辖文昌、琼山、定安、琼东（总指挥待定）；西路总指挥部辖澄迈、临高、儋县，总指挥由冯平兼任。为了进一步加强中共琼崖特委领导机关的力量，会议增补了特委委员。新的琼崖特委领导组成人员主要为：王文明、罗文淹、陈垂斌为特委常委，冯平、许侠夫、何毅、符明经、谢育才、王经撰、邢慧学为委员，冯白驹、魏宗舟、孙成达为候补委员。其中，王文明任特委书记，冯平任军委主任，王经撰任工委主任，何毅任农委主任，邢慧学任妇委主任。

中共琼崖特委第一次扩大会议是琼崖革命斗争史上一次具有重要历史意义的会议，这次会议明确提出把进一步扩大武装斗争、开展土地革命、建立苏维埃政权和革命根据地三者结合起来，开始确定了走工农武装割据的道路，指明了琼崖革命进一步发展的方向，为琼崖农村革命根据地的开

---

①　中共海南省委党史研究室编：《中共琼崖党史纪事》，《琼岛星火》编辑部，1992 年，第62 页。

辟与第一次土地革命高潮奠定了基础，表明琼崖的革命斗争发展到了一个新的水平。另一方面，由于中共广东省委虽然认识到"琼崖工作仍是在很困难和危险的状况之中"，但还是指示琼崖特委"欲于最短期间作收复海南全岛之举"，[①] 导致这次会议对琼崖革命的长期性和艰巨性还认识不足，提出了通过最剧烈的暴动来夺取全琼崖的政权这一有些脱离实际的目标，对以后琼崖革命的发展产生了不利影响。

11月中旬，中共琼崖特委根据第一次扩大会议的决定，开始对各路琼崖讨逆革命军进行整编，建立琼崖工农革命军。在东路的乐会、万宁、琼山、琼东四县，各抽调一个较强的连集中到乐会四区特委驻地整编。其中，乐会、万宁两个连编为第一连，王尧为连长；琼东连编为第二连，符乔为连长；琼山连编为第三连，吴均南为连长，每连约130人。三个连整编后集中到万宁县第四区孤村，正式成立东路总指挥部，徐成章任总指挥兼党代表和参谋长，刘明夏为副总指挥。在中路的安定、琼山、文昌三县，把参加攻打福田墟的琼东县农军整编为一个连（称琼东警卫连），陈家光为连长；琼山县编为一个连，符功恒为连长；文昌县编为两个连，陈嘉镒为第一连连长，郭书椿为第四连连长。在西路，冯平主持在澄迈县岭下村召开澄迈、临高、儋县三县代表会议，成立琼崖工农革命军西路总指挥部，冯平兼总指挥，冯道南、黄善藩、黄开礼、刘青云任副总指挥，部队整编为一个营，全营约400人，王文宇为营长，下辖三个连，蔡汝斌为第一连连长，刘青云为第二连连长，王亚才为第三连连长。中共琼崖特委在整编工农革命军的同时，也相应对各地的农民自卫军也进行了整编，统一改为农民武装常备队。在部队整编时，中共琼崖特委特别强调部队要加强政治思想教育和纪律教育，要高度重视部队的素质，从而保证了琼崖工农革命军的战斗力，为琼崖革命武装力量的进一步发展壮大奠定了基础。1928年2月，琼崖工农革命军又改编为工农红军，冯平继任总司令，特委书记王文明兼任党代表。

中共琼崖特委对工农革命军进行整编的同时，广东省委也着手实施中共中央南方局制定的《经营琼崖计划》。张发奎同意了张云逸提出的派部队进入琼崖，招兵买马，扩大部队，巩固琼崖地盘的建议，派张云逸赴琼

---

① 中共广东海南行政区委员会党史办公室、海南行政区档案馆编：《琼崖土地革命战争史料选编》，1987年，第3页。

接替已离琼的黄镇球任琼崖戒严司令。张云逸命王运华以团附名义借李福隆部一个连先行。但当时三十三团参谋长叶肇已经投靠了新桂系军阀，被任命为三十三团团长，他图谋割据琼崖，拒绝了张发奎的命令，当王运华率领的部队在海口登陆时，叶肇将其全部缴械，张云逸闻讯后速返香港，《经营琼崖计划》因而没能实施。叶肇缴获这批武器装备后，乘机招兵买马，扩充自己的势力，加紧收编琼崖各地土匪、民团和商团等反动武装，在建立的东、中、西三路联防大队的配合下，加紧对工农革命军进行镇压，从而给琼崖革命的进一步向前发展造成了更大的困难。

1927 年 11 月的中共琼崖特委第一次扩大会议后，全琼各地的武装暴动进一步扩大，琼崖共产党人相继建立了乐四区、六连岭等革命根据地，并在琼崖苏区掀起了第一次土地革命高潮。

中共陵水县委书记黄振士根据特委扩大会议精神，拟于 11 月 25 日攻打陵水县城。中共琼崖特委为了配合陵水县委攻打陵水的行动，决定由工农革命军东路总指挥部派遣三个连兵力支援攻城战斗。东路总指挥徐成章率领三个连 300 余人，从万宁孤村出发，接连拔掉万宁和乐墟、朱岭等敌人据点，直迫陵水县城。25 日拂晓，陵水县委书记黄振士和农军总指挥王昭夷按原计划率领 1000 多名农军包围了陵水县城，县长邱海云见势不妙弃城而逃，黄振士等带领农军乘胜攻占了县城。当天下午，徐成章率领的东路工农革命军赶到县城，与陵水农军胜利会师。28 日，陵水县农民协会得以恢复，中共陵水县委机构也迁入县城。12 月 16 日，陵水县工农兵代表大会在县城召开，宣布成立陵水县苏维埃政府。大会推选王业熹为县苏维埃政府主席，黄振士、许邦鸿、郭绍元、谢是位、黄其祥、王志超、冯娥群等为委员。县苏维埃政府下设宣传、土地、财政、民政、交通、妇女、军事等七科，此外，还特别设立经济委员会统一管理财政工作，任命符良清为主任。中共琼崖特委还派遣陈垂斌等一批党政干部协助陵水县委建立地方政权。

陵水县苏维埃政府成立后，与东路工农革命军一起采取了一系列巩固革命成果的措施：一方面领导农民继续进行武装暴动，镇压反动势力和土豪劣绅，进行土地革命；另一方面继续追击溃散的残敌，肃清各港口反动势力，扩大红色区域，还攻占新村港，打通海道交通线，组织海上运输队，把当地土特产用船只运往北海、广州湾等地来换取物资，支援琼崖革命斗争，巩固苏维埃政权。同时还在陵城圣殿设立工农军干部学校，任命黄埔军校毕业生游济为校长，这个学校开始只培训陵水农军骨干，后来扩大成为训练全琼各地选送来的军事干部，先后共培养了200多名军事骨干。①

陵水县苏维埃政府的成立，在琼崖大地树起了苏维埃的旗帜，成为全琼最早成立的县一级苏维埃政权，也是中国共产党继海陆丰苏维埃政府之后，在华南地区建立起来的又一个县级苏维埃政府。它的建立，以实际行动贯彻了"八七"会议精神，开创了琼崖武装夺取政权先例，极大地鼓舞了琼崖共产党和革命群众进一步开展土地革命的信心和斗志。

陵水县苏维埃政府成立后，根据中共琼崖特委发出的扩大暴动的动员令，琼崖各县更加积极地组织开展武装暴动，东、中、西三路革命武装也在各地农军和革命群众的积极配合下，加快了扩大武装斗争、开展土地革命、建立苏维埃政权和创建革命根据地的步伐。

在琼崖各县积极地组织开展武装暴动的过程中，革命武装力量得到发展壮大。1928年1月，分驻东路各县的东路工农革命军，已经发展成三个营和一个独立连，共有800人，预备编为工农革命军的有200人。第一营及独立连驻陵水，营长孙成达，副营长郭天亭，党代表兼参谋长徐成章；第二营驻万宁，营长谢育才，党代表林华，参谋长何毅；第三营驻乐会，营长符南强，参谋长周朝郁。同时，农军（即农民武装常备军）也达到1300人。此外，中路、西路的工农革命军及农军的力量也得到发展壮大。②

中共琼崖党组织领导的各地武装暴动的继续扩展和革命武装力量的发展壮大，极大地推动了琼崖土地革命的发展，为琼崖农村革命根据地的创建和进一步发展奠定了基础，创造了条件。在此基础上，1927年年底至1928年间，一批红色政权和革命根据地相继在琼崖建立和发展起来。

中共琼崖特委所在地乐会四区（今琼海市阳江镇、文市乡的范围），自"四二二"反革命事变以来，一直是琼崖革命的中心。乐四区位于乐会县西南部与万宁县交界处，地势险要，南靠南排山，北接白石岭，西临万泉河，东与乐二区相连，多为半山区半丘陵地带，面积150平方公里，有近2万人口，400多个村庄。这里自然条件得天独厚，树木茂盛，粮产丰富，素有"乐会粮仓"的美称。同时，这里是王文明的故乡，深受大

---

① 肖焕辉：《琼崖曙光》，广东人民出版社1989年版，第65页。
② 《琼崖土地革命战争史料选编》，1987年，第303页。

革命斗争的影响，有着较好的群众基础、党的组织基础和工农武装基础，是创建革命根据地的上佳选地。

1927 年 12 月，继琼崖第一个红色政权——陵水县苏维埃政府成立后，中共乐会县委和乐四区委在乐四区召开乐四区农民代表大会，宣布成立乐会县第四区苏维埃政府，李园当选为区苏维埃政府主席，这是琼崖第一个区级苏维埃政权。乐四区苏维埃政府成立时，召开了 1 万多名群众参加的庆祝大会，会后举行了声势浩大的示威游行。乐四区苏维埃政府的成立，推动了土地革命和武装斗争的发展，标志着乐四区革命根据地的正式形成。乐四区革命根据地的创建，是在中共琼崖特委的领导下，乐会农民武装斗争发展的必然结果，它成功地打破了国民党反动派的白色恐怖，使琼崖出现了红白政权公开对峙的局面，极大地鼓舞了革命人民的士气和信心。乐四区革命根据地的创建和发展，有力地促进了全琼革命根据地的建立和发展，成为琼崖土地革命和苏维埃运动的中心，为琼崖的革命事业作出了重大贡献。此后，乐四区革命根据地军民在党组织和苏维埃政府的带领下，投身于巩固和发展革命根据地的斗争，乐四区的革命斗争出现了一个全新的局面。

在乐四区革命根据地创建的同时，与其相毗邻的万宁县六连岭革命根据地也相继形成。六连岭位于万宁县的东北部，东临南海，西北与乐会四区革命根据地相邻，方圆数十里，山势雄伟，海拔达 580 余米，林木参天，地势险要，能攻能守，粮食丰足，群众基础好，大革命失败后，党领导的革命武装多次在这一带活动。1927 年 7 月，中共万宁县委成立后也驻在六连岭周围开展宣传组织工作。中共琼崖特委第一次扩大会议后，万宁的田头、上城、扶提、龙掘坡等乡村成立了乡苏维埃政权。1928 年 1 月万宁县总暴动后，六连岭周围的万二、万四区等，先后建立乡、区苏维埃政府，没收地主土地，烧毁田契，至此，六连岭形成了比较稳固的革命根据地。这块根据地也成为东路工农革命军和中共万宁县委的活动中心。

中路的琼东革命根据地的形成，大体与乐四区革命根据地同步。琼东县第五、第六区地处半丘陵半山区地带，有马岭、沙蒲岭等天然屏障，地肥水美，物产富庶。大革命时期，几乎每个乡都建立了农民协会组织。这一带面积约 100 平方公里，有 3 万多人口，包括石蓬岭、狐狸岭、沙蒲岭、彬村山、马岭、卜里、下塘、龙献、九所、汪洋、文园等地。中共琼崖特委第一次扩大会议后，在中共琼东县委的领导和发动下，琼东第五、第六区革命群众起来进行暴动，惩处了一批土豪劣绅和反革命分子，这一带已被革命力量控制，到 1927 年底，基本形成了琼东革命根据地。1928 年秋，琼东县苏维埃政权政府成立，使琼东革命根据地得到了进一步巩固和发展。

与此同时，在中路的定安、琼山、文昌等县，在党组织的带领下，各县举行武装暴动，镇压反动势力。中路工农革命军多次击溃国民党反动县长邢森洲的武装反扑，歼灭了新村、三更、大路、树德等地反动民团，攻占云龙、谭墨等敌军据点，在此基础上，形成了中路的琼山县第七区、文昌县第十九区和定安县第七区等革命根据地。西路的澄迈县西昌地区以及儋县、临高的部分区乡也都相继建立起苏维埃政权，形成了一批小块革命根据地。

到 1928 年 1 月，全琼建立起一批革命根据地。革命根据地以乐四区革命根据地为中心，包括陵水为中心的陵崖革命根据地、乐四区革命根据地、万宁六连岭革命根据地、琼东革命根据地及其他一批小块的革命根据地。琼崖革命根据地初具规模，全琼建立县委 9 个，区委 55 个，党支部 400 个，共产党员发展到 17000 人；苏区内各区乡相继成立农会和妇女组织，"全琼妇女在妇会领导下不下六七万"，正规革命军发展到 1400 人。[1] 在中共琼崖特委和各级苏维埃政府的领导下，掀起了琼崖第一次土地革命高潮。

二、琼崖土地革命高潮：农村革命根据地建设

以农业为主的近代琼崖社会土地占有情况极不合理，"琼崖农民占全琼崖人口的十分之八九"[2]，但土地却主要集中在少数地主、富农手中，农民几乎很少占有土地。地主阶级凭借对土地的所有权，残酷压迫、剥削占人口绝大数的农民。不合理的封建土地所有制是广大琼崖人民受压迫、剥削的总根源，土地是农民的命根子，广大农民要获得翻身解放，就必须彻底变革长期以来的封建土地所有制。因此，进行土地革命，也就成为琼崖民主革命的主要内容。

---

① 《琼崖土地革命战争史料选编》，1987 年，第 300—303 页。
② 陈永阶编：《琼崖革命先驱者文集》，《琼岛星火》编辑部，1985 年，第 100—101 页。

　　随着全琼一批苏维埃革命政权的建立和以乐四区为中心的大片红色革命根据地的创建，为了满足农民群众的土地要求，进一步推动琼崖革命向前发展，在中共琼崖特委和各级苏维埃政府的领导下，各革命根据地积极开展了广泛深入的土地革命，消灭根据地内的封建土地所有制，实现了"耕者有其田"。土地分配的政策正确与否，直接关系土地革命的成败。琼崖革命根据地是全国开展土地革命较早、较突出的地区，1927 年底至1928 年秋的第一次土地革命高潮时，因中央和省委没有具体制定土地法和相应政策，中共琼崖特委和各级苏维埃政府只是依据省委的指示精神，从琼崖实际情况出发，以特委所在地、琼崖革命根据地的中心——乐四区为试点，进行了大胆的探索，制定了土地分配的政策，然后逐步向其他革命根据地推广。

　　1927 年 12 月 16 日，陵水县苏维埃政府成立后，最先宣布没收地主豪绅的土地，实行土地分配，但是由于敌人反扑，县苏维埃政府撤离了县城，因而没能颁布土地法。同年 12 月，乐四区苏维埃政府成立后，区农民代表大会通过了《土地问题的临时办法》，规定："一、土地权归农会，耕种权归农民。二、所有一切地主土地及公田（如祖赏田等），除酌给其家属耕种外，余者收归农会。三、尚未切实调查户口、重新划分土地边界以前，所有自耕农原耕之田地，仍暂由耕者耕管，但须向农会领取耕田证。四、所有贫农未得田耕或耕而不够食者，可切实向农会报告发给。五、所有一切实业，如橡胶、槟榔等一律收归农会，由区农会分配各乡农会收管。六、所有债项一律不还，以后借贷由农会担保。"在土地分配过程中，通过总结土地分配的经验和出现的问题，乐四区农民代表大会又制定了《分配土地的具体办法》，其主要内容是："一、将全区田产依全区人数分配，每人得二个工田①外，余者归各乡苏维埃管耕，以便将来分配退伍兵士及失业工人。二、分配田产以乡为单位，如某乡田产不敷分配者由区政府从田产剩余之乡补之。三、田产分配以肥瘦为标准，由苏维埃判定之（因肥瘦不易分别）。四、各家依以前耕种之田之分配外，余数抽出，不足者补之（视肥瘦而抽补）。五、田产分配无论大小男女均得田耕。六、田产分配后，死者将田收回，生者供给，但收回或供给须候收割

---

① 一个工田相当于 0.625 亩。

后。七、土地分配后，由区苏维埃发给土地使用证。"①

在当时的历史条件下，乐四区根据"八七"会议提出的土地革命的精神，结合当地实际情况，在土地革命实践中提出的这样一套分配土地的办法和原则，从根本上否定了封建土地所有制，满足了广大贫苦农民的土地要求。乐会四区的土地法规，不仅是中国土地革命战争时期较早的土地法规，而且与同一时期中央革命根据地以及其他革命根据地的土地政策相比，在不少方面具有创造性，体现了很高政策水平和人民群众的革命首创精神。其主要表现在：

从时间上看，中央革命根据地是在 1928 年 12 月颁布《井冈山土地法》，1929 年 4 月制定《兴国土地法》，而琼崖乐四区在 1928 年初便已颁布并开始实施相关的土地法规了。从政策水平上来看，其一，琼崖乐四区实行"没收一切地主土地及公田"的政策，而不是"没收一切土地"。这就抓住了封建土地所有制的主要矛盾，反映了广大农民的愿望和根本利益。"六大"之前中共中央也出现过"没收一切土地"的"左"的主张，与之相比，琼崖的土地政策水平明显高出一筹。1928 年初，广东省委多次指示琼崖特委，要"马上没收一切土地，实行分配土地"②，"即以苏维埃名义宣布'没收一切土地归苏维埃'"③，而中共琼崖特委却能够从实际出发，肯定了乐四区实行的"没收一切地主土地及公田"的政策，并且将其向琼崖其他革命根据地推广，后来土地革命的实践也证明了琼崖特委提出的政策是正确的。其二，规定在没收地主土地的同时，又分配给地主家属耕种的土地，给其生活出路。实行土地革命主要应针对封建土地剥削制度，而不是简单地从肉体上消灭地主，不给地主及其家属必要的生活出路显然是不对的。当时广东省委曾多次指示琼崖特委"现在一定要坚决地喊出'消灭一切地主阶级'的口号，根本不容许不耕田而收租的人有生活的权利"。④ 中央也有人主张"地主不分田，富农分坏田"，毛泽东关于土地革命的一些正确主张曾一度被讥为"富农路线"。井冈山和中央根据地制定的《井冈山土地法》、《兴国土地法》等当时都还没有对地主家属分配土地这一点作出明文规定。分配给地主家属耕种的土地，给其生活

①　《琼崖土地革命战争史料选编》，1987 年，第 332—333 页。
②　同上书，第 20 页。
③　同上书，第 46 页。
④　同上书，第 118 页。

出路，是琼崖土地革命的一个首创。其三，琼崖乐四区革命根据地较早认
识和照顾到自耕农的土地利益，明确提出"所有自耕农原耕之田地，仍
暂由耕者耕管"。侵犯和忽视中农利益是当时党曾经出现的"左"倾错误
的一种典型表现，而乐四区革命根据地早在 1928 年初就有如此的政策水
平，实属难能可贵。其四，在分配土地原则方面，乐四区革命根据地最早
提出了以乡为单位，以"肥瘦为标准"、"抽多补少"、"抽肥补瘦"等为
原则，远远早于全国其他地区。

正是因为如此，琼崖乐四区的这些土地分配的办法和原则公布实施
后，"农民非常满意，并且有些整个乡农会自动起来组织农民合作社共同
生产。又有一个乡农会自动起来破除一切私有观念，使农民在该乡农会之
下，共同生产，共同消费"。中共琼崖特委高度评价了乐四区的土地分配
的政策和经验，称"现在实行土地革命，当以该区为模范"。① 乐四区革
命根据地也因此赢得了琼崖"小莫斯科"的美称，成为全琼土地革命和苏
维埃运动的旗帜。乐四区的这些土地分配政策和原则公布后，各乡苏维埃
立即行动起来，发动广大农民，严惩罪大恶极的土豪劣绅，没收地主土
地，废租废债，烧毁田契及一切不合理的条据，广泛掀起了分田分地的热
潮。经过土地革命，到 1928 年 4 月，乐四区的大部分乡都依据这些土地
分配的政策和原则分配了土地，广大农民获得了几千年来梦寐以求的土
地，挣脱了多年以来束缚在身上的政治、经济枷锁，翻身当家做了主人，
整个乐四革命根据地呈现出一派全新的气象。

此后，琼崖乐四区分配土地的政策、方法和原则以及土地革命经验，
被中共琼崖特委推广到琼崖其他革命根据地，从而使琼崖广大革命根据地
很快掀起了土地革命的高潮。万宁六连岭、琼东、陵水、崖县藤桥地区、
定安第七区、琼山第七区、澄迈西昌等革命根据地，也都学习乐四区的经
验，使革命根据地的土地革命更扎实地开展起来。在万宁县第二、第四区
的六连岭革命根据地，各区、乡苏维埃政府发动广大农民，烧毁地主的一
切契约、字据，没收地主土地、财产和耕牛等，与公田一起平均分配给农
民，实行"耕者有其田"，地主家属也同等分得了土地。在陵水，县苏维
埃政府宣布废除一切苛捐杂税，实行土地革命，带领广大农民镇压恶霸地
主，实行"三七"减租，没收地主奸商浮财分给贫苦农民；集中地主的

---

① 《琼崖土地革命战争史料选编》，1987 年　第 297 页

田契账本、刑具等当众烧毁，颁布土地革命条例，把没收的地主田地和公田以乡为单位，按人口平均分配，少地或无地农民平均每户分得三个工田，全县掀起分配土地高潮，正如当时歌谣所唱："火烧红白契，百姓喜分田，老爷眼白白，侬仔笑开颜。"① 琼东县苏区也学习乐四区分配土地的办法和经验，在汪洋、墩头、后亮、良玖、益平等乡，没收地主豪绅的田地分配给广大贫苦农民，严惩当地到处为非作歹的反动民团的骨干符传章、林树山等人，维护了广大农民利益，群众拍手相庆。②

远离中央，长期坚持孤岛奋战的琼崖共产党人，在土地革命的实践中，紧密结合琼崖的实际情况，创造性地制定了不少高水平土地政策，领导琼崖人民开展土地革命，摧毁了革命根据地内的封建剥削制度，第一次实现了耕者有其田，解决了广大农民的土地问题，极大地解放了农村生产力，激发了广大农民群众的生产和革命积极性，进一步壮大了革命武装力量，巩固了革命根据地。同时，其理论和实践进一步丰富了中国共产党的土地革命理论，因而具有重要的历史意义。

在深入开展土地革命的同时，中共琼崖特委和苏维埃政府十分重视革命根据地的建设，使革命根据地得到了不断的巩固和发展。以乐四区为中心的琼崖革命根据地形成后，广泛建立和健全党团组织及农会、妇女协会、少年先锋队、劳动童子团等革命群众组织，发动青年农民参加不脱产的武装赤卫队，平时负责根据地的社会治安，战时配合工农革命军作战，粉碎敌人进攻，保卫和巩固革命根据地。为了冲破敌人对根据地的封锁，苏维埃政府积极开展了革命根据地的经济文化等方面的建设。

在经济建设方面，为了发展农业生产，中共琼崖特委和各苏维埃政府在号召广大农民搞好生产的同时，在乐会县办起了一些农场。其中，办得较好的是乐会县第六区赤土寨、定壮岭一带的农场，劳动力大约有100人，开垦了200多亩荒地，主要从事包括饲养牛、羊、猪和家禽，种植番薯和蔬菜等生产活动，农产品大部分供应特委所在地乐四区。在乐四区上科村，还办起了集市和消费合作社，建有瓦房和茅屋50多间，开设杂货店、百货店、饮食店和收购站等，经营布匹、纸张、毛巾、牙刷、牙膏等日用品，以及有油、盐、酱、醋、酒、烟丝等副食品，农民生产的农产品

---

① 肖焕辉：《琼崖曙光》，广东人民出版社1989年版，第75页。
② 中共琼海县委党史办公室编：《琼海革命斗争史》，中国三环出版社1990年版，第100页。

亦可通过消费合作社交易。集市上每天杀猪 10 多头，万宁渔民运来海鲜，会山的黎、苗族同胞运来山珍野味，甚至连嘉积镇的"爱群"、"爱美"等大商号也秘密运来商品进行交易。革命根据地还办起了缝衣局、印字局和军械局，建立财经税收制度，严格财政管理，杜绝贪污。在万宁的六连岭革命根据地，县委和苏维埃政府相继办起了消费合作社、军械厂、打铁厂、缝衣厂和鞋厂等，使一个偏僻山区充满了生机和活力。在琼东革命根据地，县委和苏维埃政府在良玖、后亮、马岭等地办起了集市，开展民间贸易，吸引各种物资流入根据地，打破敌人的经济封锁。

琼崖各革命根据地十分重视文化、教育、卫生等事业的发展。在乐四区，各乡苏维埃政府都办起了平民学校、女子模范学校、俱乐部、图书馆，区苏维埃政府组建了世京、永鸾两个琼剧团，经常演出《蔡锷出京》、《大义灭亲》等剧目。中共琼崖特委出版了《红潮周报》、《特委通讯》等革命刊物，组建了宣传队，王文明亲自编写了《共产主义十好》等演唱材料，进行革命宣传。中共琼崖特委和苏维埃政府还在乐四区的岭角村创办了一所红军医院，王昌泮任书记，周树瑞为庶务长，拥有陈详龙、陈宪龙、冯玉甫等中医师和周良勋等西医师。红军医院除了救护伤病员，还承担了为广大群众治病，为军队和地方培训医护人员等工作。在万宁的六连岭革命根据地，相继办起了列宁学校、军事学校、医院等。在琼东革命根据地，县委和苏维埃政府以自然村为单位，创办文化学校，发动广大群众进入学校读书学文化。

在中共琼崖特委和各苏维埃政府的领导下，通过这些措施，促进了琼崖革命根据地经济文化事业的发展，打破了国民党反动派的残酷封锁，改善了根据地广大人民群众和革命战士的生活，为工农革命军提供了军需，有力地配合了土地革命的进行，促进了以乐四区为中心的琼崖革命根据地的巩固和发展。

三、琼崖红军反"围剿"斗争：土地革命转入低潮

正当中共琼崖特委和各苏维埃政府领导琼崖革命根据地积极开展土地革命，进行革命根据地建设，使根据地得到逐步巩固与发展之时，中央却受"左"倾盲动主义错误的影响，不能清醒地认识到当时革命还处于低潮，认为国民党新军阀正处于崩溃边缘，革命潮流始终是高涨的。因此，

反对退却，要求实行以城市为中心的全国武装暴动。广州起义失败后，中共广东省委在"左"倾盲动主义错误的影响下，仍然坚持执行武装暴动的总策略，加紧发动群众暴动，准备夺取全省的政权。在这种情况下，中共广东省委多次向琼崖特委发出继续扩大暴动的指示，要求"在短期内完成全岛暴动，肃清全岛反动势力"，"并且应该至多在两个月内实现"[①]；即刻发动暴动，夺取县城后，"马上进攻海口、嘉积两城"[②]。所有这些，使正处于第一次土地革命高潮中的琼崖革命根据受到了"左"倾错误的干扰，有些地方在时机并未成熟时进行暴动，在敌强我弱的情况下硬碰硬，结果连连遭受挫折。

　　当时，正在率军南征的东路工农革命军总指挥徐成章看到这一情势，给琼崖特委写了一份报告，指出当时形势还正处于敌强我弱，要在短时间内夺取全琼是不可能的，必须长期面向山区，建立革命根据地，开展艰苦的斗争，才能逐渐改变敌我力量的对比，最后夺取革命的胜利。为此他提出了率领东路工农革命军乘胜进军崖城，歼灭敌王明崖残部，巩固琼东南正在形成的大片革命根据地的意见。但是，在东路工农革命军攻克三亚之后，徐成章的报告还没有送到琼崖特委之前，他就在一天之内连续接到特委的三封加急信，命令他回师陵水，继续北上，攻打万宁县城，进军嘉积、海口。1928 年 1 月 29 日，徐成章奉命率部回师北上。2 月 4 日，徐成章率部进攻万宁分界墟守敌时，在战斗中不幸中弹牺牲，年仅 36 岁。徐成章是琼崖传播马克思主义的先驱者之一。1922 年下半年加入中国共产党，后相继任黄埔军校特别官佐、建国陆海军大元帅府铁甲车队队长、省港大罢工工人纠察队总教练、中共广东区委军委委员等职，返琼后任琼崖军事委员会委员、工农革命军东路总指挥，为琼崖武装斗争的开展和革命根据地的建立作出了巨大的贡献。徐成章的牺牲是琼崖党组织和革命事业的重大损失。

　　1928 年 2 月初，中共广东省委派李源、黄雍来琼指导工作。2 月 18—21 日，琼崖共产党第二次代表大会在乐四区阳江墟召开，参加大会的代表共 42 人，代表全琼党员 15000 人。在大会上，李源、王文明分别作了政治报告、政治形势和党务工作报告，大会对暴动、政权、土地分

　　① 《琼崖土地革命战争史料选编》，1987 年，第 10 页。
　　② 同上书，第 12—13 页。

配、职工、士兵运动等问题进行了讨论并作了决议。这次大会由于受到"左"倾冒险思想错误的影响,作出了脱离客观实际的"夺取全琼崖政权"的决议,决定"改守为攻,在琼山、文昌及海口、府城附近大暴动起来",使敌人不能全面顾及,以使我军乘机夺取东、西路各县,进而与琼山、文昌革命力量会合,"向海口、府城包围,夺取全琼崖政权"。① 大会选举产生了新的琼崖特委领导班子,李源、黄雍、王文明、郭经绪、王绰余为常委,李源为特委书记,罗文淹为秘书长,设立宣传、组织、交通、印刷、庶务等科。不久,李源被省委调回,王文明接任特委书记。2月底,省委派曾参加广州起义的第四军警卫团团长梁秉枢回琼加强军事工作,并被指定为特委委员。

　　这次大会在军事方面的决定,严重脱离了当时琼崖革命发展的客观实际情况,在敌强我弱并即将向我方进攻时却提出改守为攻、夺取全琼崖政权,给琼崖革命以后的发展造成了极为不利的影响,使琼崖已经开始复杂的形势又增添了浓重的阴影。尽管如此,大会继续要求把武装斗争、土地革命和政权建设三者结合起来,使革命根据地建设继续前进,并且作出了关于发动农民开展农村斗争、建立和巩固工农政权、分配土地、巩固和发展农村革命根据地等方面的决议,这些基本是正确的。同时,王文明接任琼崖特委书记后,从琼崖的实际情况出发,有效地领导了琼崖各地的武装斗争和其他各项工作,不少根据地也能从实际出发,适度开展武装斗争,因而,在一段时期内,琼崖的革命斗争仍能够稳步地向前发展。

　　1928 年 2 月间,根据中共中央指示,中共琼崖特委将琼崖工农革命军改编为琼崖工农红军,冯平任红军总司令兼西路总指挥,王文明任党代表,符节为政治部主任。东路红军由梁秉枢任总指挥,驻守乐四区,向中平仔一带山区发展;琼东警卫连与琼山、文昌、定安三县工农革命军改编为中路红军,由谭明新(后为严风仪)任中路总指挥;西路红军由冯平兼任西路总指挥。各地农民武装常备队也同时改称为赤卫队。中共琼崖第二次代表大会后,由于受"左"倾冒险错误的影响,广东省委多次指示琼崖特委:"马上号召广大的群众起来,举行全岛总暴动,积极进攻,毫不停止","使暴动向嘉积、海口汇合起来,成为全岛总暴动";② "琼崖

---

① 《琼崖土地革命战争史料选编》,1987 年,第 322—323 页。

② 同上书,第 20—22 页。

的党虽亦有夺取全岛政权的目标，但始终没有夺取城市的工作和计划"，我们必须"先发制人，坚决的执行全岛暴动计划，务使我们整个大反攻由乡村到城市能够先敌人由城市到乡村而发动"。① 琼崖特委为了完成"进攻海口，夺取全琼"的计划，组织了一系列的扑城暴动。然而，由于这些行动脱离了琼崖革命的实际情况，敌强我弱，红军不断力量受损。于是，琼崖特委从琼崖敌我实际出发，不顾省委的一再责备，放弃了原来向海口发展的计划，逐步把暴动目标转到发动广大农民，打击国民党联防队，巩固和发展革命根据地，加快苏维埃政权建设和开展土地革命上来，在二三月间从实际出发，适当发动了一些小规模的暴动。在东路，2 月间发动乐会二区、三区、四区农民暴动，消灭区反动势力，在区内开展土地革命。在中路，中共定安县委先后率领六区、七区及一区赤卫队进入母瑞山北部新村开展革命斗争。在西路，农民赤卫军在临高和舍发动暴动，占领和舍墟，击毙临高县反动参议员许汉章和敌民团团长王义安，数日后兵分两路分别撤退到木排山地和澄迈孔水村。此后，西路红军通过深入开展武装斗争，广泛发动群众，建立起以尖石岭为中心的革命根据地。三四月间，琼崖各地红军根据当时的实际情况，逐步完成向山区的转移，重点在敌人武装力量薄弱地区开展革命斗争。

1928 年 3 月，琼崖发生震惊全琼的"七弓血案"。徐成章牺牲后，特委得知他生前提出坚持陵崖地区斗争，建立山区根据地的意见，经过讨论决定重新组织攻崖指挥部，任命王昭夷为指挥，谢育才为参谋长。王昭夷是保亭黎族大总营王维昌的独生子，黄埔军校毕业后回乡拉起队伍，1927 年 7 月，党领导陵水县各族农民武装进攻陵水县城时，他带领 300 多名武装人员投奔革命队伍。陵水县苏维埃政府成立后，王昭夷被选为政府委员而未当上主席，加之因侵占一批钱财受到批评，心怀不满，对革命产生动摇，当国民党反动派疯狂反扑时，王昭夷为了保存实力，假装患病，带着他的地方武装逃回老家。1928 年 2 月，他得知工农革命军在万宁县分界墟作战失利后，认为依靠共产党没有出路，便秘密和国民党崖县县长王鸣亚取得联系。当特委关于组织攻崖指挥部的决定下达后，王昭夷拒不到职，暗地里却勾结王鸣亚，带领县兵、民团包围了留守藤桥的工农革命军。在苦战一周后，谢育才率领一部突围成功。李茂文、王文源、陈可

---

① 《琼崖土地革命战争史料选编》，1987 年，第 38—39 页。

源、张良栋、张开泰等带领后续部队和群众 100 多人从另一方向突围，3
月 20 日，当撤退到吊罗山七弓河边时，遭到王昭夷伏击，最后，除王文
源、张开泰等少数人脱险外，其余人全被王昭夷所害，死难烈士的鲜血染
红了七弓河水。① "七弓血案" 的发生，使琼崖革命遭受了重大的损失，
预示着琼崖革命严峻的局面将要出现。

琼崖土地革命的深入展开和红军在斗争中的不断发展壮大，引起国民
党反动派的极度恐惧，国民党新军阀在广东确立其统治之后，就把力量转
向 "清剿" 共产党领导的革命力量上来。1928 年初，广东省国民党当局
派其第十一军第十师及谭启秀独立团来琼，对琼崖革命根据地和红军进行
第一次 "围剿"。1928 年 3 月中旬，第十师师长蔡廷锴率领所部
第二十八、第二十九、第三十团等三个团及谭启秀独立团共 4000 余人，
分批抵琼。蔡廷锴抵琼后，便在琼崖实行严厉的白色恐怖，发布《剿匪
条例》，声称 "不论共匪、农匪、土匪，凡为地方害者皆在要剿之列；凡
共匪所组织之农会、农军应一律解散，听候政府命令改组"。"决计于最
短时间内，消灭琼崖红军，安定全省的政治局势"。随后，蔡部在何清
雅、莫如恕、邱海云带领的东、中、西三路联防大队的配合下，兵分三
路，分别向琼崖东、中、西各路革命根据地进犯。

此时，琼崖红军共有 1400 余人，其中东路红军分驻在乐会、万宁、
陵水一带，有 600 余人；中路红军分驻在琼山、文昌一带，有 300 余人；
西路红军驻在澄迈一带，有 400 余人。面对当时突然变化的形势，中共琼
崖特委提出："琼崖之东路、西路、中路势力会合起来。发展定安工作夺
取定安区域以为琼崖中心根据地。""实整顿工农武装，将原来的工农红
军编为一个师，东、西、中路各组成一个团"，农民赤卫队统一于红军各
路指挥之下。在农村革命根据地，继续深入开展苏维埃运动和土地革命运
动，"凡属我革命势力范围之内须一律组织乡区苏维埃"，"凡组织苏维埃
的地方，应即切实分配土地给农民"。② 针对当时敌人 "围剿" 的紧急情
况，中共琼崖特委号召各地红军就地机动作战，军民互相配合开展反
"围剿" 斗争，保卫革命根据地，保存革命力量。此后，"剿匪" 与反
"剿匪" 斗争在琼崖革命根据地开始展开。

① 肖焕辉：《琼崖曙光》，广东人民出版社 1989 年版，第 78—81 页。
② 《琼崖土地革命战争史料选编》，1987 年，第 330 页。

在东路，3月下旬，敌军三十团团长刘占雄率该团一个营及机枪连600多人，向东路乐四区中共琼崖特委所在地进攻。由于事先特委已进行了全面动员和作战部署，乐四区布置了严密的监视哨和情报网，红军和赤卫队占据有利地形严阵以待。当敌军抵达百花岭、阳江一带，王文明率领乐四区军民发起攻击，与敌激战一昼夜，敌人不能得逞，不敢久留，旋即撤走。4月，敌人又两次进犯乐四苏区，均被击败。6月23日，敌军两个排和反动民团100多人进犯琼东县第四区，被红军伏击，死伤30多人。

为了集中兵力，加强乐会和万宁的反"围剿"斗争，3月下旬，中共琼崖特委决定工农红军东路总指挥梁秉枢率领陵水红军北上乐万苏区，陵水只留下少数红军。这时，叛变革命的原陵水县农军总指挥王昭夷与国民党崖县县长王鸣亚互相勾结，率军进攻陵水县城。因敌我力量相差悬殊，陵水县委于5月29日决定率领革命武装掩护400多名党政干部群众撤离县城，分别由许邦鸿和黄振士带领，分两路转移到北区港坡、马村、彭谷园和西区东光村一带，坚持斗争。至此，历时四个月的苏维埃县城又陷入敌人之手。

陵水县城失守后，当时琼崖的革命形势已经十分严峻。但中共广东省委4月23日召开的第一次扩大会议，却错误地估计了广东革命形势和琼崖敌我力量，认为革命仍处于高潮，通过了《琼崖工作计划大纲》。要求琼崖特委：实行全琼暴动并以乐万为中心，速即夺取这两个县城，深入开展土地革命，以解陵水之围。同时，东、中、西三路一致夺取市镇，占领交通线，向海口等城市发展。[①] 4月26日，中共广东省委又致函琼崖特委，对陵水失守进行了严厉批评，指示琼崖特委"马上发动东、西路暴动，夺取定安，包围海口，解决蔡部全部武装，完成全琼的割据"。并强调"陵水必须迅速反攻"，"即行反动，根本扑灭王鸣亚、王昭夷的反动势力"。[②] 这些指示和《琼崖工作计划大纲》完全脱离了琼崖的革命实际，是根本无法实现的。5月3日，中共琼崖特委在广东省委的多次催促下，召开第二次扩大会议，贯彻广东省委扩大会议和指示精神。会议根据广东省委指示，作出了脱离实际的决定，决定"马上扩大暴动，汇合东西中三路势力向上发展，完成全琼总暴动，夺取全琼崖"。"在整个暴动计划

---

① 《琼崖土地革命战争史料选编》，1987年，第39页。
② 同上书，第33—34页。

当中的布置，要特别发展城市，尤其是海口、嘉积、定安城的暴动"①。决定成立攻陵指挥部，以张梦安为指挥，带领中路红军一部向陵水进发，夺取陵水县城。

特委扩大会议后，张梦安率部南下陵水。因中途遭遇敌军阻击，张梦安临阵畏缩，率部退回万宁兴隆，不久率部投敌。敌军三十团与陵水反动民团1000多人向陵水县委驻地港坡、马村进攻。陵水县委书记许邦鸿率领革命军民英勇反击，经过激战后突围至彭谷园。6月16日，敌人包围彭谷园，用机枪强攻，并配以火攻。许邦鸿、陈贵清、谢是位等率领300多名军民与敌人浴血奋战，最后大部分壮烈牺牲在火海之中。敌军攻陷彭谷园后，又向东光进攻，黄振士率领所部英勇抗击，后突出重围与彭谷园突围的队伍会合，转移到山区继续持斗争。

在中路，4月初，敌军二十八团1000多人向中路文昌革命根据地进攻。当时驻中路红军只有300多人，分散在琼山文昌两地，由于敌强我弱，文昌红军被迫全部转移，一部撤往琼山，一部撤往乐会。红军转移后，敌军进入文昌的文教、潭牛、宝芳、东阁、水北、公坡、昌洒、翁田等地，大肆屠杀革命群众达2000多人，整个文昌陷入白色恐怖之中②。

4月中旬，蔡廷锴亲率二十八团主力及师教导营、特务连、独立团一部共1500多人又向琼山县革命根据地进行"围剿"。红军二营在琼山树德头伏击小股敌人后，为了避敌锋芒，县委书记冯白驹带领县委机关、红军和大批群众主动西渡南渡江转移到仁公村。蔡廷锴率部随即追杀过来，红军民奋起反击，与敌人激战一天一夜，县委机关和红军突围后又返回南渡江东岸，在旧州与追踪而来的敌军遭遇，战斗从上午延至下午，红军损失较大，当晚经树德头向乐四区转移。冯白驹则继续带领琼山县武装与敌人周旋。

在西路，4月下旬，蔡廷锴指挥二十八团第三营、二十九团一部与地方反动民团共1000多人，向西路澄迈的红军进攻。西路红军共400多人在琼崖红军总司令冯平的率领下，占领有利地形，在太平地区英勇反击，多次打退敌人进攻。后因敌我力量悬殊，红军弹药紧缺而被迫撤退。部队在掩护群众渡河时陷入敌人包围，突围后又遇民团截击，当部队几经转移

---

① 《琼崖土地革命战争史料选编》，1987年，第339—340页。
② 同上书，第345页。

返回澄迈县坡尾时，再次与敌人激战，后转移到西昌。西路红军仅存200多人。不久，敌人两个营及反动民团1000多人又扑向西昌，为避敌锋芒，西路红军副指挥刘青云率领100多名红军战士转移到定安县境，冯平、符节率领剩余的60多名红军战士继续在西昌、坡尾一带坚持斗争，牵制敌人。5月上旬，由于叛徒出卖，冯平、符节相继被捕。敌人把冯平缚在竹椅上抬着"示众"。面对前来看望自己的老百姓，他大义凛然，对周围的群众进行革命宣传说："父老兄弟们！本人就是琼崖工农红军总司令冯平，感谢大家来看我，革命不怕死，怕死不革命，杀了一个冯平，还有千万个冯平。革命是杀不绝的，共产主义一定会实现。"当蔡廷锴亲自劝他改变信仰，许诺他到广州任要职时，冯平义正词严地予以拒绝道："要我不信共产主义，比太阳从西边上来还难！""共产党是为穷人，为全人类谋利益的，富人恨他，穷人爱他，我就是喜欢共产党。"① 敌人用尽威逼利诱和严刑拷打等手段也无法使这两位革命者屈服，最后在澄迈县金江镇将他们杀害。

在陵水失守和中西路两路红军反"围剿"失利后，敌人进一步加强了对琼崖革命根据地"围剿"的攻势，全琼革命斗争形势更加严峻。为了加强对琼崖反"围剿"斗争的领导，王文明等中共琼崖特委领导从当时革命斗争的实际情况出发，明确提出"目前已到了另一个斗争时期"，因而"只有急剧变更斗争形式"才能适应反"围剿"斗争的需要。军事方面，"目前暂不扩大，就原有的红军，也须暂时分队，做移动或分驻各地乡村"；民众运动方面，"同时不止的发展乡村工作"；党务方面，"办事上须集中起来"；政权建设和土地革命方面，应加快建立巩固各县乡苏维埃政权和琼崖苏维埃政权，进一步深入开展土地革命。② 1928年5月23日，乐会县召开工农兵代表大会，成立了乐会县苏维埃政府。6月，万宁县苏维埃政府也相继成立。然而此时，中共广东省委由于对当时琼崖革命的实际情况缺乏深入了解，又同时深受"左"倾盲动主义错误的影响，多次批评琼崖特委不能完全执行省委的指示，指责琼崖"特委没有坚决的用群众力量消灭陈铭枢等反动武装，而表现有软弱的倾向"，"特委对于夺取全岛的奋斗中，尚未有完全正确的观念"，要求琼崖特委"实现全

---

① 中共海南省委党史研究室、海南省民政厅编：《琼崖英烈传》第1辑，海南人民出版社1989年版，第69页。

② 《琼崖土地革命战争史料选编》，1987年，第346—347页。

岛的割据，必须要很快完成"。① 中共广东省委的这些指示，给琼崖特委适时作出调整部署，粉碎敌人"围剿"造成了极为不利的影响。

1928 年 6 月 5 日，在王文明主持下，在乐会县第四区高朗村召开了中共琼崖第三次代表大会。大会重点讨论了如何深入进行土地革命，建立苏维埃政权，开展反"围剿"斗争等重大问题。大会由于受到中共广东省委"左"倾错误的干扰，草率通过了《中共琼崖特委最近总的工作大纲》，对反"围剿"斗争中的职工运动、组织、宣传和政权问题作了新的决定，要求"各县区乡苏维埃应尽量在可能的范围内继续成立，一切民众运动及地方政治，都以苏维埃来领导"，"琼崖苏维埃仍须准备成立"。② 大会产生了新的特委领导机构，王文明任书记，罗文淹、冯白驹、官天民、陈大机、黄朝麟、梁秉枢、何毅、符明经、黄振士、陈骏业等为委员。

中共琼崖第三次代表大会后，广东省委再次指示"琼崖暴动已发展到夺取海口的局面，海口的工人群众已到了行动时期，而且省委的夏收暴动计划，对于占领全琼，规定于最短时间做到，因此，海口的职工运动是目前琼崖暴动中最重要的工作"。③ 对于省委这些脱离当时琼崖革命实际情况而且又行不通的指示，王文明等当然无法不折不扣地完成，在执行上也不能不有所保留，自然得不到省委的满意。加上当时敌军加强了对革命根据地"围剿"的攻势，环境越来越险恶，党内出现了某些意见分歧，一些人潜往香港找省委的同志作了片面的汇报，使省委认为琼崖当时反"围剿"的失利与王文明有关，于是在新的琼崖特委成立不到半个月，省委就决定对琼崖特委进行改组，并派黄学增来琼主持工作。

6 月中旬，黄学增来到琼崖，根据广东省委的指示召开琼崖特委扩大会议，对特委进行改组，由黄学增任琼崖特委书记，而王文明被指定去主持政权工作。黄学增领导改组后的特委，虽然做了大量的工作，进行了多方面的整顿，力图改变当时的斗争局面，但效果不大。黄学增由于深受"左"倾盲动主义错误的影响，为了实施省委关于开展夏收暴动的指示，脱离当时琼崖革命的实际情况，在敌人日益加剧的围攻下，到处盲目组织反攻敌人，结果付出了沉重的代价，革命根据地越来越小。在重重困难面

---

① 《琼崖土地革命战争史料选编》，1987 年，第 54—55 页。
② 同上书，第 355 页。
③ 同上书，第 60 页。

前，他对琼崖农村革命根据地工作丧失信心，把希望寄托在开展城市工作上，提出一个月内将特委移到靠近海口市的琼山县，并派人去琼山进行准备。黄学增的这一主张在党政军领导干部中未得到多数人的支持。王文明、冯白驹等仍然坚持把工作中心放在农村，加快政权建设工作，领导革命根据地军民坚持反"围剿"斗争。[①]

1928 年 8 月 12 日，经过王文明等的积极筹备，全琼第一次工农兵代表大会在乐四区高朗村举行，宣布成立琼崖苏维埃政府。乐会、万宁、琼山、文昌、琼东、定安、澄迈、崖县、陵水等县代表共 60 多人参加，王文明主持大会并作了《关于形势的报告》。大会一致选举王文明为琼崖苏维埃政府主席，陈玉侯、陈骏业、陈业祝、黄善蕃、王克礼、梁秉枢等为琼崖苏维埃政府第一届委员。苏维埃政府下设财经、文教、交通、合作、军事、青年等部，分管各方面工作。大会还颁布了《临时土地法》、《劳动法》、《苏维埃组织法》、《保护工商业条例》和《税收条例》等一系列法令、条例。这些法令、条例虽然还不尽完善，但基本上反映了广大群众愿望和利益，得到了广大人民群众的热烈拥护。这些法令、条例的实施，活跃了革命根据地人民的生产生活，增强了根据地各阶层劳动人民的团结，进一步保卫和巩固了革命根据地和苏维埃政权。

琼崖苏维埃政府成立后，号召深入开展土地革命，加强革命根据地建设。不少地方响应苏维埃政府的号召，纷纷进一步开展斗地主、分田地、焚田契、毁欠约的斗争。为了解决反"围剿"斗争中革命根据地的经济困难和巩固苏维埃政权，琼崖苏维埃政府成立了经济委员会，由王大鹏任主任，通过"打没"[②]、募捐、税收、革命堡垒户的支持和开展生产自救等方法来解决革命根据地财政经济问题。琼崖苏维埃政府成立后，王文明等做了多方面的努力，但由于敌人重兵压境，战事越来越紧张，形势越来越严峻，使琼崖苏维埃政府各方面工作的开展受到了很大影响。

在琼崖反"围剿"斗争的关键时刻，琼崖苏维埃政府的建立，统一了琼崖共产党对琼崖各革命根据地的领导，增强了共产党在琼崖人民中的号召力和凝聚力，体现了琼崖各族人民在反"围剿"中坚持斗争的坚强决心，激励了革命根据地广大军民的革命意志和斗争勇气，使广大琼崖人

---

① 肖焕辉：《琼崖曙光》，广东人民出版社 1989 年版，第 95—96 页。

② 即没收反动派、土豪劣绅和反动商人的财产。

民在逆境中看到了希望，在领导人民反"围剿"和坚持根据地的斗争中发挥了重要作用。

1928年八九月间，蔡廷锴部在对琼崖的中部、西部革命根据地进行围剿后，便集中重兵对琼崖东部的乐会、万宁革命根据地发起新的进攻。在中共琼崖特委和琼崖苏维埃政府的领导下，革命根据地的广大军民为保卫乐万苏区这块中心革命根据地，同敌人民开了英勇顽强的斗争。为了加强党对反"围剿"斗争的领导，夺取反"围剿"斗争的胜利，中共琼崖特委从当时的实际情况出发，决定取消东、中、西各路指挥部和司令部，由军委直接统一指挥各连红军，驻各县红军则由所在县苏维埃政府代行指挥，同时发挥革命根据地赤卫队作用。敌人精心制订了"围剿"计划，在进行军事攻击的同时，利用反革命两手策略与军事手段配合，"不是专靠兵力来攻我们，还要用黄色政策来欺骗农民"，并派人到处造谣恐吓，进行反革命煽动和宣传，以动摇群众；还改变策略，"学我们之游击暴动办法，分排或分班下乡骚扰，并劫夺农民粮食"，从而给琼崖革命根据地的反"围剿"斗争造成极大的困难。①

11月初，国民党军队又增兵一个团1700人，再次对乐会、万宁革命根据地进行"围剿"，进犯中平仔琼崖特委驻地，红军和赤卫军与敌人连续激战几昼夜，多次打退敌人的进攻。敌人在进攻红军的同时，对群众进行严密控制，将苏区群众强迁到文市、阳江、上科等靠近敌军炮楼的地方，实行保甲制度，断绝红军与广大群众的联系，使红军食粮日用物资日渐困难，活动范围愈来愈小，力量日益削弱，中共琼崖特委、苏维埃政府机关被迫撤出中平仔地区。

此后，国民党军队进一步加强攻势，琼崖特委为保存革命力量，只好将红军化整为零，疏散到琼崖各地暂时潜伏，与当地党政团结斗争，只留下少数精干队伍，在特委、苏维埃政府机关的带领下，与敌人继续周旋。这样，白色恐怖笼罩了乐万革命根据地，第一次反"围剿"斗争遭受严重挫折，琼崖土地革命转入低潮。

琼崖土地革命时期第一次反"围剿"斗争失败的原因，客观方面，主要是由于敌我力量对比悬殊，琼崖国民党反动当局的力量过于强大，在兵力、财力、物力上占绝对优势。敌人正规军4000多人，占据琼崖的主

---

① 《琼崖土地革命战争史料选编》，1987年，第365页。

要城镇、港口，而且得到地主和反动分子的支持，武器精良，粮食充足；而琼崖红军只有 1400 多人的武装部队，弹药奇缺，给养困难。主观方面，主要是深受"左"倾错误的干扰和影响。琼崖共产党建立只有两年多，对土地革命的规律认识还不够深刻，尤其是当时特委的主要负责人，受当时中央和省委"左"的"城市市中心论"错误思想影响，在反"围剿"斗争中盲目地执行省委关于要进行"最后决斗"、"夺取海口"等"左"的指示，在组织上排挤了王文明等坚持正确意见的同志，削弱了对反"围剿"斗争的领导；在军事上，对反"围剿"的严峻形势不能清醒认识，在强大敌人进攻时，没有根据实际提出一套有效应对敌人"围剿"的正确方针、政策和具体措施，不懂得熟练运用游击战术，保存自己；在思想上，对琼崖革命的长期性、曲折性缺乏清醒的认识。因此在强大反革命力量的"围剿"面前，遭受了巨大挫折。但是，琼崖共产党人和革命群众在艰苦卓绝的第一次反"围剿"斗争中，积累了正反两方面的经验，在失败和痛苦中成长，继续坚持长期的艰苦斗争，为迎接新的革命高潮的到来耐心地积蓄力量。

四、母瑞山根据地的创建：革命在曲折中发展

1928 年秋第一次反"围剿"斗争失利后，琼崖土地革命转入低潮，革命力量遭受极大摧残，各地党政组织、武装队伍和革命群众团体的同志，"因敌人之严厉屠杀，死亡殆尽，……琼崖的上级、中级干部同志死亡的约在二百人，下级干部及普通同志约在三千人。"[①] 根据省委指示，12 月下旬，黄学增、官天民、陈大机、黄朝麟等率领特委机关迁往海府，把工作重点放在开展工运、兵运工作方面，在海口负责筹建南区特委。对于这一决定，王文明等持保留意见。为了打开琼崖革命的新局面，王文明审时度势，决定率领琼崖苏维埃机关和红军实行战略转移。1928 年底，王文明、何毅、梁秉枢、罗文淹、王业熹等 130 多名红军和赤卫队、琼崖苏维埃政府机关及附属单位等共计 600 多人，向母瑞山地区转移。

母瑞山位于琼崖中部的定安县南端，是五指山向东北延伸的一条支

---

① 《琼崖土地革命战争史料选编》，1987 年，第 357 页。

脉，方圆 100 多平方公里。这一带山高林密，地势险要，易守难攻，是一个进行游击战争的理想战略要地。其自然条件得天独厚，肥田沃野，物产丰富，有 20 多个村落，居住着汉、黎、苗族等 1000 多人。国民革命时期，这里农民运动非常活跃。国民革命失败后，王文明、王业熹等一批共产党员曾经来到母瑞山的新村一带开展革命工作。在反"围剿"斗争中，中共定安县委、县苏维埃政府也都先后设在这里，有着较好的群众基础。同时，这里地处定安、琼东、乐会三县交界处，距离海口等国民党统治的城市较远，反动势力统治比较薄弱，有利于革命力量的发展。因此，王文明等决定在这里创建革命根据地，开辟琼崖革命的新局面。

王文明等带领队伍历尽艰辛，几经辗转进入母瑞山后，在当地革命群众的掩护下，很快在这里安营扎寨。为了重新恢复琼崖革命政权和创建新的革命根据地，王文明带病与党员干部以及红军战士一起，夜以继日地做了大量工作。他们深入母瑞山周围附近山村，宣传革命道理，启发山里群众的革命觉悟，广泛发动群众，并在各道路要口修筑防御阵地，随时应对来犯之敌。国民党反动派为了彻底消灭共产党和红军，在琼崖苏维埃政府机关和红军刚到母瑞山不久，就纠集兵马向母瑞山地区发动进攻。1929年1月，国民党军队疯狂向母瑞山地区扑来，红军利用有利地形进行伏击，经过激战取得胜利，击毙 10 余人，缴获了一批枪支弹药，敌人狼狈逃窜。之后，国民党军队对母瑞山红军实行严密的包围封锁，在周围建筑碉堡，分兵控制道路要口，强迫母瑞山周围群众搬到敌人统治的白色区域，妄图切断一切交通，断绝红军和当地群众的联系，将红军困死在母瑞山中。

在敌人的严密封锁包围下，琼崖苏维埃政府机关和红军战士困守山中，食粮外援断绝，生活相当艰难。当时几百人的队伍好多天只能吃上一次用五六市斤大米煮成的饭汤，大多数时间只好以野果、野菜充饥。在艰苦的岁月里，饥饿伴着疾病，加之缺医少药，红军一下子死亡 200 多人，甚至有时一天竟死去六七人，而幸存下来的个个身体也相当虚弱。为了冲破敌人对母瑞山的"围剿"和封锁，在抗击敌人"围剿"的同时，王文明带着患病的身体，与干部和红军战士们发扬自力更生、艰苦奋斗精神，团结一致，同甘共苦，自己动手，披荆斩棘，开垦荒地，种植水稻、番薯、木薯等农作物，进行生产自救。经过几个月的艰苦努力，先后开辟了三个红军农场，建立了上村、中村、下村三个革命村庄，种植了二三百亩地，逐步解决了母瑞山根据地全体军政人员的吃饭问题，渡过了生活难关。为了使红军在母瑞山中扎下根，王文明还组织广大干部、红军战士深入母瑞山的群众中，在积极宣传革命道理的同时，经常帮助深山里的苗族和汉族群众干农活，为群众做好事，赢得了广大群众的信任和支持。有不少当地的苗族和汉族青年，不顾敌人重重封锁，常常冒着生命危险，翻山越岭给红军下山买粮食、药品，搜集情报，配合红军打击进犯根据地的敌人，有的甚至把他们打猎用的火药送给红军使用。在广大人民群众的支持下，红军战胜了各种艰难险阻，终于在母瑞山站住了脚跟。

　　1929 年春夏之交，蒋桂战争爆发，国民党蔡廷锴部陆续离琼，国民党军"围剿"母瑞山的军事力量减弱。于是，王文明、梁秉枢等研究决定充分利用这一有利时机，进一步加快母瑞山革命根据地的建设。为此，王文明等与干部和红军一起，开展了一系列艰苦的工作。

　　首先，在积极组织发动群众的基础上，恢复和建立母瑞山及其周围地区的党政组织。5 月 14 日，在琼崖苏维埃政府的直接领导下，在母瑞山中村召开大会，成立了大山乡苏维埃政府，推选山武村王学村为乡长，大美堆村林树德为副乡长。乡苏维埃政府成立后，便开始组织群众开展土地革命，带领农民发展生产，支援红军。此后，琼崖苏维埃政府派出干部和红军战士到母瑞山周围地区开展工作，恢复和健全了岭口、文曲、石壁地区的中共定六、定七区委、区苏维埃政府及区赤卫队，建立了龙塘、龙门、南间、乌坡地区的中共定四、定五、定八、定九区委、区苏维埃政府及区赤卫队，进一步扩大了母瑞山革命根据地的范围，为母瑞山革命根据地的巩固和发展打下了坚实的基础。

　　其次，在扩充红军和发展革命武装的基础上，创建红军独立团。蔡廷锴部离琼后，母瑞山革命根据地派出干部和红军小分队奔赴各地寻找潜伏下来的党员和红军指战员，加上不断有不满国民党反动派的残酷统治的进步青年来到母瑞山投奔革命，红军队伍得到很大的补充和发展。1929 年 6 月，在母瑞山革命根据地成立了琼崖红军独立团，梁秉枢为团长，王文宇为副团长。独立团下辖一个营，营长为陈海根。红军独立团的成立，极大地增强了母瑞山革命根据地反"围剿"的革命力量，为琼崖红军和革命武装的进一步发展奠定了基础。

　　再次，在党和琼崖苏维埃政府的领导下，大力开展根据地建设。在经济建设方面，琼崖苏维埃政府在领导根据地军民开展土地革命，发展生产的同时，还因陋就简办起了军械厂、红军医院、印刷所、粮食加工组、缝纫组、商店等。为了解决红军长期以来一直存在的武器弹药严重缺乏的困难，琼崖苏维埃政府于 1929 年夏在南牛岭下一个山坳里办起了一个红军军械厂，在极为简陋的条件，克服重重困难，因陋就简，只用风箱、锤、钳等简单的工具，制造出了炸药、土地雷、装填手榴弹和子弹等产品，成为当时红军武器弹药的主要来源之一，在保卫母瑞山革命根据地斗争中发挥了很大的作用。在组织建设方面，为解决党政组织不健全和工农红军数量过少的问题，琼崖苏维埃政府加大了对母瑞山地区群众的组织和发动的力度，恢复和发展了周围地区各级党组织和基层苏维埃政府。在文化建设方面，为了适应母瑞山革命根据地建设和发展的需要，党和琼崖苏维埃政府在母瑞山革命根据地建立了琼崖红军军事政治学校和民众训练班，为党和红军培养了一大批骨干。学校的学员由红军各连队以及各地赤卫队、少年先锋队选送，一期为三个月，学习内容主要为军事科目和政治科目，王文明、梁秉枢等曾多次亲临学校和训练班给学员们上课，使学员深受教益。此外，琼崖苏维埃政府还组织了一个红军剧团，排演自编的节目，开展文娱活动，经常深入到根据地的各村进行演出和革命宣传。

在党组织和琼崖苏维埃政府的领导下，经过几个月艰苦的根据地建设，到 1929 年夏，东起新市，西至南间，南起石壁，北到岭口的 100 多平方公里的母瑞山革命根据地初步建立起来，并且成为琼崖革命中心根据地。在第一次反"围剿"斗争失败，琼崖革命陷入低潮的关键时刻，母瑞山革命根据地的创建，成为琼崖革命由挫折走向复兴的新起点，标志着以王文明为代表的琼崖共产党人，对琼崖革命新道路的认识已提高到一个新的水平。在母瑞山革命根据地，琼崖共产党和红军从第一次反"围剿"斗争的失败和痛苦中逐步走向成熟，为琼崖土地革命第二次高潮的兴起耐心地积蓄力量。母瑞山革命根据地的创建，为琼崖革命"二十三年红旗不倒"作出了特殊贡献。正如冯白驹后来所说："她是海南革命的摇篮，……革命的火种在这里得到掩护，又从这里掀起革命的狂澜，一直冲击着敌人反动统治中心海口市。"①

在党组织和琼崖苏维埃政府领导瑞母山的干部和红军创建革命根据地的艰苦岁月中，潜伏在琼崖各县的共产党员和干部也利用时机，积极开展

---

① 《冯白驹研究史料》，广东人民出版社 1988 年版，第 343 页。

各种革命活动。在澄迈县，县委书记冯白驹在健全县委领导机构的同时，组建了筹款队和打奸队，分别任命王文宇、冯道南为队长，筹粮筹款，积蓄力量伺机行动；在昌江、感恩两县，从琼山、文昌、万宁等地隐蔽到这里的革命同志，以理发师、裁缝、店员等职业为掩护，积极开展地下革命工作，并且建立了由林克泽为书记的感恩临时党支部；在乐会、万宁、陵水等县，分散在各地的红军和赤卫队，充分利用有利地形，就地开展游击战，神出鬼没地袭击敌人，打击当地的反动势力。这些斗争有力地配合了瑞母山革命根据地的创建和进一步发展，它们和瑞母山革命根据的斗争一起，为琼崖土地革命第二次高潮的到来创造了条件。

在此期间迁入国民党反动派在琼崖的统治中心——海府地区的琼崖党团特委机关，在黄学增、官天民、陈大机等人领导下，一边着手筹建南区特委，一边从事工运、兵运等城市工作，指导琼山、澄迈、临高、文昌及三亚榆林等地的革命活动。但由于不久广东省南路特委被敌人破坏，主要领导成员几乎全部英勇牺牲，使得广东省委指示的琼崖特委与南路特委合并成立南区特委的计划无法实现。黄学增、官天民、陈大机等带领琼崖党团特委机关，以职业为掩护，在海口市开展秘密的革命活动，并且对临近海口的琼山、澄迈两县领导重新进行了调整，任命冯白驹为澄迈县委书记，陈球秋辅接任琼山县委书记。1929 年 2 月，澄迈、临高、文昌、琼山、海口等市县的负责人在特委的主持下，在海口市召开特委扩大会议。会议决定"以琼山、澄迈、文昌为党的工作的中心区域，城市工作加紧注意海口、嘉积工作，港口注意三亚、榆林港、新盈港等"。[①] 但是，在白色恐怖笼罩下的海口、府城地区，特委的工作遇到了极大的困难，并且很快引起了国民党反动派的注意。2 月中旬，中共海口市委书记严鸿蛟被捕叛变，敌人从叛徒口中得知了党在海口进行革命活动的情况，派兵包围了琼崖特委和海口市委机关，陈大机、黄朝麟、云昌江等 13 名特委、市委领导成员和机关干部被捕遇难，黄学增、官天民因向省委汇报工作而幸免于难，海府地区的不少革命同志也相继被捕，党组织遭到极大破坏。7 月，到省委汇报工作的黄学增、官天民回到海口后，因叛徒出卖，官天民中弹英勇牺牲，黄学增被捕后坚贞不屈，英勇就义。

中共琼崖特委再次被敌人严重破坏，"琼崖工作迭次受破坏，党的

---

① 《琼崖土地革命战争史料选编》，1987 年，第 143 页。

基础几乎完全塌台，各县虽有工作，目前已无法联络……目前恢复琼崖工作实在困难万分"。① 琼崖党组织一时陷入了失去统一领导的严重危机状态。

在琼崖革命生死攸关的紧急关头，澄迈县委书记冯白驹获悉特委机关在海口被敌人破坏的消息后挺身而出，立即召开澄迈县委会议，决定以澄迈县委名义，将这一消息通报有联系的其他县委，并亲自向在母瑞山根据地坚持斗争的琼崖苏维埃政府主席王文明汇报，提议召开各县县委领导人联席会议，重建琼崖特委领导机构和研究今后斗争方针问题，得到了王文明以及各县县委的一致赞同和支持。

1929 年 8 月中旬，由王文明抱病主持，在定安县内洞山召开琼崖各县代表联席会议，除部分县委代表由于环境险恶没能按时出席会议外，琼崖苏维埃党团机关代表王文明、红军代表梁秉枢、澄迈县委代表冯白驹、琼东县委代表符明经、定安县委代表王志超、琼山县委代表张志军等 10 余人参加了会议。会议通报了琼崖特委机关被破坏的情况，交流了各地的革命斗争现状和经验，深刻总结了特委机关迁往海口两次遭受破坏的惨痛教训，批评了"以城市为中心"的严重错误。会议经过讨论通过了《各县代联会的决议案》，在总结以往经验教训和分析当前革命斗争形势的基础上，针对国民党蔡廷锴部离琼后反动势力相对削弱的有利时机，确定琼崖党当前工作的重点和斗争方针是：立足广大农村，坚持以农村为基地，积极恢复和发展党的各级组织和苏维埃政权，广泛发动群众，进行土地革命，建立和发展农村革命根据地，不断扩大红色区域，发展壮大工农红军、赤卫队等革命武装，广泛开展游击战争，积极打击敌人。会议选举王文明、冯白驹、陈一先、傅佑山、谢翰华、蒙汉强（女）、符明经、王志超、熊侠等 9 人为临时特委委员，组成中共琼崖特委临时委员会（当时没有选举常委和书记，请求省委派领导同志来琼主持工作）。9 月，中共广东省委批准正式成立特委。11 月下旬琼崖党团特委召开联席会议，决定王文明、冯白驹、傅佑山三人为特委常委，王文明为书记。②由于王文明长期在极其艰苦的条件下忘我工作，积劳成疾，重病在身，无法坚持工作，经王文明提议，大家一致通过，由冯白驹主持琼崖特委工作。

---

① 《琼崖土地革命战争史料选编》，1987 年，第 156 页。
② 同上书，第 378—379 页。

　　内洞山会议是琼崖革命史上一次具有深远历史意义的会议。内洞山会议在琼崖党和红军处于极其危急的紧要关头，及时地重建了琼崖革命的领导核心，确立了冯白驹在琼崖党组织的领导地位，结束了因主要领导人变更频繁对革命造成不利影响的历史，挽救了琼崖党组织，挽救了琼崖革命，使琼崖革命的红旗在琼崖大地上继续飘扬，成为琼崖人民革命转危为安的一个生死攸关的历史转折点。会议从当时琼崖革命的实际出发，果断地纠正了"以城市为中心"的错误，确定了坚持武装斗争，坚持土地革命，坚持农村革命根据地的工作路线和方针，给琼崖人民革命事业带来了新的转机和希望，迎来了琼崖革命新的高潮。在琼崖革命的危急关头，经过大革命风暴的锻炼与考验、在严酷的斗争中脱颖而出的年仅 26 岁的冯白驹，以高度的革命责任感，力挽狂澜，从先辈手中接过并高高举起琼崖革命的红旗，毅然挑起了领导琼崖革命的历史重任，开始领导琼崖人民继续进行不屈不挠的革命斗争，成为"琼崖人民的一面旗帜"。

　　内洞山会议以后，中共琼崖特委在冯白驹主持下，从当时琼崖革命的实际出发，冷静地分析了敌我力量的对比，利用琼崖国民党内部拥蒋派和改组派的矛盾，采取有效措施，开展了大量卓有成效的工作，使琼崖党的各项工作逐步得到恢复和发展，逐步开创了琼崖革命斗争的新局面。

　　正当琼崖党组织和红军开始有了较大的发展，琼崖革命形势日趋好转之际，1930 年 1 月 17 日，因在极其艰苦的环境中长期艰苦斗争而积劳成疾，"琼崖工农群众的领袖"王文明不幸在母瑞山病逝。王文明在 1894 年出生于海南乐会县（今琼海市）益良村，早年参加五四运动成为当时琼崖青年学生运动的领袖，1924 年进入上海大学学习，受到瞿秋白、恽代英等共产党员的谆谆教导，不久加入了中国共产党。1926 年担任中共琼崖地委第一任书记后，在长期的革命生涯中，始终无私无畏，胸怀大局，不计较个人得失，在特委领导岗位上，他曾经五次上下毫无怨言，无论什么职位总是为琼崖革命全力以赴地开展工作。他为琼崖革命事业百折不挠、鞠躬尽瘁、死而后已的高贵品格和革命精神不断鼓舞和影响着琼崖人民。在他的影响和带动下，他的家人都参加了革命，他的胞兄、妻子、儿子、两个侄儿、侄媳共 7 人为琼崖革命事业献出了的生命。王文明探索琼崖革命新道路的实践，丰富了以毛泽东为代表的中国共产党人开辟的"农村包围城市、武装夺取政权"的中国革命新道路的内容，为琼崖人民革命事业作出了卓越贡献。琼崖苏维埃政府在王文明因病去世时所发布的

《琼崖苏维埃政府为王文明同志逝世告群众书》中，这样评价："王文明英勇奋斗坚决耐劳的精神，使我们永远不会忘记的。他曾领导着海口市工人群众反抗资本家的压榨和反动的工贼奋斗，他曾亲自领导琼崖数百万农民群众实行土地革命，肃清国民党军阀豪绅地主、资产阶级一切反动势力，他是琼崖苏维埃政权的创造者。他曾以'愈困难愈奋斗'的革命精神，鼓励工农群众和自勉。他这种英勇奋斗革命斗争的历史，早已深刻的印在琼崖群众的脑筋里，成为琼崖数百万工农群众最爱护的领袖。"① 乐会县苏维埃政府发布的《乐会县苏维埃政府为追悼王文明同志告民众书》指出："王文明同志是一个高才卓识的大学士，同时也是一个以革命为职业的专门家，因致力于革命以来，每天都在死的预告中去努力工作。其物质生活之简单，尤甚于工农无产阶级者，其奋斗精神之热烈，真的罕有伦比，特别是在第一次革命高潮低落时，益见他奋斗的决心和百折不回的毅力。他不知已冒着几多危险煞费苦心而为民众谋许多利益了，使全琼崖的民众不论男女童叟都异常敬爱他，与他结了深切的关系，巍巍乎，王文明同志真不愧为琼崖工农群众领袖，如铜似铁的革命家了！"② 这是琼崖革命群众对王文明的高度评价，更是对王文明一生及其所具有和展现的琼崖革命精神的精彩概括和总结。

1930 年 2 月，冯白驹奉命赴香港向省委汇报琼崖革命斗争的情况后，又接着到上海向党中央汇报工作，受到了李立三、周恩来等中央领导的接见。周恩来在听取了冯白驹关于琼崖革命斗争情况的汇报后，对琼崖党和红军的工作给予了充分肯定，高度评价了琼崖党组织和人民群众的革命斗争精神，并代表党中央鼓励他说："你们琼崖抓住红军，抓住农村革命根据地，抓住苏维埃政权这三件大事很好。今后，琼崖党只要继续紧紧依靠群众，高举武装斗争的旗帜，坚持斗争，一定能够取得胜利。"③ 周恩来代表党中央的重要指示，使一直坚持孤岛苦战的冯白驹和琼崖革命人民受到了极大鼓舞，也为琼崖党和人民长期艰苦卓绝的革命斗争指明了方向。冯白驹也一直把周恩来的重要指示牢记心中，作为坚持长期革命斗争的座右铭。

1930 年 4 月，冯白驹回到了母瑞山革命根据地。为了传达贯彻中央

---

① 《琼崖土地革命战争史料选编》，1987 年，第 384 页。
② 同上书，第 588 页。
③ 《冯白驹研究史料》，广东人民出版社 1988 年版，第 557 页。

和省委的指示精神，总结琼崖革命斗争的经验教训，开创琼崖革命斗争的新局面，中共琼崖特委在冯白驹主持下，于 4 月 15 日在母瑞山召开中共琼崖第四次代表会议。出席会议的正式代表有 31 人，广东省委对琼崖党的"四大"非常重视，委派邓发来琼指导工作。在大会上，邓发代表省委作了《关于当前斗争形势和任务》的报告，冯白驹传达了他赴省委和中央汇报工作的情况和周恩来对琼崖工作的重要指示，特委委员符明经代表特委作了《关于特委工作的报告》。大会充分肯定了以冯白驹为核心的新特委成立以来，在领导琼崖革命斗争中所制定的方针政策以及所做的大量工作和取得的成绩，在总结琼崖党第三次代表大会以来的斗争经验与教训的基础上，结合当时琼崖革命斗争的实际情况，作出了开展"红五月"攻势斗争，积极主动地打击敌人；建立和健全各级党的组织；恢复各级苏维埃政权，发展农村革命根据地；发展和壮大红军力量，建立红军独立师；加强瓦解敌军工作，积极组织策动敌军起义；颁布土地法令，进行土地革命等六项重要决议。[①] 大会还选举冯白驹、冯国卿、王志超、欧照汉、林树芹、云逢南、梁秉枢、黄振士、陈骏业、符明经、熊侠、黄善藩等 12 人为特委委员；冯白驹、冯国卿、王志超等为特委常委，冯白驹任特委书记，组成新的琼崖特委领导机构。

中共琼崖第四次代表大会，是琼崖党组织和革命武装斗争史上具有重要历史意义的一次会议，它从当时琼崖革命斗争的实际情况出发，及时总结了琼崖革命斗争的经验，制定了革命斗争的比较正确的方针、政策，有力地促进了琼崖革命斗争的发展，成为琼崖第二次土地革命高潮的起点。

会后，冯白驹及中共琼崖特委机关从母瑞山转移到琼东县烟塘一带，以方便指导全琼革命工作。不久，根据中共琼崖第四次代表大会的决定，在琼崖特委的领导下，各地党组织积极发动广大群众，配合红军和赤卫队，掀起了一场声势浩大的以攻击民团、反动地方武装以及国民党地方政权为目标的"红五月"攻势开展斗争。

8 月，琼崖第二次工农兵代表大会在母瑞山革命根据地召开。会议选举产生了琼崖第二届苏维埃政府，委员有陈骏业、符明经、梁秉枢、陈振亚、陈业祝、陈玉侯、何毅、徐树芳、王大蔚、王克礼、胡展、卢鸿景、蒙汉强（女）、王业熹、王永成、王玉甫、曾昌莺、王健良、杨关盛、黄

① 琼崖武装斗争史办公室编：《琼崖纵队史》，广东人民出版社 1986 年版，第 48 页。

善藩、邢性初、莫安全、吴策勋、刘秋菊（女）等20余人，陈骏业为主席，何毅为秘书长。会议主要讨论和决定了拥护苏维埃区域代表大会问题，以反对军阀战争为中心的领导农民斗争问题，组织地方暴动和进行游击战争问题，建立各级苏维埃政权和扩大革命武装问题等。这次会议的召开，扩大了苏维埃运动在全琼的影响，增强了琼崖人民革命斗争的勇气和斗志，进一步促进了革命根据地的巩固和发展，加速了琼崖土地革命第二次高潮的到来。

随着琼崖红军和革命武装力量的不断发展壮大，1930年8月，中共琼崖特委根据中共琼崖第四次代表大会的决定，在琼崖红军独立团的基础上，统一组编各县红军和赤卫队，在母瑞山正式成立琼崖工农红军独立师。9月初，经中华苏维埃第一次全国代表大会筹备委员会命名为中国工农红军第一独立师，并委任梁秉枢为独立师师长，杨学哲（后因杨学哲在海口被捕牺牲，由陈振亚接任）为政治委员，参谋长王天俊，政治部主任潘霖。后来这支革命队伍正式定名为中国工农红军第二独立师。独立师刚成立时，下设两个团，一个独立营，共14个连，1300多人，约900支枪。红一团由原独立团第一营和驻地赤卫队合编组成，陈海根为团长，徐清夏为政治委员；红二团由独立团第二营扩编而成，王文宇为团长，潘霖为政治委员（后为黄善藩）。同年秋，陵水红军第五连与起义的海军陆战队第五连合编为一个营，后又与独立营合编为红三团，调师参谋长王天骏任红三团团长，谢文川为政治委员。

独立师成立后，师部随特委、琼崖苏维埃机关迁往琼东县第四区平坦乡一带，以便统一指挥红军。根据中共琼崖特委"巩固老苏区、发展新苏区"，积极发展扩大红军和赤卫队的决定和要求，独立师对红军各团的任务和活动地区作出了部署：红一团在琼东、定安一带开展武装斗争，打击敌人，保卫和发展母瑞山、琼东革命根据地；红二团以琼山县羊山革命根据地为依托，在琼山、澄迈、临高等地，打击敌人，扩大红军和革命武装，建立苏维埃政权；红三团以万宁县六连岭为根据地，在乐会、万宁、陵水地区进行革命斗争，歼灭乐会、万宁交界地区一带的敌人据点，进一步巩固和发展乐万革命根据地。独立营驻扎在师部所在地琼东第四区。

红军独立师的建立，进一步壮大了党领导下的革命武装的力量，极大地增强了红军的战斗力，使琼崖武装斗争发展到一个新水平。红军相继发动了几次大战斗，有效地打击了反革命军队的势力，缴获了大批枪支弹药，扩大了党的影响，激发了琼崖广大革命群众的革命热情。正如琼崖苏维埃政府给中华苏维埃筹备委员会的报告所说"自师部成立后，作战极见进步，在每次作战中都表示很坚决勇敢的精神，故红军与敌人作战都占有许多的胜利"①。独立师军事上的胜利，有力地推动了琼崖第二次土地革命高潮的到来。到 1931 年底，琼崖红军独立师迅速发展到 2000 人，加上苏区各县、乡基干队、赤卫队，全琼有革命武装达七八千人。在琼崖特委领导下，中国工农红军第二独立师成为一支坚强的革命武装力量，琼崖的革命武装斗争进入了全盛时期。

随着红军队伍不断发展壮大，革命形势的发展，土地革命的深入，富有革命传统的琼崖妇女的革命热情迅速高涨。为了鼓励广大妇女更进一步参加革命斗争，满足她们参加红军、拿枪杀敌的迫切要求，中共琼崖特委根据革命形势发展的需要，决定组建女子军连。1931 年 3 月，中共琼崖特委先在乐会创建"乐会县赤色女子军"一个排，由乐会县委和县苏维埃政府直接指挥。消息传开后，乐会苏区又有数百名青年妇女报名参军，琼崖特委决定在原乐会县赤色女子军的基础上组建女子军特务连，正式划归红军三团建制。

1931 年 5 月 1 日，中国工农红军第二独立师第三团女子军特务连在乐会县第四区赤土乡内园村（今琼海市文市内园村）正式成立，这就是著名的"红色娘子军"。女子军特务连实行"三三"建制，全连三个排，每排三个班，每班十名战士。庞琼花（后冯增敏接任）任连长，王时香任指导员，冯增敏（后卢赛香接任）任一排长，庞学莲（后李昌香接任）任二排长，黄墩英（后曹家英接任）任三排长。全连 100 多人，除庶务、挑夫和小号兵是男性外，其余均为女性。琼崖工农红军女子军特务连是中国共产党领导下的工农红军的第一支女子军连队，也是琼崖自古以来第一支妇女武装队伍，标志着琼崖妇女解放斗争进入了一个崭新的阶段。从此，女子军的旗帜开始飘扬在琼崖红军的行列之中，从几千年封建礼教束缚下获得自由解放的琼崖妇女，也扬眉吐气、昂首挺胸地加入到解放琼崖的革命武装队伍之中。

琼崖红军女子军特务连成立以后，在红军师部派来的女教官王少梅的指导下，女战士们经过紧张艰苦的军事训练，极大地提高了军事素质，很

---

① 《琼崖土地革命战争史料选编》，1987 年，第 419 页。

快掌握了基本军事技能和杀敌本领。不久，她们就开始承担起执勤和战斗任务。当时红军师部给她们的主要任务是站岗放哨，保卫红军师部和苏维埃政府领导机关，看守犯人，必要时配合红军主力作战。由于敌人经常进犯，部队战事频繁，因而女子军特务连还多次配合红军主力作战甚至独立作战，相继参加过攻打文市、阳江、学道、中拜、分界等多次战斗，女子军声威大震。其中影响较大、战果显著的是沙帽岭伏击战。

1931 年 6 月，国民党乐万地区"剿共"总指挥陈贵苑，率所部几百人进驻乐会县中原镇，企图伺机进犯革命根据地。为了保卫革命根据地，歼灭这股来犯之敌，红军第三团主力部队大张声势，佯装转移，离开乐会向万宁县城进发。当晚，在夜色掩护下又悄悄回师埋伏于乐四区沙帽岭一带，布好口袋，准备围歼顽敌。敌人果然上当，陈贵苑获悉红军主力部队转移，只有女子军留守，认为偷袭革命根据地的时机已到，于是迫不及待地率领部队气势汹汹地扑来。琼崖女子军特务连奉令正面阻击敌人，担负诱敌深入的战斗任务。陈贵苑部不知是计，见红军阵地上全是女兵，认为根据地防务空虚，就只剩下这些女子军了，于是不顾一切地向前冲去。女子军一边沉着应战，一边按计划佯装"撤退"。敌人见状，得意忘形，以为女子军顶不住了，便紧追不舍，结果被女子军牵着鼻子引入了红军主力早已设下的包围圈。经过激烈战斗，歼敌 100 余人，缴获机枪 3 挺，长短枪 146 支，子弹 1000 多发，陈贵苑和敌中队长等 70 余人束手就擒，而红军和女子军连无一伤亡。这一仗使得女子军特务连的英名传遍了全岛。

琼崖红军女子军特务连在配合红军主力英勇杀敌的同时，还在平时积极配合当地苏维埃政府深入到各村开展革命宣传活动，是当时苏区一支十分活跃的宣传队和工作队。她们经常深入群众，进行宣传教育，启发群众觉悟，动员群众参加红军和赤卫队，还向民团家属做工作，宣传党的政策，通过家属做争取团丁的思想工作，动员团丁投奔革命队伍。不少团丁在家属的规劝下，纷纷携带武器加入革命队伍。如团丁王启孝在家属的教育下，不仅带着枪支逃出来参加革命，还带领女子军特务连和红军战士烧毁了敌人在阳江的一座炮楼。由于女子军特务连积极工作，经常受到上级嘉奖。冯白驹后来在回忆红色娘子军连的事迹时，十分动情地称赞道：当敌人来骚扰苏区时，"都被娘子军打得落花流水，惊惶逃命，且有被打死和被俘缴枪的。娘子军活动在苏区，和群众结合得很好，经常参加农业生产，帮助农民干各种农活，很得农民群众拥护。有一次，娘子军参加主力作战，打败敌军后，以连为单位计算缴获，娘子军还占第一位"。①

琼崖红军等革命武装力量的发展壮大，军事上的节节胜利，革命根据地的恢复和发展，各级苏维埃政权的广泛建立，极大地推动了琼崖土地革命的发展。琼崖第二次土地革命高潮再度兴起。这次土地革命高潮与第一次土地革命高潮相比有了新的发展，正如冯白驹后来回忆时所说："在海南来说，一九三〇年到一九三一年的革命斗争，比一九二七年到一九二八年的革命斗争更加深入。"②

首先，开展土地革命的区域有了很大程度的扩大，"这次斗争高潮是一九二七年到一九二八年海南人民革命斗争高潮的继续。这次斗争高潮中，不仅完全恢复了一九二七年到一九二八年斗争高潮中的工作地区，而且发展了新的苏区"。③ 经过红军"红五月攻势"后，曾一度停顿的乐会、万宁、琼东、陵水等革命老区的土地革命又相继恢复和发展起来，而且在定安、琼东、崖县、乐会六区、琼山、澄迈等新区都开展了轰轰烈烈的土地革命运动。

其次，加强了各级党组织和苏维埃政府对开展土地革命的领导，使土地革命更加有组织有步骤地进行。琼崖革命根据地各级党组织和苏维埃政府派出了大量干部奔赴各地指导土地革命工作，到各区乡宣传党组织和苏维埃政府关于土地革命的政策和开展土地革命的意义，广泛发动群众，深入开展工作。革命根据地的各区、乡在党组织和苏维埃政府领导下，建立了区、乡两级土地委员会，组织发动、宣传群众，调查登记人口，调查土地的面积、质量、灌溉条件等基本状况，制定土地分配的标准，及时处理土地分配中的问题，保证土地革命有组织有步骤地顺利进行。

再次，从实际出发，及时总结了土地革命中的经验教训，提高了土地革命的政策水平。中共琼崖特委对这次土地革命高度重视，从琼崖土地革命的实际出发，及时分析土地分配中的新情况，总结土地革命中的经验教训，解决土地分配中随时出现的具体问题，纠正土地革命中出现的偏差和失误，使土地革命沿着正确方向不断深入发展。

1931 年 3 月 26 日，琼崖第三次工农兵代表大会召开，通过了根据中华苏维埃颁布的《土地暂行法》而制定的琼崖《土地暂行法》。《土地暂

---

① 《冯白驹研究史料》，广东人民出版社 1988 年版，第 421—422 页。

② 同上书，第 422 页。

③ 同上书，第 419 页。

行法》规定凡属地主的土地，一律无代价的没收；没收反革命的富农的土地，没收富农出租的部分土地；没收祠堂、庙宇和教会的土地；对于受地主、富农欺骗、影响下的中农、贫农群众，不能与富农一样对待。中共琼崖特委和苏维埃政府在执行《土地暂行法》过程中，还根据琼崖实际情况，制定了若干具体政策，克服了过去土地革命中的某些不足，对于团结最大多数的农民参与和支持革命发挥了重大的作用，有效地保障了琼崖革命根据地土地革命的顺利进行。至 1932 年夏，从新区到老区，从东路到中路、西路，各个革命根据地都掀起了土地革命的高潮，呈现出一片繁荣兴旺的景象。琼崖革命根据地得到了进一步巩固和发展，成为琼崖武装斗争和土地革命的可靠依托，极大地促进了琼崖土地革命的深入发展。

　　1932 年 7 月，广东省国民党当局派旅长陈汉光部 3000 多人赴琼，向琼崖苏区和红军进行第二次"围剿"。陈汉光部登陆后，兵力分驻府城、海口、嘉积、定安等重要城镇，采取"军事政治并重，剿抚兼施"的方针，以"迅雷疾风"的手段和"先攻要点"、"重重包围"、"分进合击"、"各个击破"的战术，对各革命根据地进行大规模的"围剿"。① 琼崖革命形势急转直下。

　　当时琼崖红军仅有 1800 多人，且分散在琼崖的多个地区。其中红一团同红军师部、琼崖特委、琼苏政府一起驻扎在琼东四区根据地，红二团驻羊山根据地，红三团驻乐万根据地，红军行营指挥部驻澄迈二区、琼山十九区一带，母瑞山根据地驻有留守部队。中共琼崖特委针对严峻形势，召开紧急会议，号召各根据地军民英勇抗击国民党的反革命"围剿"，保卫根据地和苏维埃政权。

　　8 月 1 日，陈汉光部第三团团长彭智芳率领八九百人，进攻羊山革命根据地。由于敌我力量对比悬殊，红军被迫退入羊山深处，坚持战斗数天之后，伤亡惨重，不得不疏散隐蔽于琼山地区，羊山、儒郭山、儒万山苏区先后被占领。同时，陈汉光率领国民党军第一团主力和第二、第三团各一部共 1600 多人，围攻当时特委机关和苏维埃政府所在地琼东四区平坦村。王文宇带领根据地军民进行了英勇的抵抗之后，决定特委、琼崖苏维埃政府、红军师部和军政学校学员、红一团、女子军特务连突围向母瑞山

---

　　① 《国民革命军第一集团军警卫旅琼崖剿匪记》，转引自中共海南省委党史研究室编《红旗不倒——中共琼崖地方史》，中共党史出版社 1995 年版，第 178 页。

根据地转移，琼东平坦一带苏区被国民党军队占领。转移至东安的马鞍岭与国民党军遭遇，女子军特务连和红一营为掩护领导机关的安全转移，留下阻击敌人。女子军特务连第二班8位战士为掩护其他同志撤退，最后全部壮烈牺牲。

8月8日，国民党军集中4个多营的兵力，在飞机大炮的掩护下，向母瑞山根据地进攻。红军据险扼守，但寡不敌众，琼崖特委、琼崖苏维埃政府、红军师部和红一团被迫再次转移到定安第六区的东安一带。母瑞山根据地被占领。该地区的军械厂、后方医院、粮食加工厂等设施被全部焚毁，粮食物资被洗劫一空。8月11日，陈汉光又调集六个营的兵力"进剿"东路的乐万苏区，红三团、女子军特务连第二连和赤卫队奋起迎击，在文魁岭英勇抗击国民党军队的进攻。在敌众我寡的情况下，大部分红军战士阵亡，余部在赤卫队的配合下坚持斗争。

8月15日，国民党军队再次调集了4个营1500多人从四面围攻东安红军，东安军民在琼崖特委的领导下，与国民党军队进行了激烈的搏斗，红军伤亡惨重，主力几乎损失殆尽。为了保存实力，特委、琼崖苏维埃机关、警卫连、红军师部及红一团先后撤回母瑞山。陈汉光当即调集部队将母瑞山层层包围，严密封锁，在根据地四周修建碉堡炮楼，推行保甲制度，移民并村，将母瑞山变成"无人区"，企图断绝人民群众对红军的支援与接济。同时，还大搞各类"招抚"宣传，企图从政治上瓦解红军的思想。由于国民党军的重重封锁与分片搜山及进攻，红军的伤亡上升，粮弹缺乏，而且随着气候的逐渐转冷，处境变得越来越恶劣。在紧要关头，琼崖特委在母瑞山召开紧急会议，分析和研究了当时红军的处境和对策，决定由王文宇、冯国卿率领师部及红一团突围向乐会转移，以分散敌军的注意力，琼崖特委、琼崖苏维埃政府及警卫连，继续留在母瑞山坚持战斗。

10月，红军利用连日大雨、万泉河水暴涨的有利时机，成功突围。由于途中多次遭敌截击，红军损失较大，余部在师长王文宇的带领下，撤退至乐会中平仔一带与红三团会合。不久，国民党军队组织了对红军主力的第三次追击，陈汉光从母瑞山抽调两营兵力配合驻六连岭的军队，对乐万苏区组成了五六层包围圈，进行再次"围剿"。红军再次被严密封锁，与群众联系断绝，弹尽粮绝。红军或牺牲或被捕或失散，师政委冯国卿、红三团团长王德春、师参谋郭天亭、师长王文宇先后牺牲。

至1933年初，琼崖各块革命根据地先后被攻破，除冯白驹、符明经带领的特委、琼崖苏维埃机关和红军警卫连共 100 多人在母瑞山，以及分散在各地的少数红军指战员和部分党政干部就地坚持外，① 红军独立师解体，各级党组织和苏维埃政权遭到严重破坏。琼崖党组织与广东省委及中央失去了联系。琼崖红军的第二次反"围剿"斗争遭到失败，琼崖土地革命再次转入低潮。

琼崖革命进入了异常艰难的时期。特委书记冯白驹、苏维埃政府主席符明经等带领琼崖党政机关干部和红军指战员共 100 多人，在母瑞山的密林深处坚持斗争。

首先，在思想上，克服沮丧心理，坚定理想信念。由于反"围剿"斗争的失败，琼崖各根据地和红军均遭到摧残，部分同志心情沉重，信心不强。冯白驹鼓励大家坚定信心，坚持到底。在非常艰难的岁月里，这个坚强的团体在国民党军的重重包围下，胸怀崇高的共产主义理想，始终保持坚定与乐观的革命情操，每天上午坚持生产，下午组织学习和练兵，晚上搞文艺活动，不论条件如何艰巨，环境如何恶劣，在 8 个多月的艰难岁月里，没有一个人逃跑，没有一个人叛变。他们紧握革命红旗，一直坚持到最后突围。

其次，在生活上，克服缺衣少粮的困难，艰苦奋斗，自力更生。母瑞山革命根据地在多次被陈汉光部残酷"围剿"后，各类基本设施几乎荡然无存。在国民党军队的严密封锁下，母瑞山地区的粮食严重短缺。冯白驹等初进山时，每人每天还能分到一个拳头大小的饭团，后来随着封锁的加固与时间的无限期加长，只能喝一点锅巴煮的清汤，粮食供应成了致命的问题。他们绝大多数的日子只能靠挖野菜、拾野果充饥，有时也趁敌军未搜山之机，摸鱼虾、捞青苔和浮萍、掏鸟窝、采野菜、折竹笋等充饥。山中有一种叫作假茼蒿的野叶，叶嫩柄脆，外形有些类似菠菜。他们就以这种野菜为基本口粮，该野菜也被称为"革命菜"。在如此艰苦的岁月里，母瑞山坚持战斗的同志始终能做到团结互助，谦虚友爱。每次在分粥的时候，冯白驹总是逐个检查，等到每个人分到了一碗，他自己才吃。如果不够，他就自己带头另煮些野菜，而将粥让给伤病人员。冯白驹的这种带头吃苦、关心部下的精神，令大家十分感动，并亲切地叫他"冯同

---

① 参见《红旗不倒——中共琼崖地方史》（冯白驹口述，吴之整理），《红旗飘飘》1957年第 3 期。

志"。①

冯白驹等居无定所，经常流动转移，或睡山坑石洞，或睡密林野谷。夏天，遭受日晒雨淋蚊虫叮咬，酷热难解；冬天，寒风刺骨，冷气逼人，湿冷难耐。战士们几乎找不到一块干燥的地方歇脚，身上衣服破烂不堪，个个冻得浑身发紫。夜里，寒冷与潮湿让人难以入睡，他们就拢到一起，烧上火，将芭蕉叶烤热当草席铺，当被盖。火柴没有了，就学古人，钻木取火，并设法保存火种。由于国民党军的重重封锁与不停搜剿、袭击，有战士在战斗中牺牲，外加饥饿、疾病的折磨，非战斗减员也较为严重，1933 年初母瑞山 100 多人的队伍，到年底就只剩下冯白驹、符明经、王业熹等 26 人了。

再次，寻找各地党组织，重燃革命烈火。为改变母瑞山的干部战士与外界隔绝的被动局面，将各地残存的红军力量和党组织有效地组织起来，以备将来的发展，琼崖特委决定派少数同志分批下山了解情况，搜集失散人员，与各地党组织取得联系，重新点燃革命的烈火。特委先后派出四批同志下山，前三批下山的同志不是在半路被敌人截击牺牲，就是下山后被坏人告密而被捕殉难。第四批同志下山后，成功潜回琼山，并顺利找到了琼文县委，但因环境恶劣，无法返回母瑞山。

在琼崖革命的领导核心坚持战斗的同时，琼崖各地的党政军干部和红军战士也在以各种形式继续坚持斗争。在乐万地区，特委委员王白伦不畏周围白色恐怖的威胁，秘密联络同志恢复组织的工作。他在周围群众的掩护下，潜往六连岭地区，同坚持在六连岭地区战斗的肖焕辉以及在乐万地区坚持斗争的红三团政委冯甲取得了联系，成立了乐万临委，统一领导乐万地区的革命斗争。在琼文地区，县委书记黎民、县委委员冯安全、红二团连长朱运泽率领部分党政干部和一个短枪班，依靠广大群众的支持和配合，一方面打杀国民党反动派，没收豪绅地主的财物接济群众；另一方面，联系失散同志，恢复党的组织。到 1933 年初，黎民等人恢复了湖头、坡折坡等村庄的一批基层党组织，惩处了一些罪大恶极的反动分子。在陵崖地区，张开泰在仲田岭周围领导军民继续坚持战斗，收集失散的红军指战员，同时派林诗耀到崖西区委同林克泽等取得联系。后因陈汉光与王鸣亚部的"围剿"，为了保存实力，1933 年初，中共陵崖县委将仲田岭党政

---

① 参见琼崖武装斗争史办公室编《琼崖纵队史》，广东人民出版社 1986 年版，第 70 页。

军人员分批转移至崖西，会同崖西红军游击队组建了崖西红军第五连。红五连在崖西县委的领导下，以尖峰岭为据点，在琼崖西南一带开展武装斗争，并逐渐恢复了藤桥、仲田岭一带的革命活动。陵崖县委与红五连在极其艰苦的环境中自力更生，顽强地坚持战斗至1933年底。最后，为了保存实力，县委决定化整为零，分散革命队伍，潜伏在陵水的多个地区，以职业为掩护，坚持革命斗争。1934年，张开泰、林诗耀分别在陵水县和海口市以教师身份为掩护，开展秘密的联络活动。此外，在琼东县、文昌县、定安、儋县等地区，一些党政军干部和红军战士也在坚持战斗，开展各种革命斗争。

可见，在琼崖革命遭受严重挫折的困难时期，无论是以冯白驹为首的特委领导还是各地的党政军干部，为保卫革命根据地，恢复革命力量，都始终在各自的岗位上坚持战斗。琼崖人民不畏牺牲，在极其险恶的环境下，为红军偷运粮食、传递情报、探听消息、掩护伤员等，为琼崖革命作出了巨大的贡献。

1933年1月下旬，在母瑞山坚持战斗的琼崖特委决定伺机突围下山，重新打开革命局面。1933年春节期间，这支26人的革命队伍趁国民党军队疏于防备的机会，成功转进澄迈县第二区。在到达目的地之后，冯白驹派女炊事员李月凤进村联系，但因坏人告密，她不幸被捕而惨遭杀害。为了避免陷入敌人重围，冯白驹带领队伍重返母瑞山。返回母瑞山后，特委总结了经验，经过慎重的研究和考虑，认为琼山是革命老区，群众基础好，又是冯白驹的故乡，易于开展工作，决定转移到琼山。4月，冯白驹带领其余24人再次潜行下山，经过3天3夜的昼伏夜行，回到了琼山县大山乡长泰村。随后，特委与琼文县委取得了联系，并与坚持在琼文地区斗争的黎民、冯安全、朱运泽、刘秋菊和先期从母瑞山回来的冯健亚、李汉等人在琼文胜利会合。

琼崖特委回到琼文后，为了加强党组织的领导作用，决定增补黎民、朱运泽为特委委员，与特委书记冯白驹、特委委员王白伦、符明经组成琼崖特委领导核心。6月，特委在琼文县塔市乡茂山村召开了临时会议，总结了第二次反"围剿"失败的教训，分析了当前的形势，强调当前的紧要任务是一方面应尽快与上级取得联系，另一方面分头到各地寻找分散的同志，恢复党的组织和红军队伍，开展武装斗争。为此，会议决定派出交通员到香港、上海等地寻找省委和党中央。同时还做出四项决定：第一，以母瑞山下来的红军和在琼文的红军为骨干，编成四个红军游击小组，分散到各县活动，寻找失散在各地的同志，恢复党的组织，并伺机打击敌人；第二，组织琼崖西南临时工作委员会，恢复和新建西南各县党组织，使全琼革命斗争平衡发展；第三，冯白驹留在琼文，以琼文为中心，既负责领导全琼党组织和武装斗争的恢复，发展工作，又直接领导琼文县委，开展琼文地区的革命斗争；第四，在进行恢复工作过程中，应注意在群众中组织武装队伍，积极开展武装斗争，主动袭击区乡反动武装。①

琼崖特委临时会议以后，中共琼文地方组织在人民群众的帮助下首先恢复起来。1933 年底，琼文县恢复了一批区、乡基层党组织。到 1934 年底，琼文县先后恢复和建立了 3 个区委和 30 多个党支部。琼崖其他地区的组织工作也陆续恢复起来。

1936 年 5 月，为了适应形势发展的需要，更好地推动革命运动的发展，冯白驹在琼山县演丰乡锦山村主持召开了中共琼崖特委第四届五次会议，主要讨论了进一步充实健全特委的领导机构问题，选举产生了新的特委领导机构，除原特委成员冯白驹、王白伦、朱运泽等继续当选外，补选了黄魂、肖焕辉、黄一清、陈根为特委委员。冯白驹、王白伦、黄魂被任命为常委，冯白驹继续担任特委书记。② 会议决定成立琼崖红军游击队司令部，下辖 7 个支队，朱运泽任司令，王白伦为政治委员。这次会议的召开，强化了琼崖特委的领导力量，成立了全琼统一的武装斗争指挥机关，为琼崖党组织和红军的进一步恢复和发展创造了条件。

琼崖特委在四届五次会议后，鉴于日本帝国主义加紧侵华的形势，根据中共中央提出的抗日民族统一战线政策，开始大力开展抗日救亡运动。1937 年 2 月，中共中央向国民党中央提出五项要求四项保证，抗日民族统一战线初步形成以后，琼崖特委向琼崖国民党当局提出了进行谈判，共同抗日的倡议，努力推动抗日民族统一战线在琼崖的实现。

至 1937 年 7 月，琼崖 13 个县已恢复和建立了 7 个县委、3 个县工委和西南临委，党员 600 人。全琼建立了乡一级的群众组织——武装自卫委员会 350 个左右，人数 2500 余人。自卫委员会下还编成年、青年、儿童、妇女等队。建立了琼崖红军游击队，有队员 60 人，并组织了"在业红

---

① 琼崖武装斗争史办公室编：《琼崖纵队史》，广东人民出版社 1986 年版，第 77 页。

② 中共广东省委党史资料征集委员会编：《琼崖抗日斗争史料选编》，1986 年，第 44 页。

军"① 200 人。各革命根据地普遍恢复起来。琼崖特委也与中共南方临时工作委员会取得了联系，重新得到中央与上级党委的直接领导。

琼崖革命在经历了第二次反"围剿"失败的低迷期后，通过琼崖共产党人和广大军民的不懈努力，终于开辟了革命的新局面，也为琼崖党组织领导琼崖人民投入伟大的抗日战争，做了组织上、军事上和思想上的准备。

土地革命战争是琼崖革命史上的一个重要时期。这一时期，面对国民党反动派的血腥镇压，琼崖共产党人和革命群众拿起武器，建立革命军队，开展武装反抗国民党反动统治的斗争。在残酷的阶级搏斗中，琼崖共产党人深入敌人力量相对薄弱的农村和山区，实行工农武装割据，将土地革命、武装斗争和根据地建设紧密结合起来，两次掀起土地革命战争的高潮，沉重打击了封建地主阶级，动摇了国民党在琼崖的政治统治。在革命斗争中，受当时中共中央和广东省委"左"倾错误的影响，革命事业两度遭到严重损失，革命道路出现了严重曲折。但是，琼崖共产党人在挫折和逆境中逐渐形成了比较稳定的领导核心，从失败的教训中汲取革命智慧，逐步将马克思主义普遍真理与琼崖实际结合起来，开始创造性地解决革命中的困难和问题，胜利地实现了从国内革命战争向抗日民族战争的转变。

---

① "在业红军"不脱离生产，平时进行秘密的政治军事训练，战斗时参加红军游击队的行动。

第五章 共御外侮

——日军侵琼与琼崖国共合作

1937年7月7日，卢沟桥事变爆发，日本全面发动了蓄谋已久的侵华战争。1939年2月，日军入侵海南岛。面对民族危亡，琼崖国共两党捐弃前嫌，合作抗日。但由于国内外形势的变化，琼崖国民党当局后来逐渐采取消极抗日，积极反共的政策，使琼崖抗日民族统一战线内部的斗争日趋激烈。

一、琼崖沦陷：日军侵琼及其残暴统治

海南岛位于我国的最南端，其北部是深峡的琼州海峡，与雷州半岛遥遥相望；西部是宽阔的北部湾，与越南相邻；其东部和南部的浩瀚的南中国海上，环列由我国的南海诸岛、菲律宾、马来西亚、印度尼西亚和文莱等国家。如此特殊的地理位置，决定了它在国防上的特殊战略位置。它是祖国南方前哨，既可控制南海交通要冲，又能扼两广出入咽喉；既是我国南部海疆的要塞，又是我国与东太平洋上各国家联系的枢纽；与台湾岛一样，它也是我国在太平洋地区一艘永不沉没的"航空母舰"，具有十分重要的战略地位。

1938年10月日军占领武汉后，因军力不足、军需、后勤供给不足和政治上的孤立等问题凸显，被迫转入对华的持久战。占领海南岛被提到了日军的议事日程上来。如占领海南岛，可以把它作为日方对华南航空作战及封锁作战基地（当时日军只是在台湾地区的三灶岛设有航空作战基地），同时也使日军获得向西太平洋扩展的根据地。早在1938年4月，日本海军就在台湾总督府设立海军武官府，研究南进政策及有关计划。同年9月，以台湾总督府名义拟定《南方外地统治组织扩充强化方策》及《海南岛处理方针》等文件，把占领海南岛和控制东沙群岛、西沙群岛、

南沙群岛密切联系起来，同时计划向西南太平洋侵略扩张，建设所谓的"新东亚"。

日军同时也垂涎海南岛丰富的资源。在日军决定攻占广州的御前会议上，日本大本营制订的攻占海南岛的作战计划中，关于海南岛的战略价值，日军认为，海南岛除具有作为"对华南航空作战及封锁作战基地"，"切断河内和缅甸援蒋通道"、"向南方扩展的根据地"等军事价值外，该岛还是"天然资源宝库"，特别是"世界良质铁矿（含铁量57%）"，是"建造舰艇用最好的钢材原料"，具有经济战略价值。早在20世纪初期开始，日方就开始利用各种机会对海南岛进行矿产资源调查，并多方窃取海南有关资料，在入侵以前就针对海南岛的地形地貌进行了整理、印刷及出版。日本海军派遣的胜间田善于1926年根据海南岛各县政府绘制的地图，绘制出海口市地图和海南岛地图，其中将中国军队在海南修成而尚未使用的地下工事和仓库等标注得一清二楚。当时的日本东亚地理调查会的《实用海南岛指南》在介绍海南岛时使用了这样的语句："海南岛气候温暖，完全是天惠的土地，极适于陆地植物的生长。在山岭高原分布着原始森林，漫山遍野出产良材巨木，平原广阔，河流纵横，沃野千里，雨量润泽，出产各种各样的农业林业产品。其种类比台湾犹多，拥有无穷的地上资源，简直是大东亚共荣圈内的天然大农场。"同时，还有大量关于海南岛资源、矿产分布的书籍出现。日军在占领海南之后，就立即印刷出版了台湾总督府调查课编的厚达640页的《海南岛》、南支调查会编写的《海南岛读本》等许多书籍，供侵略军和日本株式会社参考。其中，矿产资源分布资料包含了金矿、银矿、铜矿、铁矿、锡矿、铅矿、亚铅矿、硅石矿、石灰石矿、水晶石矿等各种矿藏的储量、品位以及详细到村级的分布地点。例如对田独铁矿的描述是"位于崖县三亚红泥岭靠近榆林港的田独村，品位优质，且水运便利，经营条件好"。可见，占领海南岛于日方而言，亦是重大的经济收益。

1939年1月13日，日本御前会议经过周密研究，最后做出了攻占海南岛的决定。19日，大本营陆军部向驻扎广州的陆军第21军下达了与海军第五舰队协同攻占海南岛的命令。2月8日，日军进入澄迈湾。次日，派出船只将天尾村至荣山寮之间附近海域的渔业生产设施全部毁掉，做好了登陆的一切准备。

进攻海南岛前，日军兵力有所调整。日本进攻海南岛的部队，陆军为饭田祥二郎少将指挥的台湾混成旅团，辖步兵 2 个联队和 1 个山炮联队，海军为近藤信竹中将指挥的第五舰队。中国方面，当时海南岛的守备力量相当薄弱，计有 1 个旅，旅长由海南岛守备司令王毅兼任，下辖 2 个保安团，1 个独立大队，新编守备部队 7 个营，以及部分炮台守备队，共 3900 余人。①

2 月 10 日凌晨，日军"台湾混成旅团"在海军第五舰队的掩护下，在琼山县的天尾港登陆。国民党爱国官兵虽然进行了英勇抵抗，但因寡不敌众，未能有效抵抗日军攻击。日军登陆后分左右两路向海口、府城进攻，其左翼部队轻易地击溃了大英山的国民党警备部队，10 日正午占领了海口。其右翼部队则击退在府城甘蔗园一带的国民党守军，占领了府城。2 月 13 日，日海军第五舰队载着海军陆战队 3 个大队约 2550 人，从琼州海峡的深海湾出发，14 日拂晓抵达三亚港外。驻守榆林、三亚地区的国民党壮丁常备队王醒亚部和警察中队，在日军登陆时开枪阻击，但日军炮火猛烈，警察中队全军覆没，壮丁常备队伤亡惨重。② 当日中午，日军占领三亚、榆林、崖城。2 月下旬，日军攻占了定安、文昌县城，并派出了数十架飞机轮番轰炸东路交通干线沿途城市。4 月中旬，嘉积、琼东、乐会及周边主要城镇全被日军占领。

日军侵占海南岛后，为将海南变成其轰炸两广和进攻东南亚的跳板，加大其在海南岛的驻军，并加紧在琼的海军和空军基地建设，实行残暴的法西斯统治，给琼崖人民带来了深重的灾难。

第一，在政治上，建立傀儡政权，对琼崖人民进行严密的政治控制。

日军侵入海南岛后，为迅速地稳固其统治，在海口成立了由日本陆军、海军和外务省派遣机关组成的"现地三省联席会议"，作为日本处理琼崖全部政务的最高机关，同时采取以琼治琼的策略，着手成立傀儡组织。1939 年 4 月 1 日，成立了"海南岛维新俱乐部"，主要讨论统治琼崖的问题。6 月 22 日，"海南岛维新俱乐部"召开第五次全体会议，经詹松年、吴直夫、林曜李等人提议，成立了由詹松年等 17 人所组成的"琼崖各县民众代表大会筹备委员会"。7 月 14 日，在海口召开"琼崖各县民众代表大会"，决定设立"琼崖临时政府政务委员会"，赵士恒、吴直夫、詹松年等 9 人被推选

---

① 王辅：《日军侵华战争》第 2 册，辽宁人民出版社 1990 年版，第 1116—1117 页。
② 中共三亚市委党史研究室编：《崖县革命史》，中共党史出版社 1995 年版，第 92 页。

为政务委员会委员。17 日，日本卵翼下的琼崖傀儡政权——"琼崖临时政府"宣告成立。到 1941 年，在日本占领区，各县市自治政府、治安维持会、男女防共青年团、民众自卫队等伪组织也先后成立。

日军卵翼下的治安维持会可以分为"海口市治安维持会"、"琼山县治安维持会"、"地区治安维持会"三种类型。"治安维持会"的主要任务包括：①讨伐和剿灭国民党在海南岛上的军队；②讨伐岛上的共产党游击队；③严格调查和取缔民间收藏的武器；④与武力工作相并行，开始政治工作，防止居民的动摇，控制居民的思想，以求统治的彻底。其中，海口市和琼山县的治安维持会就是为治安工作而设置，而地区性的治安维持会还与当地的日本军队相互配合，担当部分宣传工作。

日伪在琼崖实行保甲制。编十户为一甲，十甲为一保，派有保长和甲长。在保甲制中，采取连坐、限制人身自由等办法进行统治，十家连保，一人反日、十家受罚。还没收民间铁器，五户共用一把菜刀。夜间不允许三五成群座谈，外出外来的人要向保甲长报告登记，如不报告，当作充匪、窝匪论处。在伪维持会下还拼组了伪自卫军，作为统治和奴役老百姓的工具。伪自卫军的人数多少依据点所辖范围大小而定，大据点有四五十人，小据点有二三十人。

通过保甲制，日军加强了对琼崖人民户籍、身份和流动的控制。在城市，他们勒令市民在大门门楣上方一律悬挂一块大木牌，牌上用毛笔写上各户户主及其全体成员的关系、姓名、性别、年龄等，以便突击抽查时易于发现与查出外来陌生人，在农村则进行挨家挨户的户口登记。同时，日军还迫使占领区的居民领取良民证。所谓良民证是一张约半个信封大小的薄纸或薄布，上面写有姓名、性别、年龄，依次证明 10 个手指纹是螺旋与否，或者是有持证人的脸部特征。良民证必须随身携带，只要发现不带良民证的成年人，就当作是国民党的兵士和人员或共产党的人员抓起来，即使不杀也要毒打一顿。例如，1943 年 5 月 13 日，日军在白沙县可任乡的什拢村，发现村民董礼让身上没有良民证，便把他抓到可任据点进行残酷的折磨。先放狼狗咬，后将他捆在板凳上用电击，最后用刺刀乱割，直到他身上没有一块完整的肉才将他杀死。[①] 良民证同时也是日军征发民工

①　符和积主编：《铁蹄下的腥风血雨——日军侵琼暴行实录》（续），海南出版社 1996 年版，第 350 页。

去参加苦役，或进行经济盘剥的摊派标准。沦陷区人民负担着繁重的劳役，如建碉堡、修公路，据点周围的整理和打扫等。大量劳工因工作的辛苦、劳累、饥饿或传染流行病而死亡。

第二，在经济上，在琼崖进行大量资源调查和疯狂的经济掠夺。

经济掠夺是日军侵占海南岛的重要目的。占领海南岛后，日军立即从日本和台湾派来专家对岛内各种资源进行调查，对有可能筹办日本国防资源中急需要的事业者，发出现地筹办事业的指令。1939 年，准备进入海南岛的日本企业主要集中在矿业、农林业、渔业、畜产业等行业，共 13 家。到 1940 年，日本进入海南岛各个产业部门的企业激增，其中，矿业方面达到 5 家，农林业方面达到 33 家，畜产业方面上升到 3 家，渔业方面增加为 4 家，其他各项事业方面的企业约达到 30 家。①

海南岛有着丰富的矿产资源。日本海军特务部北浦大佐率领工程技术人员除对已有的石碌铁矿扩大勘测外，又发现了高品质的田独铁矿。为了掠夺琼崖煤铁资源，日军抓紧修筑矿山铁路和八所、榆林两港，并从日本、朝鲜及台湾等地区引进一批管理和技术人员。同时从大陆和朝鲜欺骗、强征了一批劳工，分 68 批 2.5 万余人上岛，加上从岛内强征的劳工，总计 4 万多人来"开发"海南。这些劳工每天必须干 14 小时的重活，每人每天必须挖矿石 8 吨，完不成任务便遭到毒打。这些劳工由于工作环境恶劣、工作强度过大，大多死于非命。据不完全统计，1944 年 5 月，田独的工人有 7940 人，到 12 月仅存 5729 人。1945 年 1 月有工人 4039 人，到 8 月仅存 1713 人。② 田独铁矿由日本"石原株式会社"负责开发，从 1940 年投产到 1944 年，共开采出优质铁矿石 269 万吨，有 268.8 万吨被掠运回日本。③ 石碌铁矿从 1940 年 10 月开始开采到 1944 年，日本方面共掠走优质铁矿石近 1000 万吨。

此外，日军在占领后强制民众使用"军票"。所谓"军票"，正面有图案，印有"大日本帝国军用手票"字样，背面全是条文，如"此票一到即换正式日本通货"、"不得抗拒使用"、"如发现伪造，一经查出，一律严惩不贷"等。票面金额有拾元、伍元、伍角、贰角、壹角等 5 种。

---

① 王伯符编译：《日本侵略者在琼岛垂死挣扎》，《琼岛星火》第 14 期，第 214 页。

② 符和积主编：《铁蹄下的腥风血雨——日军侵琼暴行实录》（下），海南出版社 1995 年版，第 431 页。

③ 黄怀兴、何擎国：《田独万人坑》，《三亚文史》第 2 辑，1990 年 6 月。

除辅币铜仙以外，停止其他一切货币在市面上流通。虽然军票在使用初期币值比较稳定，但是很快就出现了通货膨胀。至战争后期，日军大量发行，其币值急剧下降，物价飞涨。日军也由此榨取了琼崖人民的大量财富。

第三，在文化上，在琼崖推行奴化教育，进行文化侵略。

日军占领海南岛后，为使琼崖人民忘记中华民族的历史文化与传统，推行奴化教育。首先是组织和开展大规模的日语教育。在占领海口之初，由日本军队的士兵为老师，设立了五个教授"太阳旗、你好"的日语学校。日军在初步稳固了在海南岛的统治之后，由日本军方组织的大规模的日语教育在琼崖全面展开。在陵水、保亭、东方、定安、临高、乐东等县，封闭了原有的学校，强行重组，更改国民政府原有的教育体系和培养方案，废弃原有的教材，开办由日本人当校长的日语学校，如在临高县，凡是被日军侵占的乡镇都建有日语学校，日军开办的日语学校均由日本人担任校长、教师。又如在陵水县城创办的日语学校，校长上野，副校长竹井收藏，教师有中山中雄、大武利雄、阿津川俊宏等人。强制中国学生学习日语，使中国文化教育事业遭到严重破坏。1939 年春，日军在海南岛设立日华佛教会，由日本的东西本愿寺、曹洞宗、日莲宗和中国的大佛寺、六榕寺、华林寺、海童寺组成，在中国各寺设立日本语学校，各寺合计有学生 120—130 名。1940 年 6 月 5 日，日本人在海口设立日本语学校，称为大龙日语学校，学生 430 名。为了解决日语教育的教材、师资问题，1940 年，台湾总督府"将本府编辑的日语教材约一万部及其他教学用挂图赠给他们，以作为在所经营的日语学校使用"。① 次年，又派遣了视学官 1 名及教师 30 名。

日军强制中国人在日语学校学习日语，目的是灌输奴化思想。琼崖小学课程有日语、国语（即语文）、算术、音乐、体育、劳动，高年级增设自然和地理，但没有历史课，其中日语、体育、劳动这三科的老师必须是日本人。日语课是主课，每周课程的节数最多，教学的主要内容为"中日亲善"、"中日合作，共同提携"、"中日同文同种"等。而上体育、劳动课时，日本老师非常严厉，经常对学生实行残酷的体罚。此外，学校还

① 参见台湾总督府编《台湾总督府事务成绩提要·昭和十五年度》，台湾成文出版社 1985 年版，第 806 页。

要求学生进行集体体罚，责令学生互相面对面站立，彼此互相掌嘴，双方最初往往是轻打，以后则因为报复心理而越打越重，而日本老师在旁"欣赏"。其目的，一方面在于剥夺学生的反抗精神，只要求中国人有强壮的体格和埋头苦干的习惯，另一方面在于削弱中国人之间的信任感和团结度，以利于其对琼崖的殖民统治。

日军在琼崖除了日语教育，还十分注意舆论宣传。1939 年 2 月 13 日，日军创办《海南讯报》，发行中文日报及月刊等，后来创办了《海南新闻》。1943 年，《海南新闻》与《海南讯报》合并，委托日本每日新闻社来经营。为了粉饰太平，压制民众的反抗意识及维持治安，日军除了利用报纸，还利用标语楹联、传单、壁画、口头宣传、电影等手段，进行奴化教育活动。

第四，在社会管理上，对琼崖人民进行残酷的镇压和虐待。

日军所到之处，丧尽人性天良，杀戮奸淫处处皆有，血案惨案触目惊心，家破人亡、村毁人绝的现象比比皆是。仅在琼东和乐会地区，在日本占领的 6 年多时间里，被日军杀害的无辜群众多达 13112 人，被烧毁的民房 2882 间，被烧毁渔船 130 艘（吨位近 3000 吨），被掠夺财产价值 290 万元。[①] 日军经常以"莫须有"的罪名加害百姓，制造恐怖氛围。一位商人和友人在茶店喝茶时，受朋友的委托带一信件给友人的知己，日本宪兵进店突袭搜查，在这位商人身上搜到了这封信，仅因这封信里有"申本人"（申系人名）三个字，日本宪兵将这三个字解释为"杀日本人"（"申"字中间的一竖把"日"字劈开，是"杀日"之意），将他拷打致死。[②]

在日军的铁蹄之下，琼崖少数民族群众也受尽了折磨。1939 年 2 月 25 日，一支日军从崖城开赴保临地区"扫荡"，在临高村杀死民众 30 多人。3 月下旬，日军在乐罗第二高级小学校酸梅树上的太阳旗被人拔掉，他们因此将乐罗村视为"共产党窝"，认为抗日分子聚集其中。4 月 7 日深夜，日军派出 200 多人突然包围乐罗村，善良的乐罗村民们在酣睡声中听到枪声，惊慌失措，赶快往村外跑，结果被日军开枪扫射，140 多名无辜群众惨遭杀害。有 10 多个青年被拉到村外砍掉脑袋。村民周连杰之妻

---

① 参见符和积主编《铁蹄下的腥风血雨——日军侵琼暴行实录》（上），海南出版社 1995 年版，第 119 页。

② 同上书，第 6 页。

颜氏有孕在身，被日军抓住强奸以后剖腹取胎，惨不忍睹。敌人践踏了乐罗村后，继而进兵抱旺村，在该村又残杀了十多名群众，烧毁民房几十间，将大批财物劫走。1940 年下半年，日军占领保亭县城后，对黎族地区各村庄进行清剿，强迫、引诱逃进山里面去的黎族同胞出来当"顺民"，不服者格杀勿论。在日军的统治下，保亭黎族人民处于水深火热之中。日军在侵犯南圣村时，抓到村民百余名，令其排成队。每人挖一六尺深坑，强迫第二人埋第一人，第三人埋第二人，依次活埋，无一幸免，制造了震惊琼崖的"南圣大屠杀事件"。

在日军的铁蹄之下，大批琼崖妇女被强征、强抓进各地的慰安所，为日军提供性服务、充当性奴隶。每个慰安所的慰安妇，少的 10 人，一般为 30 多人，而规模大的有 100 多人。在鼎盛时期，那大市有慰安妇 150 人，感恩县八所市的慰安妇有 200 多人，昌江县 3 个慰安所多达 400 余人。[①] 据估计，在日军占领海南岛期间，先后有近万名当地妇女被逼充当慰安妇。慰安妇的生活是十分悲惨的，每天慰安的时间大都无统一和明确的规定，有的几乎是全天 24 小时待命，日军随到随服务。她们没有任何自由，也没有反抗的权力。因为每天长时间遭受性奴役，许多慰安妇百病缠身，身心受到严重摧残，其中不少人被残酷杀害。

据不完全统计，在 6 年多的琼岛沦陷期间，日本帝国主义杀害琼崖抗日民众达 20 多万人，烧毁房屋 5.9 万余间。[②] 关于日军杀害琼崖抗日民众的人数，据邱岳宋的《海南抗战回忆》，有 40 余万人。日军在海南岛制造了大量的惨案、血案、"百人墓"、"千人坑"、"万人坑"和"无人区"。据《铁蹄下的腥风血雨——日军侵琼暴行实录》中的粗略统计，日军在琼崖制造"千人墓"、"百人墓"、"千人坑"、"万人坑"等 183 个，"无人村" 476 个，惨案、血案 183 起。

日本帝国主义的侵略，给琼崖人民造成了巨大的灾难，同时也激起了琼崖人民的无比义愤。日军残暴统治不但没有削弱琼崖人民的抗日信心和意志，相反，琼崖人民更加坚强起来，毅然投入到反抗日本帝国主义侵略的战争中，这为琼崖抗日民族统一战线的巩固和扩大提供了强大的群众基础。

---

① 参见苏智良《慰安妇研究》，上海书店出版社 1999 年版，第 153 页。
② 参见符和积主编《铁蹄下的腥风血雨——日军侵琼暴行实录》（上），海南出版社 1995 年版，第 3 页。

二、共赴国难：琼崖国共合作抗战局面的形成

日本帝国主义发动的图谋灭亡中国的侵略战争，威胁了中华民族的生存，迫使国共两党由对立走向合作。1937 年 9 月 22 日，国民党中央通讯社发表《中共中央为公布国共合作宣言》。次日，蒋介石发表《对中国共产党宣言的谈话》，提出了团结御侮的必要，并在事实上承认了中国共产党的合法地位。至此，第二次国共合作形成，抗日民族统一战线正式建立。

在第二次国共合作形成前后，中共琼崖特委积极响应中央关于建立抗日民族统一战线和放手发动群众，实行全民族抗战的号召，一方面在全琼范围内领导人民开展声势浩大的抗日救亡运动，另一方面根据中共南方临时工作委员会的指示，实事求是地分析当时海南岛岛情，认清了日本侵略者侵琼的必然性和紧迫性，主动给琼崖国民党当局写信，提出了停止内战、共同抗日的要求并就此举行谈判的倡议。琼崖共产党人提出的抗日民族统一战线的政策和全民抗日的主张是符合琼崖各界人民的根本利益的，因而得到了广大工人、农民、城市小资产阶级、民族资产阶级乃至地主阶级中的开明绅士和海外华侨的热烈拥护，促使琼崖掀起了抗日救亡运动的高潮。

在全民族抗日战争的新形势下，为了提高共产党员对抗日战争中的路线、方针、政策的认识，中共琼崖特委出版了《救亡呼声》（后改为《新琼崖》）、《党团生活》、《布尔什维克》和《救亡旬刊》等杂志。琼山县县委书记朱克平、振中区委书记林茂森都在三江圩集市时间向群众公开演说。临高县长吴宗泰受琼崖共产党及其在延安抗大学习的胞弟吴宗汉的影响，安排共产党员担任 3 个区的区长和 23 个乡的乡长（全县共 3 个区 33 个乡），使全县抗日救亡运动轰轰烈烈地开展起来。在外求学的琼籍学生与琼崖中小学校的爱国师生，在中共琼崖特委的影响、领导下，也组织抗日救亡宣传队、剧社、剧团等，广泛开展抗日救亡宣传活动。1938 年，中共琼崖特委提出"动员全琼人民，组织武装起来，保卫琼崖"的口号，不少县市的国民党爱国人士也从团结抗日的大局出发，积极响应。如国民党文昌县县长曾文田赞赏共产党团结抗日的主张，对宣传活动给予支持。感恩县国民党党部特派员史丹，以演说、谈心等方式，大力宣传团结抗日

的主张。他亲自带领抗日救亡宣传队上街头宣传，支持胞弟史中坚资助共产党人马白山开办"时代书报社"，并把他创办的琼海中学琼西分校变成培养抗日骨干的学校。琼崖抗日救亡运动的发展和琼崖国共两党基层人员的合作，推动了琼崖国共合作抗日局面的形成。

1938 年 10 月 21 日，广州失陷，琼崖失去屏障，形势危急。中共琼崖特委书记冯白驹在同琼崖国民党代表谈判时，在坚持独立自主原则的前提下，对琼崖红军改编问题做了一些必要的让步。22 日，琼崖国共双方达成合作抗日的协议。其主要内容是：①琼崖国共合作的根本目的是抗日；②琼崖红军改编为"广东民众抗日自卫团第十四区独立队"，在政治上、组织上保持独立自主；③独立队为一个大队建制，下辖三个中队，冯白驹任独立队队长，独立队和三个中队的副职由国民党选派，但须经共产党同意；④独立队部设政训处（或室）；⑤国民党按照一个营的编制，每月发给独立队军饷 8000 元。①

1938 年 12 月 5 日，在琼山县云龙圩举行了琼崖红军改编暨誓师抗日大会。当日，云龙圩热闹非凡，红军全体官兵身着统一的军服，全副武装，成三列横队排开，雄壮而威武。琼山县各乡男女老幼和文昌、定安县上万名群众、爱国人士纷纷赶来庆贺、观看。全圩爆竹齐鸣，锣鼓喧天，口号声、欢呼声此起彼伏。慰劳品堆积如山。红军如此宏大的气势和民众如此高涨的热情，令前来参加大会的国民党琼崖守备司令王毅、副司令杨永仁不禁啧啧称赞。当天上午，王毅宣布"广东民众抗日自卫团第十四区独立队"成立的命令，委任冯白驹为独立队队长，并授予冯白驹军旗、关防。独立队为 1 个大队建制，下辖 3 个中队，300 多人。冯白驹代表独立队全体指战员讲话，表示决不辜负全琼 300 万同胞的期望和重托，誓死抗日，保卫琼崖。

云龙改编是中国共产党抗日民族统一战线政策在琼崖地区的胜利，它反映了琼崖人民要求团结抗日的共同愿望。云龙改编后不久，日军便发动了对海南岛的疯狂侵略。1939 年 2 月 10 日，日军进攻海口、府城，国民党琼崖当局并没有组织有效的抵抗，琼崖守备司令王毅退到定安岭口、翰林等山区，琼山县国民党军队和云龙等地的联防队也躲到了中税、谭文、

---

① 中共海南区党委党史办公室编：《冯白驹研究史料》，广东人民出版社 1988 年版，第 430—431 页。

甲子等偏僻地区。琼崖抗日独立队则出师阻敌，取得了潭口阻击战的胜利。

日军登陆后，冯白驹等认真分析研究了日军的动向，估计日军在占领海口、府城后，势必东进。为了有效地阻击日军，掩护民众的转移，冯白驹派第一中队前往潭口渡口阻击可能入侵之敌。潭口渡口位于南渡江下游，是海口至文昌、海口至嘉积公路的唯一渡口，极为险要，东岸高西岸低，江面宽阔，水深流急，易守难攻。独立队第一中队80多人在中队长黄大猷、中队副符荣鼎的率领下赶潭口渡口东岸，利用有利地形，构筑工事，严阵以待。气势汹汹的日军果然在侵占府城后便马不停蹄地涌向潭口渡口，虽然日军人数较多，来势凶猛，还配备了飞机轮番对独立队阵地进行轰炸扫射，但是独立队队员坚守阵地，英勇沉着应战，一直坚持到黄昏，钳制了日军的东进速度，为民众转移赢得了宝贵的时间。

潭口阻击战有力打击了侵琼日军的气焰，坚定了人民抗战的信心，同时也提高了抗日独立队的声望，扩大了琼崖共产党人的政治影响。琼崖各界人士、广大人民群众、爱国华侨、国民党爱国人士等都开始认识到独立队是一支强有力的武装力量，是抗击日本侵略的中坚。琼崖广大青年开始积极要求参加抗日队伍，使抗日独立队迅速发展壮大起来。琼崖共产党人开始担当琼崖抗战的主要任务，逐渐成为琼崖抗战的中流砥柱。

潭口阻击战后，为发展抗日武装力量，冯白驹向琼崖守备司令王毅提出了扩编独立队的要求，同时建议建立琼崖统一的政治机关，以便动员群众，全面开展抗日游击战争。此建议得到赞同。于2月21日，成立了琼崖统一的战时政治工作机关——琼崖战时党政处。党政处成立后，在中国共产党的积极建议和推动下，颁布了《保卫琼崖动员委员会组织条例》，在部分县、乡成立了保卫琼崖动员委员会。中共琼崖特委主动派出一些党员进入各级动员委员会指导工作，并在动员委员会中设立了各种抗日工作组。全琼以琼山、文昌成立的动员委员会最多，至少有400个组织，其他较少的县也有数十至100多个不等。①

由于党政处由两党派员组成，并邀集各有关方面开明人士参加，中共

---

① 李吉明：《关于琼崖抗战情况的报告》（1940年4月10日），《琼崖抗日斗争史料选编》，第92页。

琼崖特委十分重视对党政处人员的派遣，把派员参加战时党政处当作加强琼崖抗日民族统一战线的大事来抓。当时委任有政治工作经验的王业熹、王均、刘秋菊和韩庆华到党政处工作，他们四人组成一个党小组，由王业熹任组长。为保证对党小组工作的指导，特委还专门设一交通员。琼崖国共双方建立了比较良好的合作关系。为了进一步动员和教育群众树立长期抗战的决心，党政处成立后不久，在定安召开了有3000多名各界人士参加的抗日宣誓大会。誓词为："余等誓以至诚，戮力同心，驱除日寇，保卫乡邦，不做汉奸，不为顺民，如背誓言，神人共殛，谨誓!"① 在中共琼崖特委的积极推动下，党政处组织了大量抗日宣传队下乡，对广大民众进行口头宣传，发传单、贴标语等。随之，农民抗日救国会、青年抗日救国会、自卫队妇女救国会等群众抗日组织和不脱产的地方武装队也在广大农村建立起来。琼崖抗战呈现出了一片蓬勃之势。

至1939年3月，抗日独立队正式扩编为独立总队，下辖3个大队和1个特务中队，冯白驹任总队长，马白山、符振中任总队副。总队人数由原来的300人发展到1000多人，共11个中队，武器装备也得到了改善，成为当时华南人数最多的一支人民抗日武装。按照中共琼崖特委部署，第一、第二大队在黄大猷和吴克之的领导下，进入琼文地区开展游击战争，打击敌人;第三大队在马白山的领导下挺进琼西地区开展游击战争，与琼文地区的抗日斗争相呼应。

1939年3月7日，活跃于琼文公路干线地带的独立总队第一大队第二、第三中队，在美兰和三江之间的罗牛桥伏击敌人，击毁军车1辆，歼灭日军大佐指挥官以下20余人，缴获三八式步枪5支。罗牛桥伏击战的胜利，打破了日本"皇军不可战胜"的神话。3月16日，根据中共琼崖特委的指示，独立总队第一大队大队长黄大猷派一个中队，配合国民党保安团第11团第1营及文昌县壮丁常备队和文昌南阳乡游击队李良中队，进攻文昌县城日军。激战半天，攻入了县城公园。这次战斗虽因情报和部署有误，没有取得预期的成果，但它体现了独立总队与国民党军队之间的密切合作关系，展现了双方团结抗日的热情，具有较大的政治影响。同月，独立总队第二大队第四中队派出冯振强混入海口市郊长村桥附近的修

---

① 转引自中共海南省委党史研究室编著《红旗不倒——中共琼崖地方史》，中共党史出版社1995年版，第235页。

路工地，偷袭监督群众修路的日军，当场击毙敌军哨兵，缴获步枪 5 支，短枪 1 支。在儋县，在国民党游击队和当地群众共 600 余人的配合下，独立总队第三大队在洛基到东城公路黑岭地段伏击日军军车，打死打伤敌人10 余名。日军随后调集驻儋县日伪军的大部分兵力，进攻抗日基地东城乡榆苑村，加以报复。独立总队第三大队与周围村庄的农民武装协助国民党游击队王焕大队迎敌，日伪军被打得溃不成军，仓皇而逃。6 月，独立总队第一、第二大队主动与琼山县杨永仁部游击大队配合，围攻琼山县文岭和龙发两个日军据点，迫使日军退出或龟缩在据点内，从而打破了日军对文岭和龙发地区的控制。当月，第一大队第二中队短枪班的 9 名战士，在中队长陈永泰的带领下，奇袭文昌县一个日军据点，击毙敌军 6 人，缴获三八式步枪 7 支。[1]

　　在军事打击日伪军的同时，独立总队第一、第二大队还在琼山的咸来、道崇、云龙、三江、中税和文昌的新桥、大昌、潭牛、南阳、大坡一带地区，初步创建了琼文抗日游击根据地。这是中国共产党在琼崖地区创建的第一块抗日根据地。此地物产丰富，交通方便，群众觉悟高，有利于敌后抗战。独立总队在琼文地区的发展，引起了日军的恐慌。从 1939 年6 月起，日军集中了 1000 余兵力向琼文抗日游击根据地扫荡，企图消灭独立总队，扑灭琼崖人民的抗日烽火。面对敌人的强大攻势，根据中共琼崖特委的指示，独立总队第一、第二大队采取在内线，以主力在琼文游击根据地积极打击深入之敌的对策；在外线，第二大队第四中队西渡南渡江，入琼山县西部的龙塘、十字路、龙桥、永兴、石山等地区，袭击日军据点，破坏日军通信设施和交通运输线，伏击小股日军，把抗日游击战争推向外线发展。同时，在中共琼山、文昌两县县委的配合下，在根据地内建立了农民协会、妇女抗日救国会、青年抗日救国会等一系列群众组织和群众武装组织，以配合独立总队在内线开展游击战争。如琼山县委领导群众开展捣毁圩镇、毁桥断路、破坏敌人电话通讯、设立岗哨监视日军行动等方面的斗争。在文昌，日军在七八月间入侵南阳，南阳乡党组织发动游击队和群众"坚壁清野"，连夜抢收庄稼，藏匿粮食和牲畜，拆除店铺和住房，毁掉公路，填平水井。游击队化整为零，分成若干战斗小组，日夜骚扰敌人，使日伪军在南阳地区处处挨打，落荒而逃，最后又缩回文昌城

---

[1]　参见《吴克之回忆录》，《琼岛星火》第 16 期，1986 年，第 16 页。

内据点。① 在琼崖特委的正确领导和琼文根据地人民的支持配合下，琼文抗日根据地不断巩固和发展。

到 1939 年 10 月，琼崖抗战由琼东北的琼山、文昌，扩展到琼西南的澄迈、临高、儋县、昌江、感恩等五个县。琼西重镇那大驻扎日军 100 多人和伪军一个中队，对琼抗战形势的发展颇为不利。为缓解日军对琼文敌后抗日根据地的压力，更好地领导全琼抗战，中共琼崖特委和独立总队决定派马白山到第三大队，加强对琼西地区抗战的领导。马白山到达第三大队后，领导该队主动深入到那大周围的国民党军政人员和广大群众中，开展抗日民族统一战线的宣传活动。经过研究，决定对那大日军采取围困战术，成立围攻那大行动委员会和指挥部，马白山任主任兼总指挥，第三大队大队长张开泰、训政员陈石、洛基乡长朱文凤任副主任兼副总指挥。由那大周围的洛基、陶江、南丰、和祥、清平、兰洋等乡各自组建农民武装大队，配合部队作战。10 月 21 日，第三大队与儋县群众和地方游击队相配合，围攻那大。11 月 6 日，日军弃城而逃。围攻那大的胜利是中共琼崖特委和独立总队第三大队坚持抗日民族统一战线，团结一切抗日力量，依靠群众，发动群众的一次重大胜利。它一举打开了琼西南的抗日局面。

据统计，到 1939 年 12 月，中共琼崖特委领导的独立总队先后对日作战 70 余次，消灭日军 500 余人，缴获日军轻机枪 2 挺、掷弹炮 1 门、长短枪 20 余支和一批军用物资。② 共产党在群众中的影响与日俱增，全琼党员人数从抗战初期的 600 多人猛增到 9000 多人。党的组织得到迅速发展，从抗战初期的 7 个县委恢复发展到 12 个县委。全琼有 54 个区委，600 个党支部。③ 琼崖共产党人成为坚持琼崖抗战的中坚力量。

三、击退逆流：琼崖国共之间的斗争

在日军侵琼后的最初几个月中，琼崖国共两党之间保持着良好的合作关系。以王毅为首的国民党琼崖当局较好地遵守国共两党合作协议，释放

---

① 参见中共文昌县委党史办编《文昌人民革命史》，海南人民出版社 1988 年版，第 103—104 页。

② 参见《中共琼崖特委第八次扩大会议记录》（1939 年 12 月），《琼崖抗日斗争史料选编》，第 73 页。

③ 参见李吉明《关于琼崖抗战情况的报告》（1940 年 4 月 10 日），《琼崖抗日斗争史料选编》，第 98 页。

全部政治犯，发给独立队部分军饷款项和枪支弹药。同时还同意独立队扩编，组织琼崖统一的战时政治工作机关——琼崖战时党政处，并要求中共琼崖特委派出干部参加党政处领导工作，以加强抗日部队的政治工作和宣传动员群众的工作。一些国民党军官、武装警察和民众抗日自卫武装，曾要求独立队收编或要求中共琼崖特委对其进行领导；比较进步的国民党军队主动和独立队联络，商讨共同抗日；许多国民党区、乡行政机关和军队也要求琼崖特委或独立队派干部加强领导，协助其开展民众工作和部队政治工作。琼崖一度呈现出国共两党密切合作、共同抗日的大好局面。

　　但是，在日本侵琼前后，日本帝国主义已经对国民党实行"以政治诱降为主，军事打击为辅"的方针，在日本的诱降下，1939年1月，国民党五届五中全会确定了"溶共、防共、限共、反共"的反动方针，设立了"防共委员会"，通过了《限制异党活动办法》。2月，又秘密颁布了《共党问题处置办法》、《沦陷区防范共党活动办法》等反共文件。1939年6月，吴道南被委任为广东省第九行政区督察专员兼保安司令，赴琼取代了王毅。吴道南实行消极抗日、积极反共的方针，蓄意分裂琼崖抗日民族统一战线，掀起反共逆流。琼崖国民党与共产党团结抗日的政策被"溶共、防共、限共、反共"政策所取代。琼崖抗战形势发生了急剧的变化。琼崖国民党顽固派的反共行为不断升级，反共事件不断增加。

　　中共琼崖特委根据中共中央关于坚持琼崖持久抗战的指示，1939年12月在冯白驹的主持下召开第八次扩大会议。会议总结了一年来独立总队作战的经验以及各地党政组织开展斗争的情况，分析了琼崖抗日战争的新形势，提出了创建山区抗日根据地的设想。会议决定琼崖特委和独立总队部领导机关向临高、儋县、白沙交界的纱帽岭山区转移，开辟新的抗日根据地，由第一大队的第一中队和第二大队的第六中队和原特务中队合编组成特务大队，由朱克平任大队长，符荣鼎任训政员，护卫领导机关西迁。1940年2月，当转移队伍到达琼山、澄迈、临高交界的美合山区时，琼西战局发生转变，日军重新占领了那大。在纱帽岭山区建立根据地的计划落空。琼崖特委和独立总队部经过研究发现，美合地区虽然人口少，群众工作基础相对较弱，但地处于琼（山）、澄（迈）、临（高）三县交界处，也接近五指山区的白沙县边境，山多林茂，粮食丰富，且日顽势力较弱，有利于党组织和军队的行动。同时，美合地区居于海南岛中部，便于向周边辐射，有利于指挥全琼抗战。因此，琼崖特委决定在美合地区建立抗日根据地。

　　美合抗日根据地的建立，使琼崖抗战中心转移到琼中地区，对领导和推动全琼抗日游击战争的深入进行，发展扩大抗日武装力量，具有重要意义。在琼崖其他地区，琼文根据地在不断发展壮大，以六连岭为基地的乐万边区根据地得到巩固和发展，琼崖西部木排游击根据地初步建成，琼崖南部昌感县山区游击根据地和其他游击区也在战斗中建成和发展。至1940 年底，独立总队发展到 3000 多人，部队的活动范围遍及琼山、文昌、澄迈、临高、儋县、昌江、感恩、万宁、琼东、乐会、定安等 11 个县。[①] 琼崖抗战呈现"星星之火，可以燎原"之势。

　　中共中央对于琼崖抗战十分关心。为加强与琼崖特委沟通并对琼崖地区的抗战工作进行指导，中央曾经多次指示中共广东省委和八路军驻香港办事处帮助琼崖解决电台问题。1939 年 8 月，八路军驻香港办事处将一部 15 瓦电台运送到琼文抗日根据地。10 月，广东省委派电台人员唐以弟、李少青等来琼工作，正式建立了电台。1940 年 1 月 26 日，中央再次批示："琼崖要有三部电台，并以一部与中央联络。"[②] 8 月，八路军香港办事处再次购买的一部 75 瓦电台和 15 瓦接收发报机运抵美合根据地。9月，电台人员刘亚东、曾琼发等赴琼工作。同时，中央还派富有军队建设和作战指挥经验的庄田、李振亚和覃威赴琼，加强独立总队的领导。在庄田、李明（与庄田同时返琼）离开延安返琼前，周恩来、刘少奇等接见了他们，并对琼崖工作作了重要指示。周恩来着重指出："冯白驹同志是琼崖人民的一面旗帜，中央的意见还是要他当特委书记"，"你们到琼崖去工作的同志，要支持冯白驹同志的工作"，"把革命工作搞好"。[③]

　　独立总队按照中共中央的指示，及时地调整和充实了领导机关。任命冯白驹为独立总队总队长兼政委，庄田为副总队长，李振亚为参谋长。中共琼崖特委和独立总队建立了以冯白驹为核心的领导集体，为在抗日民族统一战线内部的复杂斗争中站稳脚跟，并不断发展壮大，奠定了基础。

　　1940 年 12 月 15 日，琼崖国民党顽固派悍然进攻美合抗日根据地，

---

　　① 琼崖武装斗争史办公室编：《琼崖纵队史》，广东人民出版社 1986 年版，第 122 页。

　　② 《中共中央书记处对琼崖工作的指示》（1940 年 1 月 26 日），《琼崖抗日斗争史料选编》，第 6 页。

　　③ 庄田：《琼岛烽烟》，1979 年 9 月；《庄田在琼崖武装斗争史座谈会上的讲话》，1983 年10 月 20 日。

企图消灭琼崖特委、独立总队领导机关和西路主力。考虑到总队是处于被包围的状态，活动范围相当小，供给困难，顽守只会让总队处于被动不利的状态，琼崖特委遂决定撤出战斗，部队转移。次日，各路顽军进占美合村。美合事变充分暴露了国民党顽固派企图摧毁琼崖特委、总队机关和歼灭西路部队的阴谋，使其破坏团结抗战的罪恶行径大白于天下。琼崖特委在这场战斗中立场坚定，斗争尺度把握恰当，顾全了琼崖抗战大局，也教育了广大琼崖人民只有共产党及其领导的独立总队才是真正的以民族大义为重。只有坚决抗日的队伍，才能真正挑起抗日的重任，也只有共产党才能领导人民夺取抗日战争的胜利。

琼崖特委和独立总队主动退出美合后，摆在琼崖共产党人面前的路只有两条可供选择，其一是重新组织力量夺回美合，但是敌军的力量颇为强大，战争的僵局难以打破；其二是转战突围，放弃美合地区，进行有计划的敌后游击战争。12 月 22 日，冯白驹向中共中央汇报："顽军于本月十五日，向我根据地进攻，经过两天剧烈战斗，我们虽然给以打击，但不能解决战斗，因此我们为着保存力量，已退出原有阵地准备有计划于敌后进行游击战争。"① 从电文中可知，琼崖特委已经深刻分析了当时的情况，认为持久对峙不利于独立总队作战，有必要进行战略转移，进行敌后游击战。中共中央接到琼崖特委的汇报后，充分肯定了琼崖特委的决策，并于12 月 28 日在政治和军事上给予指导，要求琼崖特委在政治上应该注重"说明我部队英勇抗战，顾全团结之各种事实，揭露国民党反动派破坏团结，破坏抗战的行径及其欺骗宣传，并利用各种社会关系，向琼崖各界及其侨胞作广泛深入的宣传工作和统战工作，争取多数人对我同情，使顽固派在政治上孤立"②，强调在宣传工作中依旧应该以团结抗日为主线，尽最大可能挽救琼崖国共合作抗日的局面。在军事上，中共中央指出："对国民党顽固派的武装进攻，你们必须给予坚决回击，同时必须加紧对王毅部下及地方武装进行各种联络争取工作，使顽固派在军事上孤立。"③

中共中央的指示给以冯白驹为首的琼崖特委开展反顽斗争开辟了新的

---

① 《冯白驹关于美合事变后准备有计划地在敌后进行游击战争致中共中央电》（1940 年 12 月 22 日），《琼崖抗日斗争史料选编》，第 129 页。

② 《中共中央对海南军事、政治工作的指示》（1940 年 12 月 28 日），《琼崖抗日斗争史料选编》，第 25 页。

③ 同上。

思路和指导。琼崖特委根据中央的指示，对当时的具体情况进行了全面的分析和研究决定：①撤出美合根据地，特委、总队部及特务大队转移回东路琼文根据地，与第一支队会合，积极开展抗日反顽斗争，巩固和发展抗日游击基地；②马白山率领第二支队留在西路澄迈、临高、儋县地区活动，大力发展抗日力量，创造条件建立小块根据地；③张开泰率领第四大队，并将琼崖抗日公学部分学员补充扩大队伍，开往昌感、崖县、陵水、保亭新区活动，放手发动群众，必要时向万宁转移，巩固扩大六连岭根据地；④由罗文洪、谢凤池等组成留守处，留在美合地区与当地党组织一起坚持斗争。这几项决定，贯彻执行了毛泽东关于"分兵以发动群众，集中以打击敌人"的战略思想，把革命力量推向琼岛东、南、西、北四向，以期迅速打开琼崖抗战的新局面。由于受到顽军的包围、控制和封锁，琼崖特委、总队部领导机关和特务大队在美合地区与顽军坚持战斗了一个多月，在1941年春节前夕，终于突破了顽军的封锁，并于1月29日安全抵达了琼文根据地，与第一支队会合，从而开启了琼崖抗日斗争的新局面。而美合根据地的斗争也并没有因为领导机关的离开而全面瘫痪，澄迈县委组织力量依然在此处坚持不屈不挠的斗争。

琼崖国民党顽固派在发现特委、总队部领导机关东返琼文后，立即调保安第六团、第七团，向琼文抗日根据地进犯，再一次掀起反共高潮。此时日军也加强了对琼文根据地的"扫荡"，造成了日、顽夹击的紧迫局面。面对险恶局势，琼崖特委于1941年2月15日在琼山县树德乡山心村召开了第三次执委会议。会议的主要目的是确立抗日反顽的方针。出席会议的有冯白驹、李明、王白伦、黄魂、黄一青、陈乃石、肖焕辉、欧照汉、朱运泽（即朱克平，此9人为正式执委）、庄田（独立总队副总队长）、杨启安（琼山县委书记）、王月波（文昌县委书记）、周春雷（定安县委书记）、陈健、王业熹等人，冯白驹、李明被大会推选为正副主持。

会上，李明和冯白驹分别作了政治报告和军事报告。李明传达了中共中央和毛泽东关于琼崖抗战的方针和任务的重要指示。同时还特别转达了毛泽东对冯白驹的关心和指示。毛泽东建议即将成立的中共琼崖特委军事委员会也由冯白驹负责，并希望冯白驹能更好地帮助和团结周围的同志，在日常工作中加强对马克思主义理论修养和军事理论的学习，对党、政治、军事各个方面的领导均应努力。这不但体现了中央对琼崖革命实际情况的了解与关注，使中央与琼崖军民之间有一股顽强的凝聚力，而且也体现了中央对琼崖革命斗争的信心和对冯白驹的信任与期望。

冯白驹在军事报告中强调了建军工作的重要性。他指出：抗日武装力量的发展壮大是决定抗战胜败的关键，也是巩固和发展抗日民族统一战线的重要因素。两年来独立总队在斗争中得到了发展，但还远远不能适应抗战形势的要求。独立总队不但应在数量上要大发展，质量也要不断提高；应加强党对部队的领导，建立和健全政治委员制度，加强部队的思想政治工作，严格管理，严明纪律，把部队建设成为坚强的抗日队伍。同时他也代表特委和总队部为美合失利作了深刻的检讨，并承担了主要责任。会议对美合失利的原因进行了认真的分析，认为主要是在政治上放松了警惕，失去了敏锐的政治嗅觉；思想上麻痹大意；军事上布防存在漏洞，部分领导指挥不当；统战工作上，没有有力地分化地主武装，导致其与敌人一起进攻独立总队等。同时，会议对当时形势和今后斗争方针进行了认真的讨论，作出了"集中力量，打退国民党反共逆流，坚持团结抗战"的决议。决定将第二支队调回琼文地区，集中第一、第二支队的力量，进行抗日反顽斗争，巩固琼文抗日根据地，发展全琼的抗战形势。最后，会议通过民主选举，经执委会正式通过，冯白驹任特委书记，李明任副书记。此外，会议还遵照中央指示成立了军事委员会，冯白驹为军委主席，李明、庄田为军委委员。[①]

琼崖特委的第三次执委会议充分发扬党内民主，正确分析了当时的形势，严肃认真地学习和讨论了中共中央、毛泽东对琼崖工作的指示，统一了思想认识。这是一次成功的大会，也是一次统一的大会，为粉碎国民党顽固派的进攻和日军"扫荡"，坚持团结抗战到底，奠定了基础。

琼崖特委第三次执委会议后，针对琼崖国民党顽固派正在调集兵力，加紧向琼文革命根据地发起进攻的形势，中共琼崖特委仍从维护全琼团结抗战的大局出发，积极耐心地向琼崖国民党当局做团结工作，发表了《致琼崖父老绅士书》和《致国民党官兵书》，表示愿意派出代表同国民党当局商谈。但是，琼崖国民党当局对此置之不理，狂妄叫嚣"三个月内消灭共产党独立队"。琼文革命根据地面临着日、顽夹攻的严峻局面。

---

① 《李明在中共琼崖特委第三次执委会议上的政治报告》（1941年2月15日），《琼崖抗日斗争史料选编》，第133页。

　　1941 年 3 月，国民党保安第七团以其主力第五、第八两个连和一个游击中队在琼山县龙发乡集结，企图奔袭独立总队驻于咸来、树德边界的城坦村的第一支队部和特委、独立总队部机关。特委和总队部根据预先得到的情报，分析了敌情，对顽军可能进攻的路线作了全面的估计和考虑，进行了必要的作战准备。12 日拂晓，顽军向琼文革命根据地发起进攻。独立总队按照事先的部署迎敌，很快掌握了战场的主动权。经过半个多小时的激战，全歼了进入罗蓬坡之顽敌第八连，毙、伤、俘顽军第八连连长李汉松及下属 50 余人，缴获捷克轻机枪两挺，长、短枪 30 余只。

　　国民党顽军在罗蓬坡失败后，集中保安第六、第七两个团的兵力，并纠集琼山、文昌两个县的游击队，准备再次向琼文抗日根据地发动大规模的进攻。与琼崖国民党当局掀起的反共逆流相呼应，日军也加强了对琼文抗日根据地的封锁与"扫荡"。为了抗击日本侵略者，反击国民党顽固派的反共逆流，琼崖特委和独立总队部命令第二支队回琼文根据地，与第一支队合力粉碎日顽军队的夹攻。4 月，在文昌县西北地区取得对日军作战的三战三捷。

　　6 月 7 日，林荟材率领保七团和保六团两个营及琼山、文昌两县游击队各两个大队约 300 人，兵分五路进攻琼文根据地。琼崖特委和独立总队在转移过程中损失电台收发机一部，从此，琼崖特委与中央的电讯联系中断。7 月 4 日，独立总队在文昌县美德村、文昌县潭牛、琼山县大致坡三个日军据点之间伏击日军，彻底拔除日军据点一座，歼敌 60 余人，击毁日军车 2 辆，缴获轻重机关枪 3 挺、步枪数十支、掷筒弹 2 具，取得了琼崖抗战以来独立总队对日作战规模最大、战果最大的胜利。这也是运用"围城打援"结合"引蛇出洞"战术，是战斗指挥上最成功的一个范例。10 月，独立总队在琼山县六坡村反击屡次配合顽军进攻琼文根据地的琼山县游击队第五大队，俘其副大队长及下属 100 余人，缴枪 100 余支。

　　1941 年 3 月至 10 月，琼文根据地在面临日顽夹攻、两面作战的困难局面下，琼崖特委和独立总队领导根据地军民一方面积极寻找机会打击日本侵略者，另一方面继续积极耐心地对琼崖国民党顽固派开展团结抗日的工作，尽可能地维持抗日民族统一战线，同时也在统一战线中坚持进行"有理、有力、有利、有节"的斗争，从而有效打击了日顽，保卫和发展了琼文抗日根据地。

　　10 月，琼崖特委向吴道南、王毅重申共产党的抗战主张，提出通过谈判解决琼崖国共两党之间争端的意见，遭到拒绝。

12 月，琼崖国民党当局从广州湾运回一批军用物资，抵达琼山锦山乡海边。为了尽快拿到这批物资，琼崖国民党顽固派便假意函请独立总队派人前往谈判。为了感化国民党顽固派合作抗日，琼崖特委和独立总队部同意与之谈判，同时也为防止顽军突然进攻而做好了迎战部署。12 月下旬，顽军迫不及待地想要打通运输线，谈判还未进行，保安七团二营营长李紫明率领该营及文昌、琼山县游击大队分两路进攻道崇、咸来乡，被独立总队击退。1942 年 1 月，李春农率顽军进攻锦山，遭到独立总队的围击，李春农被击毙。顽军受到重创。此后，吴道南、林荟材、杨永仁、冯熙周、李紫明等或被迫去职，或被调离琼崖，各县的顽固分子对"反共灭独"逐渐失去信心。琼崖国民党顽固派掀起的反共逆流被击退。

四、战略依托：琼崖抗日根据地的巩固与发展

在琼崖地区建立持久抗战的中心根据地，是中共中央和琼崖特委的既定方针。1940 年 11 月 7 日，中共中央书记处电示琼崖特委："五指山脉一带山地，将是我们长期抗战的最后的可靠根据地。其他沿海地方都有敌伪盘踞的可能。只有有了夷民山地作为我军的巩固后方，我们才能支持长期抗战。"[①] 1941 年 8 月，中共南方工作委员会副书记张文彬在广州湾听取了罗文洪、陈实关于琼崖情况的汇报，指出：在建立根据地问题上，这是一个革命战争中的战略问题。首脑机关的流动不定，很难形成指挥全局的中心领导，而长时间的无后方作战，必然影响部队的建设，也难以持久发展。因此，在目前，琼崖一方面以继续巩固琼文这块平原游击战争的基地，另一方面要在海岛东西两面扩大游击区，广泛深入地发动群众，建立大大小小的游击根据地，积极地、有计划地向五指山山区发展，向黎族、苗族群众进行艰苦耐心的工作，准备经过长期的斗争，创立五指山中心根据地。可见，中国共产党关于建立五指山中心根据地的指导思路是明确的。但是，由于五指山山区当时驻有相当数量国民党军队，加上还有不少黎族、苗族同胞对琼崖共产党和独立总队缺乏了解，历史形成的种种隔阂

① 《中共中央书记处对琼崖工作的指示》（1940 年 11 月 7 日），《琼崖抗日斗争史料选编》，第 22 页。

和民族排挤心理短时间还难以清除。从当时独立总队的军事装备和处理民族问题的经验来看，进军五指山的条件显然不成熟。因此，要进驻五指山只能积极创造条件，并选取适当的机会。

美合事变后，琼崖特委决定将张开泰领导的第四大队西撤至儋县、白沙、昌江边区，开展抗日游击战争，并与潘祥汉、杨应时领导的儋县两个游击中队合编成琼崖独立总队第三支队，张开泰为支队长兼政委，韦学仕任政治处主任。1941 年夏，第三支队奉命东调，遭到日顽的重重封锁，遂绕道经昌江、感恩、乐东、崖县、陵水、保亭，前往万宁。1942 年初，经过半年多的长途跋涉，途经 8 个县，行程 1000 多公里，经过了黑眉岭、高峰、响水、八村等地的激烈战斗，终于抵达了六连岭抗日根据地。

早在抗战初期日军攻占万宁县城后，琼崖特委就派陈克邱率短枪班到万宁在县委领导下开展抗日活动。1941 年 4 月，独立总队成立以冯继志为中队长、冯正为指导员的第九中队，以六连岭为根据地，在乐万地区开展抗日游击战争。5 月，第九中队在后沟公路上奇袭日军，11 月，取得袭击兴隆日军据点的胜利。12 月，第九中队扩编为独立特务大队。琼崖特委为了进一步支援和加强乐东、万宁两县的抗日力量，先后派李振亚、庄田到六连岭根据地指导工作，并在六连岭创办了琼崖抗日军事政治干部学校。第三支队进入六连岭后，首先与独立特务大队和部分琼崖抗日军事政治干部学校学员合编为新的第三支队，林伯熙任支队长。1942 年 3 月，第三支队在金鸡岭伏击日军，林伯熙在战斗中英勇牺牲。[①] 4 月，第三支队成功袭击万宁县城，7 月和 11 月，又先后奇袭扛桥坑日军监工队和乐会桥园日军据点。第三支队在乐万地区取得的一系列胜利，扩大了琼崖共产党和独立总队在琼南地区特别是少数民族地区的影响，坚定了琼崖人民抗战的信心，巩固和发展了六连岭抗日根据地。这为进一步发展南区抗日战争，巩固和扩大南区的抗日根据地，打下了坚实的基础。

第三支队奉命离开琼西以后，澄迈、临高、儋县等地的抗战受到了较大影响。为发展琼西抗战，1942 年 2 月，琼崖特委决定在澄迈、临高、

---

① 关于金鸡岭伏击战的时间，资料记载不一致：一是 1942 年 3 月，见《琼崖纵队史》，第 142 页；二是 1942 年 11 月，见《琼岛星火》第 14 期，第 135 页；三是 　年　月，见《红旗不倒——中共琼崖地方史》，第 259 页。我们采用了《琼崖纵队史》的说法。据《琼岛星火》第 4 期第 158 页的材料："第三支队长林伯熙同志（延安抗大学生），初夏，指挥部队在乐会同日寇作战中英勇牺牲。"由于所有材料显示林伯熙牺牲于金鸡岭伏击战，而"初夏"与"1942 年 3 月"更为接近。

儋县地区组建第四支队，任命马白山为第四支队支队长兼政委，另派原第三支队大队长潘江汉、第二支队政治处主任陈义清（陈岩），协助马白山进行组建工作。第四支队主要依靠澄迈、临高、儋县党政领导的地方部队，并发动群众参军扩充组成。6 月，第四支队在澄迈县正式成立，马白山任支队长，潘江汉、符志行分别任第一、第二大队大队长。第一大队实际上到同年底才正式组成。

第四支队建立后，积极主动地打击日军和开展抗日根据地建设。10 月，符志行率领突击队在临高县巴总桥伏击日军车 1 辆，歼敌 9 人。西路各县党、政工作逐渐开展起来，儋县东成、洛基、清平，临高大南、木排，澄迈美厚等几块小型抗日游击根据地初步建立，使琼西地区的抗战形势有所改变。

与琼西抗战发展的同时，琼东独立总队第一支队向澄迈县推进，沟通了琼文根据地与澄迈游击区之间的联系。第一、第二支队相互配合，将游击区扩展到整个文昌东北平原以及琼山北部的沿海地区。战斗在琼南的第三支队以六连岭根据地为中心，逐渐扩展到乐万的红砖岭、白石岭山区，同时派第三大队开往陵水、崖县、保亭三县交界处的吊罗山区，配合陵、崖、保办事处，开展少数民族聚居的山区工作。这为后来琼崖特委和独立总队向五指山地区发展，粉碎日军的"扫荡"和"蚕食"创造了条件。

随着琼崖抗日根据地的扩大与发展，根据地的政权建设成为一项重要工作。在琼崖国共两党关系融洽的抗战初期，为了广泛团结各阶层的爱国人士共同抗日，琼崖特委曾积极支持国民党地方政权建设。如派共产党员韦义光担任琼山县第三区区长，争取临高县 3 个区的区长和 23 个乡长都委任共产党员担任。但到 1939 年后半年，随着国民党对内政策的转变，琼崖团结抗日的局面变得十分严峻。琼崖特委开始独立自主地发动和领导抗日游击战争，创建抗日根据地。1940 年 3 月到年底，琼文根据地的琼山县第一、第三、第四区抗日民主政权先后成立。5 月，琼崖特委在美合根据地建立了仁厚乡抗日民主政府。11 月 7 日，中共中央指示琼崖特委"必须在一切可能地区立即建立独立自主的抗日民主政权"。[①] 根据中央指示，琼崖特委加快了抗日民主政权的建设活动。11 月 16 日，中共文昌县

① 《中共中央书记处对琼崖工作的指示》（1940 年 11 月 7 日），《琼崖抗日斗争史料选编》，第 20 页。

委在琼侨回乡服务团和当地爱国人士的大力支持下，在宝芳乡召开了群众大会，选举成立了以共产党员詹镛为县长的文昌县抗日民主政府。至1941年2月，文昌县在5个区41个乡建立了抗日民主政权。全县约有1/2的土地面积，3/5以上的人口为抗日民主政府所管辖。其他地区的村庄，多半也半公开或秘密地执行抗日民主政权机构的政令。① 文昌县抗日民主政府作为琼崖抗日民族统一战线的产物，是琼崖第一个县级抗日民主政府。其政府组成人员有共产党员，也有党外爱国民主人士，为琼崖各地的抗日民主政权树立了榜样。

为适应琼崖抗战形势发展的需要，琼崖特委开始筹备建立一个集中统一领导全琼抗日的中心抗日政权。1941年11月10日，琼崖东北区人民代表大会在琼山县树德乡下昌村召开。参加大会的有东北区各县抗日民主政权的代表，各抗日民众团体、各阶层、爱国华侨和独立总队的代表，还有西区、南区各县的代表。会议决定成立琼崖东北区抗日民主政府，选举冯白驹等13人为政府委员，冯白驹任主席。琼崖东北区抗日民主政府的成立，标志着琼崖地区从此开始有了统一领导全琼的中心抗日政权。它作为琼崖抗日根据地的最高政权机关，将琼崖抗日斗争推进到一个新的阶段。

琼崖东北区抗日政府成立后，按照"应以反对日本帝国主义，保护抗日的人民，调节各抗日阶层的利益，改良工农的生活和镇压汉奸、反动派为基本出发点"② 的施政原则，颁布了一系列有利于抗日救国的政策法令。其施政纲领明确规定：坚持抗日民族统一战线，坚持抗日战争的民族政策，黎、苗等少数民族与汉族在政治、经济、文化、教育等方面一律平等；争取华侨支援抗战；坚持团结抗战国策，反对内战，反对分裂，反对妥协投降，反对摧残抗日人民和抗日力量，调动一切人力、物力、财力，支持抗战；发扬民主政治，保障各抗日党派团体的政治地位，保障抗日资本家、地主在内的一切抗日阶级、阶层的民主权利；实行减租减息，并规定农民要向地主交租交息，征收抗日救国公粮；保护发展抗日根据地工商业；积极发展农业，开垦荒地，增加粮食生产；优待抗日军队与抗日工作人员家属；废止高利贷，政府办低息贷款，奖励合作社之发展；发行

---

① 中共文昌县委党史办编：《文昌人民革命史》，海南人民出版社1988年版，第115页。
② 《琼崖东北区政府抗战时期施政纲领》（1941年11月10日），《琼崖抗日斗争史料选编》，第147页。

"琼崖东北区抗日民主政权代用券"，稳定金融市场，反击日顽封锁、控制政策；提倡机关、部队、学校发展生产运动，增加收入，解决财政经济困难，减轻人民负担；废除一切苛捐杂税，实行累进税政策，规定工人、农民、地主、资本家均按累进原则合理缴纳赋税；实行为抗日救国服务的文化教育政策，灌输爱国思想，培养爱国主义精神，造就人才。①

在琼崖东北区抗日民主政府的影响下，各地的抗日民主政权纷纷涌现。1941 年 12 月，以赵光炬为县长的昌江县抗日民主政权成立；1942 年冬，以陈克邱为县长的乐万联县抗日民主政府和以李独清为县长的澄迈县抗日民主政府先后成立；1943 年夏，以王业熹为县长的东定（琼东、定安）县抗日民主政府成立；1944 年初，以吴明和符英华为县长的儋县和临高县抗日民主政府分别成立；1945 年 7 月，以吴乾鹏、张开泰和赵光炬为县长的陵保联县、崖乐联县和昌感联县抗日民主政权相继成立。8 月，白沙抗日民主政府诞生。据当时不完全统计，全琼建立县级民众抗日团体 9 个，区级 16 个，乡级 199 个，参加各种团体的人数达 55000 多人。②

琼崖抗日根据地的政权建设，密切了共产党人与人民群众的联系，加强了抗日统一战线，提高了抗战的动员力、组织力，为琼崖独立总队坚持抗战，粉碎日伪军的"蚕食"和"扫荡"，提供了战略阵地依托。

1941 年 12 月，太平洋战争爆发后，日本帝国主义为了把中国变成太平洋战争的兵站基地，进一步加强对中国占领区的掠夺与控制。为摧毁敌后抗日根据地，把海南岛变成"太平洋上永不沉没的航空母舰"，从 1942 年 5 月起，日军集中兵力，首先加紧对琼文抗日根据地的"蚕食"、"扫荡"。日军在根据地外围建立据点，并组织一支精锐的"讨伐军"插进根据地腹地的树德、咸来、道崇、南阳、大昌各乡村庄，接着进驻琼山的龙发岭、高阶坡和文昌的东路、新桥，并修建了龙发岭到高阶坡的公路，把琼文抗日根据地分割成南北两块。日军在建立东路、龙马坡据点后，又在文昌县南阳乡金花村和琼山县道崇乡昌洽村驻扎重兵，在琼山县的土桥、四六桥和文昌县的三更等地建立据点，架桥修路，企图从点到线，从线到面，对根据地实行控制和分割、包围，企图在三个月内消灭独立总队。此

---

① 《琼崖东北区政府抗战时期施政纲领》（1941 年 11 月 10 日），《琼崖抗日斗争史料选编》，第 149—150 页。

② 琼崖武装斗争史办公室编：《琼崖纵队史》，广东人民出版社 1986 年版，第 148 页。

时，国民党顽固派仍坚持消极抗日、积极反共的政策，在海口至嘉积公路以西的潭文、甲子、福昌、大坡、中瑞园、迈号等地增强兵力，紧密配合日伪军进犯根据地。至此，日、伪、顽三位一体开始了对琼文根据地的严密封锁与分割，琼崖抗战面临着最严峻、最残酷的挑战。

1942年6月1日，中共琼崖特委发出《对于目前琼崖局势的指示》，指出：日军以军事力量配合政治，向我抗日民主地区进攻，企图使我抗日地区缩小，困难增多，以达到亡琼的目的；同时，亲日投降分子勾结日军破坏团结抗战，摧残人民，使我们面临着最严重、最险恶的局势。因此，琼崖特委号召琼崖全党和根据地军民要认清形势，看到前途，以最大的毅力和信心，灵活地运用统一战线中的策略，动员所有的力量，冲破一切困难，粉碎日伪顽的进攻，克服危机，争取时局的好转。

根据琼崖特委的指示，琼文抗日根据地采取各种政治、经济和军事斗争的手段与日伪军周旋。在政治上，积极发动群众，做群众工作，劝阻群众领取"顺民证"，不为日伪军服劳役，严惩投敌、附敌奸细，动员群众破坏公路、桥梁和电线，阻滞日伪军交通联系；在经济上，采取坚壁清野的斗争方式来对付日军的"扫荡"和"蚕食"；在军事上，采取外线与内线相结合、主力部队与地方兵团相结合的作战方针，在各地积极袭击日军据点，在各交通线上积极开展伏击战，机动灵活地消灭日伪军的有生力量。5月下旬，当地群众在海口至文昌，文昌至嘉积的公路线上，分段砍倒电线杆，剪断电线，破坏公路、桥梁，使日军的交通联络一度陷入瘫痪。7月7日，在文昌县的锦山墟，伏击了抢修公路通信、抢修筑碉堡的日军，大量歼灭深入根据地的顽军，缴获了大批的物资和布匹。同日，第二支队在文昌县冯坡水堆村与日军展开激战，重创日军，随后袭扰文昌县城和琼东县城，攻入潭牛墟，一夜打掉日军7个据点，取得了辉煌战绩。从5月到9月初，琼文根据地广大军民连续作战，创造了5次伏击战的胜利，拔除了20多座日军据点，破坏日军公路通信联系，缴获了大批的武器弹药和生活物资，取得了第一轮全面反击日顽军的胜利，打乱了日军的战略部署，挫败了日军"妄图三个月内消灭共产党"的"蚕食"、"扫荡"计划。

1942年9月6—27日，琼崖特委第九次扩大会议在琼文抗日根据地的树德乡召开。琼崖特委、独立总队部和各县党组织及各支队领导共44人出席了会议。冯白驹主持会议，并作政治报告。他分析了国内外和海南岛的斗争形势，提出必须根据党中央的指示，结合琼崖的实际，和敌人进行顽强的斗争。琼崖共产党必须发扬坚韧不拔的精神，同心合力，为实施反攻而努力。冯白驹在报告中明确提出了琼崖共产党和军队在今后抗战中的三个基本任务：一是要按照互助互让、共同发展的原则来改善国共两党及一切抗战党派的关系，以加强团结，不给敌人以任何离间的机会；二是要按照抗战建国的纲领来改善内政，使人民群众和一切爱国力量更加热烈地为抗战服务；三是要继续坚定全体军民的必胜信心，克服悲观情绪，消除侥幸等待心理，一切为抗战胜利而奋斗。[①] 冯白驹的报告，总结了经验，分析了抗战形势，明确了新的战斗任务。同时，为最大程度地争取抗战力量，冯白驹还提出，要严格执行党的统一战线政策，争取一切爱国力量，要注意克服因日顽残酷屠杀政策而产生的"左"的情绪，分化瓦解敌人，要最广泛地争取群众参加抗日民族统一战线，以彻底战胜日本侵略者，从而为琼崖抗日斗争指明了一条正确的前进道路。在会议上，林李明、庄田、王业熙、史丹分别作了统战报告、军事报告、部队政治工作报告和政权工作报告。这次会议统一了思想，振奋了人心，鼓舞了士气，为进一步开展抗日反顽斗争作了思想上的准备。

1942 年 11 月，日军开始实施"丫七作战"计划。日军调集精锐部队5000 人，配备汽车、装甲车等快速运输工具，组成"讨伐军"，在近万名伪自卫军的配合下，再次对琼文抗日根据地进行"扫荡"和"蚕食"。针对日军咄咄逼人的攻势，琼崖特委发出反"蚕食"斗争的指示，要求坚持内线斗争的党政军民继续实行坚壁清野，军民配合，开展肃特反奸工作，破坏日伪的情报网，保卫抗日民主政权。教育民众不要相信日伪军的欺骗宣传，增强反"蚕食"必胜的信心。同时，琼崖特委和独立总队部积极部署反"蚕食"的军事斗争。在了解日军想寻找独立总队主力开展决战的意图后，琼崖特委与独立总队将部队化整为零，采取敌人集中我分散，敌人分散我集中的办法，开展破击、伏击、袭击等游击战术，积小胜为大胜。此间，第一支队在三江、苏寻三、云龙、道崇、岭大等乡共毙伤敌 300 余人。12 月，第二支队在坡头尾村战斗中用步枪击落一架日机，取得了琼崖抗战以来首次打下日机的辉煌战绩。据不完全统计，从 1942

<hr>

① 《冯白驹在中共琼崖特委第九次扩大会议上的政治报告》（1942 年 9 月 7 日），《琼崖抗日斗争史料选编》，第 198 页。

年 10 月到 1943 年 1 月，独立总队第一、第二支队在坚持琼文抗日根据地反"蚕食"、反"扫荡"的艰苦斗争中，共毙伤日伪顽军 1200 多人。独立总队也付出了较大的代价，游击小组、执勤人员伤亡较多。第二支队副支队长覃威不幸负伤牺牲，独立总队失去一位优秀的指挥员。

在艰苦而残酷的反"蚕食"、反"扫荡"斗争中，抗日根据地人民群众作为琼崖抗战的坚强后盾，为琼崖抗战付出了巨大的牺牲。在文昌、琼山两县，仅在几个月的反"蚕食"斗争的岁月里，就有 400 多名区乡干部牺牲。三江、道崇、苏寻三、潭牛、大昌等乡有 3000 多名群众惨死在日军的屠刀下。大昌、南阳、高隆等乡 26 个村庄，被日军杀了 2000 多人，烧毁房屋 4000 多间。树德乡 5 个村的群众被日军杀光。道崇乡有 4 届民主政权的乡长相继牺牲。日军进驻昌洽村后，全村 125 户，遭日军屠杀后，仅存 54 户。① 龙马乡新村的云四婆，把独立总队两名伤员藏在家中的地洞里，无论敌人如何毒打她，始终都没有说出伤员的下落，被誉为"革命母亲"。②

日伪军惨无人道的"蚕食"、"扫荡"使琼崖人民群众的生命财产蒙受了巨大的损失。琼文根据地的各乡均被日军变为"无人区"，群众的生产生活受到了极大影响。随着日军据点由点到面的推进，独立总队在琼文根据地的活动范围越来越狭窄，部队给养严重不足。为保存实力，尽可能地减少根据地遭受日伪军的破坏和骚扰，独立总队不得不转入外线作战。1943 年 1 月 7 日和 3 月 18 日，琼崖特委先后发出《反"蚕食"斗争的再三指示》和《关于反"蚕食"斗争的新指示》，制定了"坚持内线，挺出外线"的作战方针。

事实上，早在 1942 年下半年，琼崖特委就派出了第一支队第三大队赴琼山县第二区和澄迈县第三区交界处的儒万山建立抗日根据地。第三大队进入儒万山以后，首先打击当地土匪改编的顽固派游击队，同时通过当地党政机关的斡旋和宣传教育，争取该地区土匪中立，互不侵犯，并广泛发动当地群众参军参战。不久，第一支队第一大队开赴儒万山，总队部直属医院、军械厂和新闻电台也搬到了儒万山。日军相继尾随而来。第一大

---

① 参见琼崖武装斗争史办公室编《琼崖纵队史》，广东人民出版社 1986 年版，第 152—156 页。

② 参见中共文昌县委党史办编《文昌人民革命史》，海南人民出版社 1988 年版，第 151 页。

队将部队分为两部，在内线的部队，化整为零，开展麻雀战、运动战，歼灭日军的有生力量，处处牵制敌人；而突围去外线的队伍，则绕道敌后，与内线作战相配合，内外夹击，有效地粉碎了日军的"蚕食"。第一支队在儒万山站稳脚跟后，即派第三大队向六芹山开进。冯白驹率领党政军领导机关也从琼文地区西迁至六芹山。后来，第一支队第三大队也撤出琼文，向澄迈、临高、儋县挺进，配合第四支队发展琼西的抗日斗争。第四支队在反"蚕食"斗争中，不仅保卫了和民、和祥、清平、洛基等根据地，还把儋县、白沙边区扩大成为独立总队的游击区，建立了以大星山为中心的根据地，为进一步与白沙黎族人民建立联系和创建白沙根据地创造了条件。

独立总队第一、第二支队主力撤出琼文根据地后，在何处建立中心根据地以坚持抗战，就成为急需解决的问题。琼崖特委内部存在两种不同的意见，多数人主张领导机关和主力向琼东区发展，到定安的内洞山一带建立中心根据地。冯白驹等认为，内洞山等地山区，群众稀少，经过长期反动派的烧杀摧残，群众基础较差，且接近嘉积的日军重要据点，不利于发展和创造根据地。而琼西澄迈、儋县、白沙等县，地域辽阔，第四支队活跃于该地，群众基础良好，有利于发展和创造根据地。由于特委多数人主张向琼东区发展，按照民主集中制的原则，冯白驹等保留自己的意见，服从了向琼东区发展的集体决定。为了实施这个决定，特委决定将活动在琼东县的第二支队第一大队和原在定安内洞山的挺进队合编为第五支队，开创内洞山根据地。第五支队进入内洞山地区后，不但遭受了优势敌人的不断围攻和袭击，而且遇到了许多困难，造成了大量的非战斗减员，损失惨重。第五支队最后被迫撤离了内洞山。建立内洞山抗日中心根据地受挫后，琼崖特委统一了认识，决定主力向琼西区发展，创造白沙阜龙根据地。

1943年下半年后，日军开始对乐万、临高、儋县抗日根据地进行"蚕食"。乐万军民在琼崖特委和独立总队的领导下，开展英勇顽强的反"蚕食"斗争，机动灵活地打击了日军。而在琼南地区，独立总队第三支队通过将军事工作与宣传工作相结合，打击了日伪顽的军事进攻，团结黎、苗族人民，共同抗日。陵水、保亭、崖县、乐东等县部分地区相继建立了区、乡抗日民主政权。各族青年踊跃参加独立总队，仅崖县就有200多人参加第三支队。至此，中共琼崖特委领导的抗日游击队发展到琼崖各地，抗日烽火遍及全琼。

为加强对各地区抗日斗争的领导，进一步巩固与扩大各抗日游击根据地和建立巩固的山区抗日根据地，争取抗战的胜利，1943 年冬，琼崖特委决定在东区、西区、南区成立军政委员会，分别由庄田、王伯伦、黄魂担任主任。同时，将各支队的防区和建制调整为：第一支队接管第二支队的全部防区，活动于琼山、文昌、澄迈等县；第二支队向昌感地区转移，开展西南地区的斗争，向白沙县发展。为了避免因长期调动而影响部队的战斗力，并使各部队的力量基本平衡，将原属于第二支队的第二、第三大队拨归第一支队建制，将原属于第一支队的第三大队编为第二支队第二大队，原第四支队的第一大队编为第二支队第一大队，将原属第四支队第四大队的一个中队和在昌感地区活动的挺进队编为第二支队第三大队；第一支队的猛进大队编为第四支队第一大队，第四支队仍活动于儋县、临高，并向白沙县发展；第三支队仍活动于乐会、万宁，并向保亭、陵水和崖县发展。① 1944 年春，琼崖特委和独立总队部根据部队的实际情况和斗争需要，决定第一、第二、第四支队都以第一大队为基础编组重点大队。此后，各支队都积极地寻找机会打击日伪顽军，取得了一个又一个的胜利。至 1944 年年初，日军妄图以"蚕食"、"扫荡"夷平琼崖抗日根据地，消灭琼崖抗日武装的阴谋，被琼崖抗日军民粉碎了。

在 1942 年 5 月至 1944 年春的反"蚕食"、反"扫荡"斗争中，琼崖抗日根据地军民发扬了大无畏的革命精神，历经艰难险阻，抗击了日军至少 5 个警备队共 1 万多人和伪军 5000 多人的进攻，并抵挡住了国民党顽固派 4 个团与 16 个县反共游击队的进攻。两年中，琼崖军民与日伪顽军作战达 1000 多次。在较大的 101 次战斗中就击毙日、伪军 1200 多人，缴获机关枪 27 挺、步枪 350 多支，还有一批军车和弹药。② 中国共产党及其领导的琼崖武装力量在抗日斗争中坚持抗日民族统一战线政策，广泛发动群众，不仅有力打击了敌人，也使自身发展壮大起来。中国共产党创建的琼崖抗日根据地不断得到扩大和巩固，成为琼崖抗战胜利的先声。

---

① 参见琼崖武装斗争史办公室编《琼崖纵队史》，广东人民出版社 1986 年版，第 169 页。

② 参见中共海南省委党史研究室编著《红旗不倒——中共琼崖地方史》，中共党史出版社 1995 年版，第 341—342 页。

第六章 英雄本色

——琼崖民众的抗日斗争

日军占领海南后，遭到了琼崖各界民众的英勇反抗。琼崖民众的抗日斗争，谱写了琼崖革命史上的英雄篇章。

一、忠肝义胆：黎苗族人民起义后寻找共产党

琼崖是一个多民族聚居的地区，黎族和苗族是琼崖主要的少数民族。近代琼崖除文昌等几个县为纯汉区以外，大多数县是民族杂居的地区，而白沙、保亭等则是纯粹的黎苗族集居县。中共琼崖地方组织早在土地革命战争时期就十分重视在黎苗少数民族地区开展工作，曾在陵水、万宁、定安、琼山、澄迈和崖县等黎苗族地区建立了党的基层组织和苏维埃政权。日军占领琼崖后，中共琼崖特委派一批党员干部分别到昌江、感恩、乐东等县的黎、苗、汉族杂居区，大力宣传抗日，开展群众运动，组织敌后游击战争，先后在昌感地区、乐东县尖峰地区建立了黎苗族人民的抗日游击队。中共琼崖特委认识到，无论从建立最广泛的抗日民族统一战线的高度，还是从黎苗族聚居地区的战略地位的角度来看，动员、组织黎苗族人民参加抗日战争，都有着特殊的意义。

琼崖抗战爆发后，国民党琼崖守备司令部、专员公署、守备二团、游击大队和儋县、临高、昌江、感恩、乐东、崖县、陵水等七个县的流亡政府及其武装人员纷纷逃往海南岛中部位于五指山腹地的白沙县。[①] 这里峰峦叠嶂，河谷纵横，山高林密，地形复杂，因而成为琼崖国民党地方当局选择的抗战后方基地。

---

① 中共海南黎族苗族自治州党史办公室《白沙起义》编写组：《白沙起义》，《琼岛星火》第 12 期，1983 年，第 24 页。

　　大批国民党军政人员涌入五指山地区，造成当地物资供应紧张。琼崖国民党当局进一步实行民族歧视和民族压迫政策，以抗战为名，大肆向黎、苗族人民摊派各种苛捐杂税，严重加重了人民的生活负担。其手段无奇不有，巧立名目之多难以数计。仅摊派的所谓公粮就有"抗战粮"、"官长粮"、"参议粮"等名目，还有"军服费"、"草鞋费"、"柴草税"、"牛牌"、"竹牌"、"狗牌"等，不一而足。国民党当局规定以保为行政单位，每月缴纳猪肉、牛肉、笋干各 70 斤，鸡 40 只，木耳 40 斤，酒 30 斤，蜂蜜 120 斤，蜂蜡 120 斤，烟叶 120 斤，白麻草席和麻被各 5 张。此外，还需缴纳壮丁费 200 块光洋。每月各保抽壮丁 9 名，如交不出人，要以 500 块光洋顶一个名额。甚至连平常不收税的黎苗族种植的玉米、番薯等也要拿出来交税，国民党的长官们均各自到村寨抽取贡品，猪、牛、狗、鸡无一放过，就连刚生下来的猪崽都打上了"××县府"的记号，等养大后送去。[①]

　　除苛捐杂税外，国民党当局还随意抽调黎苗民工，派役出差，驱使民工去挖战壕、盖军营、挑弹药、运粮食等。一个县的衙门平均要 1000 多名黎苗族同胞服苦役 20 天，司令部的衙门、专员公署的衙门就需要更多的人力和时间了。仅红毛乡平均每次就派工 250 名，民工在服役期间受到非人对待，不少人非正常死亡。同时，国民党军政人员的政风与军纪很坏，官兵经常窜进黎苗族村寨进行抢劫、强奸，杀人烧村。1942 年农历 5月 13 日，国民党当局在五指山制造了惨绝人寰的"五一三"大屠杀事件（也称中平事件），有将近 2000 名苗族同胞被杀。国民党当局的横征暴敛，使黎苗族同胞被压得喘不过气来，官民关系、民族关系恶化，黎苗族人民对国民党统治的极端不满情绪高涨。

　　1942 年王国兴等黎族首领以红毛乡为据点，进行起义的酝酿和串联。1943 年春节前后，王国兴又在红毛乡德伦山和什千山两次召开各乡黎族首领会议（苗族首领邓明人应邀参加），讨论武装起义问题。会议决定在 8 月 17 日（农历七月十五日）发动全面起义，并一致推举王国兴为起义总指挥。1943 年 8 月初，国民党白沙县政府召开驻地白沙一区保长会议，限各保在当月 15 日前交齐所规定的各种税款和物资，派出壮丁，每缺一壮丁就补交光洋 500 块。这将贫困交加的黎族同胞逼到绝路，成为黎、苗

---

　　① 《黎族人民领袖王国兴》，《琼岛星火》第 6 期，1981 年，第 14 页。

族人民起义的直接导火线。当时，白沙、牙叉乡的黎族首领王亚福、王亚义、符龙推等人立即开会商讨对策，一致认为不应该给国民党政府送任何东西，并决定提前于 8 月 12 日发动起义。是日，白沙县一区的白沙乡、牙叉乡、元门乡等 4000 多名黎族同胞在王亚福的带领下揭竿而起，向驻在向民村和印妹村的国民党白沙县政府和驻在什空的白沙县中队发起攻击，打死了县中队指挥官陈厚德，活捉副指挥官李尚宽（后被枪毙），缴获短枪 1 支、步枪 11 支，击毙敌人 20 余名。黎、苗族人民大起义由此揭开了序幕。

8 月 16 日，以白沙县一区的牙炳、探扭、九架、对俄等村为主力的起义队伍，围攻驻在长岭的国民党琼崖游击大队陈文才部。三区的阜青、龙头、狮球、光雅、七坊等村群众也纷纷起来响应，陈文才部被击溃，狼狈往石碌方向逃窜。为进一步扩大战果，一区起义首领在志针村符桂文家召开第一次军事会议，作出了分两路继续战斗的决定。一路由元门乡首领王打就领导 100 多人去支援二区的红毛乡，另一路由白沙、牙叉、南开、巴王、光亚等乡的起义群众 3000 人在王亚福的带领下，进攻驻在细水乡合口村的国民党军械厂和守备二团。17 日，起义队伍袭击和赶走了驻在番加、坡春村的国民党儋县、临高、感恩三县的县政府，并攻打一区区公所，打退了一区区长张开玉从南丰带来的援兵。至此，起义军将白沙县一区的国民党军政机关和部队全部驱逐，取得了初步的胜利。

白沙县一区黎、苗族人民起义的消息传出后，8 月 16 日，白沙县二区区公所以开会名义，逮捕了该区黎族首领王国兴、王玉锦、王泽义等人。后王玉锦机智逃脱并率领敢死队将王国兴等人救出。当黎、苗同胞得知总指挥王国兴被救出后，就开始从四面八方进攻临高、儋县、昌感三县联络所，打死敌人 10 多名，缴获步枪 8 支。18 日，毛贵、毛栈等乡起义群众 300 多人在王老朋、王元喜等二区黎族首领的带领下，攻打刚逃到毛贵乡的国民党昌江县和感恩县政府，打死敌人 4 名，缴获步枪 4 支。19 日，王老朋继续带领这支队伍攻打并驱逐驻在支康村的国民党乐东县政府。22 日，按照王国兴部署，王老朋率领队伍攻打昌否湾据点的国民党苏启辉中队，杀敌 30 余人，缴获步枪 30 余支，随即东进攻击驻在什统里的国民党机枪连，歼敌 40 名，缴获机枪 1 挺、步枪 40 支。同日，王宏顺和王传立率领红毛乡的起义群众围攻什响的国民党守备二团团部。但因国民党军队工事坚固，起义队伍武器装备落后，未能攻下。王国兴、王玉锦随即率领起义队伍 3000 余人前来支援。26 日，国民党军突围，落荒而逃。此仗击毙国民党军 50 多人。

白沙县一、二区的起义震动了五指山区，各地黎、苗族同胞纷纷起来响应。红雅、冲山（通什）等乡的群众赶走了驻在该地的崖县流亡政府；保亭县三区群众在黎族首领王土晶的带领下，驱逐了国民党保亭县政府。

白沙起义从 8 月 12 日至 26 日，历时半个月，参加起义的黎、苗族同胞达 2 万多人，共打死打伤敌人 300 余名，缴获步枪 90 多支，以及轻机枪 1 挺，物资、弹药一大批。国民党军政机关和武装力量几乎全部被驱逐出白沙县境内。

一个多月后，琼崖国民党当局纠集 1000 多人的兵力，分别从乐东县的番阳、儋县的雅星和白沙县的加钗和林加乡向起义群众发动疯狂的反扑。在国民党优势兵力有组织的进攻下，缺乏正确的斗争纲领、严密的战斗组织和武器简陋的起义军，伤亡很大。在国民党军队的连续追剿下，没有多久就被迫全部解体了。各乡的黎、苗族首领率领本乡群众撤退到附近的深山老林之中。王国兴、王玉锦、王亚福、王公护等，在弹尽援绝的情况下，率领起义群众撤到了鹦哥岭和什寒山继续坚持战斗。一些黎、苗族首领和群众为了躲避国民党当局的残害，则背井离乡，逃往异地，开始了颠沛流离的生活。

打败黎、苗族起义军后，国民党当局对黎苗族人民进行疯狂的报复，甚至声称"要斩尽黎仔，杀绝苗人"。① 大量黎、苗同胞被杀害，许多村庄被烧毁，王公护、王亚福等著名黎族首领惨遭杀害。王国兴的家乡红毛乡被烧杀得更为严重，起义前全乡有 1800 余户，近万人，而被国民党军队烧杀后，全乡仅存 200 余户，2000 多人，被杀害的无辜群众达 7000 余人。据统计，在白沙起义后，白沙全县有 10000 余名黎、苗同胞被国民党杀害。但是，国民党当局的高压和屠杀政策并没有使黎、苗族人民屈服。

白沙起义失败以后，黎、苗族人民起义队伍处在生死存亡的紧要关头，面临重要的政治抉择，他们想到了同国民党作坚决斗争的红军与共产党，相信共产党就是穷人的队伍，要拯救黎、苗民族就必须要找到共产党。虽然当时由于国民党的封锁，黎苗族起义军之间中断了联系，但是分散几处的黎族起义军都不约而同地派出人员去寻找红军和共产党。白沙一

---

① 参见程昭星、邢诒孔《黎族人民斗争史》，民族出版社 1999 年版，第 390 页。

区的黎族首领王定江独自出发去寻找共产党,不幸在路经儋县时被国民党查出杀害。符尤相、符桂刚、符亚春三人也到儋县的南丰寻找共产党,不幸被发觉被捕,后设法逃回白沙。

1943年10月,王国兴召集在各个山岭斗争的黎族首领王玉锦、王高定等开会,商讨对策,大家一致主张去寻找共产党,认为只有找共产党来帮助才可能打退国民党的进攻。王国兴派吉有理、王文聪、王高定三人去寻找共产党。他们经过一个多月的千辛万苦,最后终于在儋县和临高县交界处,找到了中共儋临联县委和县抗日民主政府。

在黎、苗族同胞寻找共产党之前,中共琼崖特委就有了在五指山建立中心根据地的计划。中共中央也指示特委,要"认真在三十余万夷民中进行艰苦联络工作,尊重他们的民族风俗习惯,使他们信任我们,不仅使他们不为敌伪利用,而且要使他们和我们一起抗敌。必须认识到他们所在地的五指山脉一带山地,将是我们长期抗战的最后的可靠根据地。其他沿海地方都有敌伪盘踞的可能。只有有了夷民、山地作为我军的巩固后方,我们才能支持长期抗战"。① 为此,琼崖特委一直在积极为建立五指山根据地创造条件和寻觅时机。白沙起义后,临高儋县主要领导李汉、符英华和独立总队第四支队长马白山、政委陈青山等,率部队在四塘战斗中打败了国民党保安六团杨开东部。白沙县黎、苗族人民起义的消息传来,特别是吉有理、王文聪、王高定三位黎族代表的到来,使琼崖特委建立五指山根据地的时机到来了。

冯白驹听取了王文聪的汇报后,高度评价了黎、苗民族敢于反抗的勇气,勉励他们再接再厉继续坚持斗争,并决定派一个武装工作组前往鹦哥岭,支持王国兴领导的起义队伍。工作组由支队参谋廖之雄、临儋联县抗日民主政府民政科长王茂松和两名战士组成。进入白沙后,工作组在了解情况后,便积极开展抗日宣传和组织工作,首先在红毛乡帮助黎族同胞组织斗争指挥部,后又组织了常备军,广泛开展武装斗争,接着设法同牙叉、白沙、元门等乡起义首领取得联系,扩大了武装队伍,开展了护村锄奸活动。红毛乡黎族群众斗争的兴起,引起了国民党当局的注意。国民党军队先后三次围剿在鹦哥岭坚持战斗的王国兴,但均遭到伏击而狼狈

① 《中共中央书记处对琼崖工作的指示》(1940年11月7日),《琼崖抗日斗争史料选编》,第22页。

窜逃。

1944 年初，琼崖特委认为必须加大对白沙地区的领导，为大部队进入五指山区建立巩固的根据地做准备。于是增派了朱家玖、郑放与原在白沙的廖之雄组成"黎民工作委员会"。同时，划出与白沙一区接壤的南丰、陶江、南辰、和盛、大成等乡，建立儋县五区，王茂松为区长，以配合第四支队向白沙的阜青、龙头乡发展。琼崖特委还指示昌感县委成立昌（江）白（沙）边区政府，配合第二支队向白沙二区发展。1944 年春，特委派第四支队第一、第二大队进入白沙县的阜青和龙头两乡，发动和组织黎苗同胞，打击并驱逐了国民党在该地的驻军，建立了阜龙乡抗日民主政府。5 月，白沙县抗日临时民主政府成立，吴文龙任县长，王国兴任副县长。后因国民党军队围剿，为了保护黎族人民武装起义的革命火种，特委指示白沙县抗日临时民主政府工作人员与黎族青年武装队伍暂时撤往第四支队部和儋县五区学习和训练，为创建白沙抗日根据地培养少数民族干部。

1944 年秋，根据中共中央指示，琼崖特委将琼崖抗日独立总队改编为"广东省琼崖游击队独立纵队"，下辖四个支队，共 5000 余人，冯白驹任司令员兼政治委员。独立纵队改编后，琼崖特委和纵队司令部决定建立白沙根据地，并以白沙根据地为中心发展全琼的抗日斗争。第二支队从西南方向逐步向白沙发展，第四支队在继续开展澄（迈）、临（高）、儋（县）地区抗日斗争的同时，派出主力巩固白沙阜龙根据地并逐步向白沙腹地推进。12 月，中共琼崖特委成立白（沙）、保（亭）、乐（东）人民解放团，王国兴任团长，同时挑选 30 多名黎族优秀青年组建了一支武装工作队，潜进白沙一、二区开展群众工作，打击奸细，为主力部队进入白沙腹地，扫除国民党顽固派创造条件。此外，还成立了以林杨春为区长的昌（江）、白（沙）边区和以王茂松为区长的儋（县）白、（沙）边区抗日民主政府，配合部队进军五指山，建立根据地。

1945 年 1 月，琼崖特委、琼崖纵队和东北区抗日民主政府，从澄迈的六芹山迁到白沙县的阜龙乡文头山。随后将工作重心转向五指山区根据地的创建上。1945 年 7 月，国民党驻白沙的一切党政机关和军队全部被赶出了白沙县。元门、阜龙、红毛等 13 个乡相继建立了抗日民主政府。8 月初，白沙县抗日民主政府成立，詹力之任县长，王国兴、王茂松任副县长。白沙县抗日民主政府的成立，标志着白沙抗日根据地的建成。它奠定了解放战争时期五指山中心根据地的建设基础，具有十分重要的战略意义。

此外，在其他的黎、苗族地区，黎、苗民族也积极参与抗日。在1944年夏天，琼崖独立总队第三大队队长王志平率领部队随陵（水）、崖（县）、保（亭）、乐（会）边区办事处从保亭的五弓转移到甘什村，不久，第三支队队部机关也汇集到这里。甘什村本仅是个方圆二里地人口100多人的小村庄，大量军队的涌入，军队的给养困难增大。

首先是食盐缺乏。甘什村距藤桥、三亚较近，那里有盐田，但日军对食盐控制很紧，封锁很严。吉有儒为帮助部队和抗日政府解决食盐问题，首先到三亚去侦察，后带着部队的驳壳枪班配合群众行动，夜间潜入铁炉港盐田，袭击看守盐田的日军，砸开仓库夺得了一批食盐，当夜运回甘什村。其次是物资困难。为解决这一困难，吉有儒还带领第三支队的驳壳枪人员化装到崖县深田村其亲戚家，并以此为据点，逐步扩展到铁炉港、平郎港、六盘等地进行海上缉私活动。琼崖纵队的一支"缉私队"专门在海上检查来往船只，打击敌人，没收资本家和伪政权官僚奸商的货物。同时在市场上购买了一批军需品，并在一些地区征收到公粮，并组织甘什村的黎族群众分批将这些物资运回部队驻地。不久，第三支队驳壳枪班又袭击日军大茅峒油脂公司，没收十多只牛。这样，部队的供应就基本解决了。为了支援抗日民主政权，在回岸村还建立起物资转运站，存放粮食、被服等，毛政弓一带收集到的粮食也都集中在此。这些军需物资除供应驻在甘什的部队外，还组织甘什村群众将一部分转运到其他根据地。再次是医疗救治困难。在甘什村，根据地的医疗站条件简陋，物资缺乏。医疗站平时能收治伤病员十多人，最多时达20余人。抗战后期，琼崖独立纵队向东转移，医疗站及其伤病员，尤其是重伤病员，由于交通工具缺乏，加上敌人的严密封锁，一时难以同时转移，只好决定将不能运走的伤病员转移到甘什村附近的山洞里隐蔽起来，等待机会再回归部队。这些重伤病员生活无法自理，行动不便，甘什村的黎族群众和医疗站的看护们采用人背的办法，将其逐个背上山顶爬进悬崖峭壁，分散安置在石洞里，防备敌人的搜索和残杀。部队转移后，医疗站被困在山上，敌人天天上山围剿，因此必须天天抬着伤员转移，有时一天要转移几个地方才行。临时搭个草棚，而敌人来了，见草棚就烧，只好烧了再盖，有时则只能睡在露天的草地上。在这样艰苦的时候，黎族群众给伤病员们以极大的支持，帮助通风报信、采药、供应粮食，等等。后来，甘什村医疗站和伤病员们在黎族群众的帮助下，转移到了万宁县的六连岭革命根据地。

1944 年下半年，日军曾从林旺、藤桥等据点出发分别向甘什村抗日根据地进行围剿。在部队的保护下，群众退出村庄避开了敌人的锋芒。敌人扑空后，恼羞成怒，采取"三光"政策，把甘什村的房屋全部烧光。面对敌人的淫威，群众仍不屈服，继续支持部队。为抗击日军的侵略行径，保卫村庄的安全，甘什村及附近的什密、番道村的群众自发地组织了"民救会"，由高荣富担任会长。甘什村还成立了有20多人参加的"保家队"，队长谭亚养，副队长黄亚昌。"保家队"夜间巡逻放哨，防备敌人的偷袭，他们提出的口号是"拥护共产党，积极支援部队，打倒日本鬼子，保卫甘什村"。甘什村黎族青年还积极参加中共领导下的抗日军队，谭建平、吉仁发、李其光等参加了独立总队，直接参与对敌武装斗争。

抗战后期，为了迎接反攻，争取抗战的最后胜利，中共琼崖特委提出了开展"一弹反攻献捐运动"的号召，昌感崖县委和县政府接到指示后，积极发动群众献捐，在县、区、乡领导的带领下，昌江县的黎、汉族群众卖猪卖鸡聚钱献捐，昌一、三联区群众捐献了 5 万多元日币，还有大批物资。昌二区群众捐献光洋 5000 多块和日币 4000 多元。据不完全统计，在这次"一弹反攻献捐运动"中，昌江全县共捐日币 200 多万元，以及其他物资一大批。①

琼崖黎、苗族人民反对国民党民族压迫的武装起义，以及在抗日战争中所做的不屈不挠的斗争，是琼崖乃至中国革命历史上的重要篇章。它实际上预示着一个历史的必然结局：在中国政治舞台上，国民党的失败和共产党的胜利都是不可避免的。

二、巾帼英雄：琼崖妇女的抗日救亡活动

海南女性是一个受苦难非常深重但独立性很强的群体。近代海南民不聊生，不少男人迫于生计，背井离乡，到南洋等地打工，卖苦力。妇女不但要承担服务家庭和社会的责任，而且在家庭和社会中，几乎没有做人的

---

① 中共昌江县委党史研究室编：《昌江革命史》，海南出版社 1994 年版，第 154—155 页。

权利，乐会、琼东的妇女甚至连名字都没有。正因受到如此繁重的压迫，海南女性向加到她们身上的压迫发起了强悍的攻击。相对于其他地域的中国女性，海南女性显示了血性和无所畏惧的反抗精神，她们没有消极等待男性解放者的解救，而是直接介入了争取自我命运的战斗。

据资料记载，抗日战争时期，全琼总人口约300万人，其中女性约占一半。由于战争的原因，一部分男劳力上了前线，一部分男劳力远赴南洋，留在农村里劳作的大部分是妇女。她们既要承担繁重的生产和家务劳动，又要担负支援前线的繁重任务。在抗日战争中，琼崖妇女做了大量的工作，发挥了特殊的作用。

一是进行抗日宣传，激励军民斗志。人民群众是兵力之源，民心向背决定了战争的成败，而宣传工作的深度与广度又决定了对战争力量之源的挖掘程度。琼崖特委对抗日战争的宣传工作非常重视，且因在土地革命战争时期女子特务连的筹建及其出色的战斗力，使琼崖特委对琼崖女性的独立性与革命性有了深刻的认识和理解，更加重视妇女宣传工作。从身份认同的角度来看，女性参与抗日宣传易取得良好的效果。中国传统社会的女性大都受到神权、族权和夫权的三重压迫，生活在水深火热之中，让有政治觉悟的女性参与抗日宣传，不但容易唤醒广大农村妇女的身份认同与革命热情，而且还因为女性更具有做宣传工作的特殊优势，如善言谈、喜沟通、隐蔽性强等，因此女性参与抗日宣传的效果是比较好的。抗战期间，不少优秀的琼崖女性深入农村、渔港和学校开展抗日宣传，激发群众支持抗日的热情。如一位叫作何秀英的女性，她是"琼崖华侨回乡抗日服务团"的成员，工作积极活跃。她常在琼山、文昌、万宁、乐会、琼东、定安等地进行宣传抗日，成立妇女识字班，组织女性搞战地训练、动员募捐等，并在日常工作中常把关心妇女群众的疾苦放在心上，帮助她们解决婚姻家庭的纠纷和问题，唤醒女性的革命意识与政治觉悟。另外，她还配合地委的工作，推荐和培养妇女积极分子，协助当地政府召开妇女会议，选举妇女干部，发动妇女参加妇女组织和琼崖抗日独立总队等，工作都做得十分出色。据不完全统计，在海南岛6年多抗日斗争过程中，琼崖党组织根据不同时期对敌斗争的需要，先后共派出女同志2700多人，宣传群众达3.7万余人次。这些女同志对宣传工作所采取的形式和方法，因地因人而异。在敌占区，多以暗地宣传动员为主。如在临高、乐东、万宁等地区，日军控制森严，抗日宣传工作难度很大。参与抗日宣传的女性多为本地人，她们熟悉地形，了解本地乡土人情，她们的抗日宣传工作多是秘密进行。路径一是以走亲访友为名，带去党中央的文件，并对文件的内容和精神进行宣传与解读，鼓励民众坚持抗战，保持抗日的信心；路径二是在群众的掩护下，秘密发展扩大抗日队伍。而在解放区，抗日宣传活动则形式灵活多样。如琼山、文昌根据地，在1940—1942年间，日军向根据地发动"蚕食"和"扫荡"，为了揭露敌人的阴谋，提高革命群众的抗战信心，琼崖抗日独立总队、华侨服务团，以及地方妇救会的女同志很多都积极参与到群众中去，采取举办学习班，召开演讲会，教唱抗日歌曲，演出歌剧、琼剧，张贴抗日标语等形式，向根据地群众传达琼崖特委的指示，宣传抗日道理，教育群众认清当前形势，充分做好反击敌人进攻的思想准备。

二是积极参战，充实和壮大抗日力量。海南岛孤悬海外的特殊地理位置，男性为了谋生存，很多都下了南洋，自1858年海口被辟为对外通商口岸后，向海外的移民更是络绎不绝，且一般均为男性。男人们大量外出，一去就是几年、十几年甚至一生一世，留守家中的妇女们不得不承担起家庭的全部生计，成为家庭生产的支柱。由于向外移民造成了海南家庭往往由妇女独自面对生活的特殊性，造就了琼崖妇女独立承担生活重担的能力，这种能力不仅是身体的而且也是心理的，琼崖妇女逐渐在体力、心理承受能力上都表现出非凡的韧性，即琼崖妇女因其劳动内容的宽泛而在体力上能承受高强度繁重劳动，生存能力强而且心理素质相对稳定，在抗日战争斗争中，她们都不自觉地扮演男性的社会角色，要求积极参战。据不完全统计，在历次革命斗争中，琼崖有女烈士1903人，占当时广东省女烈士的64.14%，仅抗日战争时期光荣牺牲的女烈士就达1058人。被授予"人民功臣"称号的有16人，立过各种大小战功的不计其数，死里逃生、坚持到底的更是不胜枚举，这在中国妇女斗争史上是最辉煌的一页。

在1940年之后，根据特委的指示，反"围剿"、反"扫荡"必须建立一支强大的人民军队，动员优秀的男女青年参加队伍，以加速抗日武装建设。琼文、乐万、临儋、昌感等地大批女青年参加抗日部队。当时，琼崖独立总队有4000余人，其中女同志占了12%以上。值得一提的是，在琼崖抗日部队中，这些女性大部分是担当看护任务，由于物资缺乏，她们手中没有武器，拿着担架、救护器具和救护药品上前线，冒着生命危险，在枪林弹雨中救护受伤的同志。在反"蚕食"、反"扫荡"的 3 年中，全琼牺牲的妇女同志达到 1000 多人，付出的代价很大。到 1945 年，琼崖纵队发展到了 7000 人，其中女兵占 15% 以上，还有一部分女同志参加了地方武装，海南妇女成了琼崖抗战的重要力量，为琼崖抗日战争作出了卓越贡献。

三是筹运物资，保障军队给养。物资保障是坚持长期抗战必不可少的条件，只有做好这项工作，才能让军队战斗顺利进行，从而夺取战争的胜利。在琼崖的抗日战争中，琼崖抗日武装力量是在非常艰苦的条件下和日军作战，不但会战次数频繁，而且由于海南岛中间为高地，四周为平地和丘陵，在琼崖抗日武装力量装备非常落后的情况下，抗日革命根据地存活的时间大多不长，且人员相对分散，这造成了每一个战斗分队都是独立的伙食单位。平时，每个中队都配有一个炊事班，两口行军锅，5—7 名炊事员；部队分散执行战斗任务时，每个分队至少要配备一两个炊事员和一口行军锅，独立地组成一个伙食单位，跟随部队作战。据 1943 年统计，琼崖抗日独立队共有炊事班 120 多个，炊事员 800 余人。抗日战争时期，琼崖人民武装力量的粮食给养十分困难，没有固定的公粮供给，全部依靠当地群众支援。因此，这些女同志不但要担任部队的后勤炊事工作，而且要兼任筹粮的任务。对于前项工作，这些女性从小就从事家务劳动，她们不需要进行培训就能独立进行工作。但要完成后一项任务就非常艰难。在革命根据地，人民群众主动送粮支援部队，情况相对好些；但在敌占区，群众对抗日武装力量缺乏了解，外加敌人的封锁，筹粮工作非常困难。因为要冒着很大的风险去筹集粮食，不少女炊事员惨遭敌人杀害。据琼崖总队第一、第二、第三支队不完全统计，在抗日战争中，为部队筹集粮食的女炊事员和群众，遭敌人杀害的就有 230 多人。以六连岭根据地为例，1943 年冬天，日军把六连岭根据地同外围地区割开，妄图围困六连岭根据地。当时在六连岭上的党政军人员共有 1000 多人。粮食全靠女政工队和女炊事员冒着生命危险下山去筹办，她们需要穿过日军占据的公路和碉堡据点的层层封锁，到数十里外的村庄筹运粮食，往返途中又经常遇上敌人的袭击或受伤掉队，但只要没有倒下，无论白天黑夜，只要哪里有粮，她们就敢于往哪里赴汤蹈火。有时一夜之间往返 100 多里。为了保障岭上党政军的粮食供给，许多优秀女性付出了自己的生命。乐万县政府女炊事员陈玉颜在运粮途中被敌人伏击牺牲；县委庶务长、共产党员符英在取运粮途中被捕后，敌人把她押到龙滚用最残忍的酷刑逼供，割掉她的乳房、耳朵和舌头，砍断她的双臂和双腿，可她始终未向敌人吐露任何组织机密；县政府交通员、共产党员卢爱梅在回六连岭途中被敌人抓捕，敌人对她严刑拷打，用火烧她的头发和阴部，但她咬着牙、忍受着钻心的剧痛不向敌人透露一个字，最后被活活打死。这些烈士是琼崖妇女形象的缩影，是琼崖妇女的革命信念和意志的体现。可以说，没有妇女百折不挠的奋斗精神和不怕牺牲的果敢行动，就没有琼崖革命最后的胜利。

四是承担卫勤工作，保存抗日有生力量。医疗救护工作直接关系到战斗有生力量的存亡，做好卫勤保障是巩固部队战斗力的一个重要途径。然而，在琼崖抗日战争中，无论是医疗器械、医药，还是医务人员都很缺乏。为了把抗日战争坚持下去，广大妇女在琼崖党组织的领导和培养下，建立起了一个依靠群众、以中草药为基础的医疗卫生体系，成为琼崖抗日武装力量的医疗保障力量。在这支医疗队伍中，据不完全统计，有医疗卫生人员1230多人，其中女同志占87%。与后勤保障工作不同，卫勤工作需要有一定的文化基础，还需要医疗知识和护理技术。为了更快适应卫勤工作，这些女性在实践中刻苦学习，很快掌握了医疗救护的基本知识和技术。

在医疗救护过程中，她们的主要任务有：（1）筹建医院。一类是在根据地组建后方医院，以做好伤病员的留治工作。由于有一定的后勤保障，后方医院的工作一定时间内比较稳定。另一类是组建流动野战医院，这类医院设在敌人的后方，需随时跟随作战部队开展救护工作，流动性强，稳定性、安全性非常弱。要建医院，无论是后方医院还是流动野战医院，病房、病床都是医院的必备品，为了保障伤病员的住宿，她们就自力更生盖病房、搭病床。（2）筹集医药。在琼崖抗日战争过程中，医药物资、医疗器械严重匮乏，她们就自力更生，想办法克服。她们就地取材制造医疗器械，用椰子壳代替垫盘，用椰壳丝揉制包扎绳等；同时还积极向群众请教、收集各种土方、偏方、苗黎药方等，研习中药知识，上山挖草药，用野石榴叶治疗泻肚，用柴胡治疗疟疾等，大大缓解了医药物资匮乏的紧迫程度，也提升了伤病员的救治率。（3）实施战场救护。战场救护是卫勤工作的一项十分主要的任务，做好这项工作，对于保存部队的有生力量，巩固战斗力，具有重大的意义。在琼崖抗日战争时期，男性主要承担作战任务，而战地救护工作则多由女同志承担。部队在进行前线作战时，她们就抬着担架上战场，抢救伤员，对伤员先进行包扎处理，然后送到医院治疗，使伤员得到及时的救治，减少了死亡率。如在1941年的罗蓬战斗和大水战斗中，被她们从战场上抢救出来的有40多名伤员，由于及时转送到后方医院得到早期救治，治愈率达92.3%。然而，战场救护工作艰苦而又危险，有时为了救护一个伤员，往往要付出很大的代价。1942年，琼山文昌地区反"蚕食"、反"扫荡"的斗争中，就有18名女同志为救护伤病员而壮烈牺牲。（4）保护、转移伤病员。琼崖的抗日战争是在敌、伪、顽三种力量重重包围下进行的，战斗环境非常艰难，伤员从战场上抢救出来后，保护和转移伤病员的任务依然繁重。一难是移送伤员往后方医院，往往需要通过敌人的众多封锁。1942年，第一、第二支队的7名女看护后送一批伤员时，被敌人围困在琼文地区的白云山上近一个月才突围，把伤员送到了后方医院。二难是保护伤病员，无论在后方医院还是在流动野战医院，都很容易遭到敌人的攻击和骚扰，为了保护伤病员，很多女性献出了生命。1942年，琼崖抗日总队第二医务所设在六芹山一带，时由周兰英担任医务所的助理医官，和一个看护长、两个看护、一个军需和两个膳食编成了一个医疗组，负责护理20多名伤病员。某天傍晚，国民党兵从仁洞方向出动一个营开始搜山，扬言要把共产党的伤病员和医务人员一网打尽。医疗组采取应急措施，带领伤病员到海女年村附近的里万岭下的一块低凹的灌木丛中隐蔽起来，留三位同志在海女年村做饭。次日清晨，留在海女年村里的同志被国民党兵包围了。在突围时，看护韩竟娥和膳食邢金英不幸牺牲，周兰英在引开敌人的过程中也险些丧命。据不完全统计，6年琼崖抗日战争中牺牲的女医生、女看护员就占了琼崖牺牲女烈士的41.2%。正是她们历尽了千辛万苦，以顽强的毅力，战胜了各种难以想象的困难，出色地完成了卫勤工作，保存了琼崖抗日的有生力量。

三、赤子情怀：华侨对琼崖抗战的积极援助

华侨是中华民族的重要组成部分。四通八达的水上交通为海南人向海外的迁徙和流动提供了天然的条件，为了谋求生活，大量的海南人流向东南亚各国及世界各地，形成了当地社会一个特殊的群体——"琼侨"。他们常年旅居海外，远离祖国和故乡，充分体会了创业的艰辛与生活的艰难。同时也因为中国国势贫弱和民国政府的腐败无能，琼侨的合法权益得

不到应有的保障，在海外受到当地政府的欺凌、压榨，充分体会了弱国子
民痛苦。他们希望祖国能够早日强大，并期冀能够得到祖国的庇护和安
慰。这使广大海外华侨的爱国热情分外强烈，他们渴望祖国早日摆脱贫穷
落后，摆脱帝国主义的压迫，走上富强的道路，昂首挺立于世界民族之
林。抗日战争前夕，侨居世界各地的华侨有 1000 多万人。[1] 抗日战争爆
发后，在海外许多国家和地区，华人华侨掀起爱国热潮，各种抗日救国团
体纷纷成立，在华侨中宣传抗日救国。他们以极大的热情，或慷慨解囊，
或亲赴疆场，开始了长期的对华抗战的支持与援助。

　　琼侨"流寓远方，不忘琼土"，素来具有爱国爱乡的优良传统。1938
年春，"华侨抗敌动员总会琼崖分会"宣告成立，指出："我黄裔华胄"，
"驱除倭寇，还我河山，血洗国耻"，"再无容忍之地"。表示"吾侪同
侨"，"救国职责，不敢后人"，要"抗日到底，复兴中华"。抗日战争进
入相持阶段后，琼侨更加频繁而积极地配合、支持和参加祖国的抗日战
争。1938 年夏，琼籍华侨李辉南等 50 余人，响应宋庆龄领导的"保卫中
国同盟"关于组织医疗队参加战时救护工作的号召，组成救护团分三批
携带许多药品和 9 辆救护车回国服务。此外，琼籍华侨还组织机工队等回
国参加抗战。同时，香港琼崖同乡会和香港琼崖商会也组织在香港的琼籍
青年成立"琼崖抗日救国队"，返琼参战，准备迎击即将侵琼的日军。
1939 年 1 月，日军军舰开始对琼崖地区频繁骚扰，琼崖形势日趋紧张，
琼崖旅港商会和琼崖旅港同乡会遂举行联系会议，决定以琼崖抗日救国队
为基础，吸收 10 余名海外回港的琼侨青年，组织"琼崖商会回乡服务
团"。范世儒为团长，符思之为副团长。团员共 32 人。内设宣传、救护、
歌咏、戏剧四组。[2]

　　面对日趋紧张的琼崖形势，为了做好抗日救乡的准备，琼籍侨领周文
治、王谟仁等人为琼崖抗战筹备事宜，商讨救国救乡的大计，联名致函宋
子文、陈策，建议在香港召开海外琼崖华侨代表会议。在获得宋、陈二位
的支持后，周文治等十几位知名琼侨登报通告并致函南洋各地琼崖社团，
发起召集琼崖华侨代表大会。呼吁"凡我琼侨，对于救国救乡，尤应乘
时而起，共作最大之努力，一齐发动，速行组织，互相联系，共谋团结，

---

　　①　黄慰慈、许肖生：《华侨对祖国抗战的贡献》，广东人民出版社 1991 年版，第 1 页。

　　②　《侨港琼崖商会组织回乡服务团》，《循环日报》1939 年 1 月 4 日；转引自黄慰慈、许肖
生《华侨对祖国抗战的贡献》，第 69 页。

救国救乡"。① 1939 年 1 月 20 日，来自新加坡、马来西亚、暹罗、越南等地 40 个琼侨团体代表 66 人②云集香港，召开琼崖华侨代表大会预备会。23 日，琼侨代表大会在香港正式举行。会议决定成立琼崖华侨联合总会（简称琼侨总会），通过了《琼崖华侨联合总会组织章程》，并确定将香港"琼崖商会回乡服务团"扩大为"琼崖华侨联合总会回乡服务团"，在南洋各埠迅速扩大组织；捐助八路军医药、物资；规定总会名誉会长等。根据琼崖代表会议决议通过的"扩大香港琼崖商会回乡服务团，成立琼侨联合总会回乡服务团案"。1 月 26 日，琼崖旅港商会将其回乡服务团移交琼崖代表大会。会上立即宣布成立"琼侨联合总会回乡服务团"（简称为琼侨回乡服务团），任命范世儒为团长，符思之为副团长。内设"救伤、宣传、歌咏、戏剧、电影"五个小组。服务团的主要任务，一是救伤组担任民众及军队一切救护工作，二是宣传组担任唤起民众，宣传抗日，发动各种民运工作。其他三组则担任慰劳及宣传救国工作。服务团经费由总会负责。③ 琼侨回乡服务团的建立，有效地将分散在各地的琼侨团结起来，形成了救国救乡的重要力量。这是琼崖抗战史上的一件大事。从此，琼侨与广大琼崖人民紧密地团结在一起，共同抗日。

琼侨代表大会结束以后，各属代表便回到南洋各地发动琼侨青年，加紧组建服务团。5 月 17 日，南洋英属琼州联合会救济琼崖难民会委托星洲分会，组织"南洋英属琼州联合会馆联合会救济琼崖难民救护队"，决议拨给"筹办经费以叻币一百元。训练期间费用各人自备，至于返琼途费及在琼服务每人每月生活费国币十元"。琼侨青年立即响应星洲分会号召，踊跃报名参加救护队，到 5 月 23 日早晨止，报名者有 165 人。当天晚上，成立了以陈时文为首的审查和考试委员会，对报名者进行了口试、笔试及其体格检查，择优录取了 60 名。④ 在越南，"越南琼侨救乡总会"

---

① 新加坡《新国民日报》1938 年 12 月 23 日；转引自黄慰慈、许肖生《华侨对祖国抗战的贡献》，第 42 页。

② 关于参加琼侨代表大会的与会人数，陈永阶、林飞鸾主编的《琼崖华侨联合总会回乡服务团研究史料》第 4 页指出为 66 人；黄慰慈、许肖生所著《华侨对祖国抗战的贡献》第 42 页则提到人数为 80 余人。这里采用了陈永阶、林飞鸾一书的数字，此数据来源于 1939 年 2 月 3 日《星洲日报》，应该更准确。

③ 《琼侨大会昨日继续开会》，《循环日报》1939 年 1 月 27 日；转引自黄慰慈、许肖生《华侨对祖国抗战的贡献》，第 38 页。

④ 《琼侨救难会救济组议决考选救护队办法》，《星洲日报》1939 年 5 月 24 日；转引自黄慰慈、许肖生《华侨对祖国抗战的贡献》，第 73—75 页。

成立后即刻积极号召法属越南琼侨青年报名参加回乡服务团。当越南琼侨青年听闻"日寇占领海南后，到处烧、杀、抢掠、奸淫……都很愤怒，恨不得一下子飞回祖国同敌人拼"[①]，争先恐后地来到"越南琼侨救乡总会"报名参加服务团。符克负责对前来报名的琼侨青年进行口试，了解其参加回乡服务团的动机和目的。经过严格的口试和审查，共录取了40余人。在暹罗，虽然暹罗政权"现在国防部长兼内务部长、外交部长銮铁奔氏掌握之下，对我华侨……学校、团体及一切救国活动，都必横加取缔。惟我侨胞之救亡进行，并不因而畏缩"[②]。暹罗琼侨回乡服务团在杨文宛等人的组织领导下，进行半秘密的筹建和训练，共招收团员17人。在广州湾，海南岛沦陷后，许多琼崖难民纷纷逃离家园到广州湾避难。琼侨联合总会因地制宜地在此设立了琼侨联合总会西营（今湛江市霞山）分会。为扩大回乡服务团，西营分会便在逃难青年中积极开展工作，组建"琼侨联合总会回乡服务团广州湾队训练班"，发动青年报名参加。结果，报名应试者达300余人，经过考试择优录取60名队员。至此，经过半年的经营和努力，琼侨回乡服务团团员的人数从原来的23人激增到200多人，他们在经过严格的训练之后，成为坚强的救国救乡的战斗群体。

1939年4—8月，琼侨回乡服务团团员为了能够回乡抗日，在琼州海峡被日军封锁的情况下，演绎了一场英勇而顽强地偷渡琼州海峡的战斗。为配合各团员能够顺利地偷渡海峡，1939年初中共琼崖特委在广州湾设立了联络站，指定中共党员曾鲁负责指导服务团分五批偷渡海峡事宜。第一批为香港团共32名团员，在1939年4月16日，全部安全抵达文昌冯家坡海岸；第二批为南洋英属琼州会馆联合会救济琼崖难民救护队，分四次偷渡，虽然其中第二、第三次的队员在偷渡的过程中遇到日军，但是最后所有的团员仍安全抵达了琼崖；第三批是暹罗琼侨回乡服务团，他们在越南团的协助下，分三次偷渡海峡，第一、第三次偷渡成功，第二次由符雷鸣率领7名团员全部海上遇难，所以暹罗团仅有10名团员抵达琼崖。第四批越南琼侨回乡服务团和第五批香港团第二期团员和广州湾队也均偷渡成功。据琼侨联合总会统计，遣返琼崖工作的琼侨回乡服务团团员共有

---

① 潘照：《参加越南琼侨回乡服务团的片断回忆》，《琼岛星火》第13期，1984年，第58页。

② 《暹罗琼侨代表过港返琼劳军》，《大公报》1938年8月8日；转引自黄慰慈、许肖生《华侨对祖国抗战的贡献》，第10页。

220 人①。各团抵达琼崖以后，先在文昌县会合，然后分散在文昌、琼海、琼山、万宁、乐会等县开展抗日救亡活动。为了加强对琼侨回乡服务团工作的领导，以便直接指导服务团的工作，1940 年 1 月，琼侨联合总会在琼设立办事处，整编了服务团的组织机构，统一团名为"琼侨联合总会回乡服务团"，符克任总团长。总团建立后，琼侨回乡服务团的工作扩展到了澄迈和乐会等地。

抗日战争时期，琼侨除组织"琼侨回乡服务团"，支援琼崖抗战外，还组织了"琼崖难民救济会"，帮助琼崖受难同胞。

1939 年 2 月 10 日，日军侵入海南岛。琼崖人民陷入水深火热之中。为救济受难乡亲，支持家乡亲人的抗日斗争，东南亚各地的琼侨纷纷开展救乡运动，呼吁"被日本人蹂躏的同胞，保卫我们国家的领土，维护祖先们留给我们的田园，实是每一个琼崖同乡的责任，尤其是我们侨居国外的海外同乡，所负的责任更是重大"。② 为进一步集中琼籍华侨的人力、物力和财力，2 月 12 日，琼侨联合总会和香港琼崖商会、琼崖同乡会在香港德辅道西琼崖旅港商会发起成立"琼崖难民救济会"。在成立会上，确定发起单位的香港琼胞、英属南洋琼侨和越南琼侨三个团体的执行委员、监察委员及各琼崖轮船之工头为当然委员，另聘琼崖名流为大会委员，即席选举大会常务委员 35 人，其中香港琼胞有周文治等 11 人，英属南洋琼侨有王兆松等 14 人，越南琼侨 10 人。接着，会议"以紧急会议及琼侨总会名义联函拍电海外琼崖会馆急即筹募款项，办理救济"等。③ 由此可见，如果说"琼侨回乡服务团"是作为一个政治或者军事组织而存在的话，那么"琼崖难民救济会"主要是作为一个经济组织而存在。从此，这两个琼侨组织在抗战期间发挥着不同却互补的功能，为抗日救国作出了巨大贡献。

第一，组织募捐，支援抗战。由于琼崖是边地，经济不发达，抗战需要巨大的、长期的人力、财力与物力支持，因此广泛发动侨胞，按时、按额捐输，集腋成裘，是保证琼崖抗战胜利的重要条件。在琼侨总会和琼崖

---

① 王兆松：《琼侨联合总会救济部工作报告书》，《民锋半月刊》1940 年第 2 卷第 2 期。

② 《星岛日报》1939 年 1 月 27 日；转引自黄慰慈、许肖生《华侨对祖国抗战的贡献》，第 38 页。

③ 《旅港琼侨昨召开紧急会议成立琼崖难民救济会》，《循环日报》1939 年 2 月 13 日；转引自黄慰慈、许肖生《华侨对祖国抗战的贡献》，第 95 页。

难民救济会的号召下，"新加坡琼侨救济琼崖难民会"、"越南琼侨救乡总会"、"森美兰琼崖难民救济委员会"、"槟琼州会馆救济琼崖难民会"等组织纷纷成立，成千上万的琼侨投入到了募捐救国救乡的洪流之中。

　　琼侨捐资助战的方式是多种多样的，如月捐、募捐、特别捐、献金和义卖等。1939年2月28日、29日两晚，新加坡"南星剧团"在新世界戏院演筹赈戏，南洋各属琼州会馆执委、常委符致逢等琼侨领袖亲临主持募捐动员，并以身作则带头募捐。从此，琼侨的募捐活动如火如荼地开展起来，富商巨贾纷纷解囊，大额捐献，广大贫苦琼侨也节衣缩食，甚至变卖自己仅有的家产来捐献。有些家庭主妇把珍藏的金银首饰、嫁妆等都拿出来捐献，妇女和青年学生则组成义务售花队和特别队，走上街头劝购纸花和发动一元救国捐等。部分琼侨甚至广泛开展月捐等一些经常性的募捐。据不完全统计，仅1939年4—10月间，"南洋各属琼州会馆联合会救济琼崖难民会"收到马来西亚各埠分会救乡捐款就有港币46381.75元，叻币41020.18元，国币15000元。[①]

　　华侨的支援是维持琼崖抗战的经济支柱。琼侨承担了琼崖人民抗日武装的部分费用。中共中央曾指示琼崖特委"要把琼岛创造成为争取900万南洋华侨的根据地"，琼崖抗日武装的费用"主要依靠人民酬给，并可求助于华侨"。[②] 1939年5—6月间，琼崖华侨联合总会救济委员会转给琼崖抗日独立总队国币4万元，医药一批。以后每月按时捐助国币6000元给琼崖抗日独立总队。马来西亚华侨为捐助冯白驹领导的琼崖纵队，组织了"援冯委员会"，一次就捐助了叻币1万余元。海南沦陷以后，华侨为了支持琼崖抗战，为琼崖抗日斗争提供捐款、军事援助和人员帮助，秘密设定了海南岛经广州湾、香港到南洋的地下航线。1939年8月，八路军驻港办事处购买一部无线电发报机送给中共琼崖特委。而此项艰巨的运送任务则是由老华侨、地下交通员符儒光冒着生命危险完成的。[③]

　　1940年4月，中共琼崖特委就华侨支持琼崖人民抗日武装的情况，向中共中央汇报："我们与海外同胞的关系，在广州湾方面有一个半公

---

　　① 《琼侨联合会报告经收各埠分会义捐》，《南洋商报》1939年11月7日；转引自黄慰慈、许肖生《华侨对祖国抗战的贡献》，第237页。

　　② 《中共中央书记处队琼崖工作的指示》（1940年1月26日），《琼崖抗日斗争史料选编》，第5页。

　　③ 参见黄慰慈、许肖生《华侨对祖国抗战的贡献》，第92页。

开的办事处，主要是联络海外华侨，在几个月前也曾派代表到暹罗、新加坡两地去访问和劝捐，结果获得琼侨欢迎，并募得 2 万元以上。现在新加坡方面已有援冯的组织，经常劝款接济独立队，而香港的海员方面也有经常的月捐，这两部分每月的捐款，共五六千元。此外，我们还与琼侨联合总会方面联系，而各地琼侨返乡服务团，也全在我们领导下，这两个团体曾给我们以药品、军鞋、卫生衣等很多帮助，并捐给我们4000 元法币。"① 华侨不遗余力的捐助，有效地缓解了琼崖抗战军民的物质困难，促进了琼崖抗日武装力量的快速发展，对琼崖抗战的坚持和胜利起到了重要作用。

第二，坚持团结，维护统一战线。面对日军对祖国和家乡的侵略，广大琼侨都积极支持国共两党团结抗日。1938 年夏，琼崖国共两党进入艰难的谈判阶段。时值琼崖旅港商会与琼崖旅港同乡会在香港举行联席会议，会议呼吁两党捐弃前嫌，顺应民意侨心，迅速达成团结抗日协议，以利动员全琼军民和海外琼胞，共同保乡卫国。这一呼吁清晰而且有力地表达了广大琼侨的心声，推进了两党的谈判，加速了抗日民族统一战线在琼崖的形成。1939 年春，当琼侨得知琼崖抗日民族统一战线形成以后，无不欢呼，感叹团结。但是 1939 年下半年，统一战线内部发生了重要变化，琼崖国民党顽固派势力开始积极反共，破坏统一战线，掀起了限制、迫害服务团的逆流。8 月间，吴道南软禁了前去守备司令部慰劳的星洲队全体队员，企图以官禄引诱他们，不允许他们回到文昌一带参加敌后抗战，以达到分离琼侨回乡服务团与琼崖特委的关系，从而加以控制的目的，但遭到了严词拒绝。11 月，国民党顽固派开始对服务团"严加监视，限制他们的行动，要分散他们的力量，要他们发誓不参加任何党派活动，不准他们做组织民众工作"。② 1940 年 1 月，吴道南致电琼侨联合总会，污蔑服务团"不服从政府领导"、"诋毁政府，挑拨民众，组织派别，破坏抗战"，要求琼侨总会对服务团"予以撤销名义停止接济等处分"。③ 对于国民党顽固派明目张胆地破坏统一战线、危害抗战的行为，琼侨回乡服务团坚决予以揭露和回击，1940 年 2 月 1 日发表《电致总会暨全琼侨书》，指

---

① 李吉明：《关于琼崖抗战情况的报告》（1940 年 4 月 10 日），《琼崖抗日斗争史料选编》，第 97 页。

② 同上书，第 92 页。

③ 《琼侨回乡服务团电致总会暨全琼侨书》，《南路堡垒》第 8 期，1940 年 2 月 1 日。

出服务团不是遭到琼崖国民党当局的阻挠破坏，以至于企图暗害，就是遭到其"阻难压迫，或造谣中伤，甚至任意逮捕本团工作人员加以毒打拘禁。这还不够，王吴长官还要总会解散本团，随意加本团同人以破坏抗战之罪名，其用意何在?"[①] 国民党顽固派的丑行被揭露之后，恼羞成怒，开始进一步对服务团进行迫害。他们在乐会县阳江乡杀害了4名服务团团员，在文昌县迈号乡和琼山县中瑞乡先后杀害了从事抗战宣传的服务团团员范清和符兰平。1940年8月，制造了骇人听闻的"符韦血案"。同时，国民党顽固派也加紧了所谓"反共灭独"活动。琼侨逐渐认识到，中国共产党及其领导的独立总队才是琼崖抗战的中坚力量，他们呼吁团结起来，反对分裂，将琼崖抗战坚持到底。

第三，培训抗日救亡骨干。日军侵入海南岛后，部分逃往硇州和西营（当时均属法租界，是湛江港和雷州湾的门户）的侨眷和难民也被琼侨总会所吸纳，编入了"琼崖青年训练班"。但是，训练班学员思想混乱，想打回老家抗日救亡者只是极少数。琼侨回乡服务团派出干部对训练班学员进行了教育和开导，有的团员现身说法，开展谈心活动，对他们进行细致的思想启发，使训练班学员不但增长了军事知识，而且接受了爱国主义教育，统一了思想。这部分学员返乡后，成为支撑当时琼崖抗日救亡运动的骨干力量。此外，琼侨回乡服务团还为琼崖抗日独立总队培训了一批急需的医务人员，为琼崖抗战提供了有力的后勤保障。

第四，宣传抗日，积极参与抗日民主政权建设工作。琼侨回乡服务团抵琼后，积极开展抗日救国宣传工作。他们通过文艺宣传、口头宣传和文字宣传等形式，扫除日本侵略者及其走狗汉奸在民间散布的"亡国论"和"恐日论"。其中，琼侨回乡服务团有一支香港团歌剧队，在一年的时间里，巡回演出100场次以上，每场观众都有500—1000人，多时达3000—4000人。他们演唱流行的抗日救亡歌曲，演出流行的抗日剧目，同时还根据当地的特点，演出为群众喜闻乐见的抗日琼剧，产生了较大的影响。服务团还创办了《团刊》、壁报等多种文字形式的抗日宣传材料，满足了不同文化层次人群的精神需求，深受广大群众的欢迎。琼侨的抗日宣传工作取得了良好的效果。当人们不堪日本侵略的残暴而纷纷外逃时，服务团却从海外回乡抗战，给了外逃群众很大的震撼，滞留在海安一带的

---

① 《琼侨回乡服务团电致总会暨全琼侨书》，《南路堡垒》第8期，1940年2月1日。

人又陆续返回琼岛。岛内群众的情绪逐渐稳定下来，树立了抗战必胜的信心。这样，在琼侨回乡服务团的推动和帮助之下，"已有数万群众组织起来参加到抗战的洪流中来了"。①

1940年下半年，中共琼崖特委加快了抗日根据地的民主政权建设，文昌、琼山、琼东等地的抗日民主政府纷纷建立。但由于干部短缺，一些民主政府工作难以开展，琼侨回乡服务团给予了大力支持，曾派出了陈代伦、符行之等十多人前去工作，分别在抗日民主政府中担任要职。1941年，当中共琼崖特委决定在琼崖东北区建立统一的抗日民主政府时，琼侨回乡服务团积极配合这一工作。服务团倡议组织"琼崖东北区抗日民主政府筹备委员会"，促成了琼崖东北区人民代表大会在琼山县树德乡的召开。从此，全琼有了一个统一的抗日民主政权。

太平洋战争爆发以后，日军陆续占领了马来西亚、新加坡、印尼等东南亚国家和太平洋上的许多岛国。1941年12月25日，香港沦陷。从此，琼侨回乡服务团失去了与海外琼侨的一切联系与供给。加上国民党顽固派的破坏和迫害，琼侨回乡服务团的工作陷入困境，被迫停止活动。鉴于服务团的地位和作用，1942年春，中共琼崖特委和服务团共同商讨，决定保留该团名称，服务团成员则根据个人的志愿和工作的需要，分配到了新的工作岗位，一部分加入了中国共产党领导的独立总队，一部分参加了各县抗日民主政权工作。② 琼崖华侨回乡服务团的成员，在各自新的工作岗位上为琼崖抗战继续作出贡献。

琼侨的多方支持和援助贯串了琼崖抗战的始终。在抗日战争的危难时刻，海外琼侨虽然身在异国，却与祖国和家乡同命运、共荣辱。他们利用海外的有利条件，为琼崖抗战争取广泛的同情和支援；他们节衣缩食，力作琼崖抗战的经济后盾；他们时时关注国内的抗战形势，坚决反对任何形式的妥协和投降，旗帜鲜明地支持琼崖的全面抗战；他们派出自己的优秀儿女回乡为抗战服务，代表全体琼侨在琼参战，履行了炎黄子孙身处国难时的义务。琼侨临危赴难，大义救国的行为极大地鼓舞了琼崖人民的抗日斗志，是构成全民族抗战，并夺取抗战胜利的重要因素。

---

① 《琼侨回乡服务团宣传组织成绩佳》，《星洲日报》1940年2月26日；转引自黄慰慈、许肖生《华侨对祖国抗战的贡献》，第86页。

② 符思之：《琼崖华侨服务团的回忆》，《琼岛星火》第13期，1984年，第22页。

四、中流砥柱：琼崖抗战的胜利

1944 年以后，世界反法西斯战争的形势发生了根本性的转变，中国的抗日战争转入局部反攻阶段。在琼崖地区，各根据地军民粉碎了日军的"扫荡"和"蚕食"，扩大了抗日根据地。而美军也开始对琼崖进行空中侦察，轰炸日军军事设施。日军为了维持岛内安全，增强了在海南岛的兵力，同时实施了"丫八作战"计划，将"有关开发的日本人增加到约三万人"，并组建"海军警察队四千余人"，配合海军陆战部队，对抗日根据地进行"扫荡"。①

1944 年 12 月 3 日，根据当时面临的新形势，琼崖特委发出了《关于当前局势及对策的紧急指示》，指出日军为对付盟军反攻，可能采取措施做最后的挣扎，国民党顽固派仍然不会放弃反共反人民的政策，琼崖共产党及纵队应继续保持警惕，做好反攻的准备工作。同月 12 日，琼崖特委再次发出《为迎接反攻加速准备工作的指示》，指出"战争在琼崖的结束，可能是明年秋季"。② 3 天后，中共琼崖特委又作出《关于加速反攻准备工作的指示》，要求：①独立纵队各支队每个连应补充战斗员，在盟军登陆后至琼崖抗日战争结束期间，全军要扩大到 4 个旅（20 个团）的力量。②依照东北区抗日民主政府县长联席会议的决定，应改名为"反攻预备队"，武装上前线。③动员党组织成员的 1/10，适合做军事工作的干部随时准备调到部队去。④每个支队务必培养两套连级军政干部，每个排、班也必须有两套干部。各县地方武装干部，由驻在该县之独立纵队派给军事教官，召集班、排长训练班培养。⑤应在现有基础上，改进技术，提高生产率，增加军需生产。⑥立即向全琼民众提出"反攻一弹运动"的号召，要求每户至少贡献一弹（也可以以钱代弹），充实部队反攻的财力物力。③

1945 年 1 月，琼崖党政军领导机关决定迁驻阜龙文头山，并调集第

---

① 参见王伯符编译《日本侵略者在琼岛垂死挣扎》，《琼岛星火》第 14 期，1985 年，第 209 页。

② 《中共琼崖特委常委会议记录》（1944 年 12 月 12 日），《琼崖抗日斗争史料选编》，第 290 页。

③ 《中共琼崖特委常委会议记录》（1945 年 6 月 16 日、18 日），《琼崖抗日斗争史料选编》，第 304 页。

一、第二和第四支队的重点大队到阜龙及其周围地区，为进军白沙腹地做准备。3 月和 6 月，中共广东省临时委员会先后派东江纵队干部符气岱（即符铁民）和梁觉民到琼崖，向琼崖特委传达中共中央和省临委的指示。中共中央指示琼崖特委，要在 1945 年 6 月以前占领全琼；1945 年我军要增至两三倍；除控制全琼外，应派部队开过南路，向广西、向中区发展；加紧对干部的整风训练工作。

　　中共琼崖特委遵照中共中央和省临委的指示，6 月 18 日，恢复琼崖公学，任命史丹为校长。公学设政治队、军事队、民运队、行政队及普通班，对干部进行大规模的培训教育，实现支队各级培养两套干部班子的计划，以适应部队和地方党政干部队伍扩大的需要。6 月 20 日，琼崖特委作出《关于执行中共中央新指示的决议》，指出琼崖党必须在最短时间里，集中力量扫除一切反民主势力，加紧扩军建军，以达到迅速控制全琼，迎接抗日胜利的要求。特委要求各地军民转入紧张的反攻准备工作中。7 月初，琼崖特委决定将挺进白沙的 3 个支队的重点大队组建成挺进支队。

　　1945 年夏，挺进支队进入五指山区。第一支队解放了琼山、文昌、澄迈三个县一半以上地区，部分军队还经常进入府城和海口市郊区活动，袭击和扰乱对方军队的生活。第二支队在昌感地区解放了大片地区。第三支队向陵水、保亭、崖县挺进，解放了这三个县 2/3 的地区。第四支队在临高、儋县积极打击日伪军，扩大解放区。此时，全琼除保亭和乐东以外，其余各县均已建立抗日民主政府和中共县委组织。琼崖地区的党员发展到了 5000 多人，独立纵队则发展到了 7700 多人，另有县、区抗日民主政府基干队 2000 多人，不脱产的反攻预备队 9000 多人，解放区人口达 100 多万人。1945 年 8 月 23 日，挺进支队向毛栈、毛贵进军，在击溃国民党顽军保安六团后，从缴获的文件中得知日本已经宣布无条件投降。9 月 2 日，日本正式签署了投降书。9 月 9 日，在南京举行了中国战区的日本投降签字仪式。日本中国派遣军总司令官冈村宁次在投降书上签字，并交出他的随身佩刀，表示侵华日军正式向中国缴械投降。浴血奋战六年的琼崖抗日战争取得了伟大的胜利。

　　琼崖抗战的胜利，是中国共产党坚持抗日民族统一战线，团结各族人民英勇奋斗的结果。在抗日战争中，琼崖人民付出了巨大的代价。据统计，战争中琼崖军民伤亡人数达 40 万人以上，仅琼崖独立纵队指战员就牺牲了 5600 余人，财物、房屋和自然资源遭受的破坏和掠夺更是无法计算。① 中国共产党及其领导的人民武装是琼崖抗战的中坚力量。在整个抗战中，琼崖独立纵队对日伪军作战 2200 余次，毙日伪军 3500 余人，伤日伪军 1900 余人，俘虏日伪军 150 余人，日伪军起义反正 300 余人；缴获各种武器弹药和各种物资一大批。正如冯白驹所言："除了抗战初期国民党的某些爱国官兵曾一度与我军合作打击日寇外，整个孤岛抗日战争的全部由我们党领导的人民武装来担负。"② 中共琼崖特委及其领导的抗日武装力量在琼崖抗战的过程中，始终坚持统一战线，坚持民族解放战争的政治方向，切实维护琼崖各族人民的根本利益，发挥了中流砥柱的作用。

琼崖抗战在中国乃至世界反法西斯战争史上具有重要的地位和作用。从中国抗战的全局来看，琼崖与广东的东江、珠江三角洲、粤中、南路和潮汕等地的抗日武装，共同开辟了华南敌后抗日根据地，有效地牵制和打击了日军，扩大了始终坚持抗战和抗日民族统一战线的中国共产党的政治影响和武装力量。1944 年 7 月 5 日，中共中央军委在给东江纵队和琼崖总队全体指战员的指示中指出："你们全体指战员在华南沦陷区组织和发展了敌后抗战的人民军队和民主政权，至今天已成为广东人民解放的旗帜，使我党在华南政治影响和作用日益提高，并成为敌后三大战场之一。"琼崖抗日根据地作为华南抗日根据地的重要组成部分，发挥着不可替代的战略作用。从世界反法西斯战争的全局看，琼崖抗战对太平洋沿岸各国的抗战和英美盟军对日反攻作战，起到了战略配合作用。太平洋战争爆发前，琼崖抗战构成了日军南侵太平洋地区的障碍。日军将海南岛视为"对华南航空作战及封锁作战基地"，"切断河内和缅甸援蒋通道"、"向南方扩展的根据地"，"控制整个南太平洋"、"囊括东南亚的基地"。其侵占琼崖的主要目的，是企图把海南岛变成侵略东南亚各国的跳板和供给线。由于侵琼日军遭到了琼崖军民的沉重打击，日本不得不派遣大批兵力来对付琼崖抗日军民，使其军事战略受到严重干扰。太平洋战争爆发后，琼崖人民抗日武装到处袭击日军的海陆空军基地，切断其交通线，甚至到沿海打击日伪军，使日军后方受到严重威胁，从而有力地配合和支持了东南亚

---

① 参见中共海南省委党史研究室编著《红旗不倒——中共琼崖地方史》，中共党史出版社 1995 年版，第 361—362 页。

② 中共海南区党委党史办公室编：《冯白驹研究史料》，广东人民出版社 1988 年版，第 262 页。

各国的抗战。

　　琼崖抗战是琼崖革命史上的一个重要阶段。在抗日战争中，中共琼崖地方组织在艰苦的环境中生存和发展起来，在复杂的政治形势中得到锻炼并成熟起来。她所领导的琼崖纵队经历了神圣的民族解放战争的洗礼，更加强大起来。这一切，都为琼崖人民的彻底解放创造了前提条件。

第七章　拨云见日

——琼崖解放战争

抗战胜利后，中日之间的民族矛盾解决了，国内大地主、大资产阶级同人民大众之间的矛盾上升为中国社会最主要的矛盾。饱经战乱的中国人民渴望和平，和平、民主、团结成为一股强大的时代潮流，中共中央以及琼崖特委一方面积极为争取和平、民主而努力，另一方面又积极做好自卫战争的准备。国民党发动内战后，琼崖革命进入了最后的决战期，人民解放的曙光已在眼前。

一、呼吁和平：战后的琼崖政局

日本投降前夕，1945 年 8 月 13 日，毛泽东在延安干部会议上作了《抗日战争胜利后的时局和我们的方针》的讲演，深刻分析了抗战胜利后中国政治的基本形势。他说："中国人民的艰苦抗战，已经取得了胜利。抗日战争作为一个历史阶段来说，已经过去了。""在这种形势下面，中国国内的阶级关系，国共两党的关系，现在怎么样，将来可能怎么样？我党的方针怎么样？这是全国人民很关心的问题，是全党同志很关心的问题。"① 毛泽东对国民党和蒋介石作了历史的分析，向全党郑重指出爆发全国内战的危险性："必须清醒地看到，内战危险是十分严重的，因为蒋介石的方针已经定了。按照蒋介石的方针，是要打内战的。按照我们的方针，人民的方针，是不要打内战的。不要打内战的只是中国共产党和中国人民，可惜不包括蒋介石和国民党。一个不要打，一个要打。如果两方面都不要打，就打不起来。""现在不要打的只是一个方面，并且这一个方

---

① 《毛泽东选集》第 4 卷，人民出版社 1991 年版，第 1123 页。

面的力量又还不足以制止那一方面，所以内战危险就十分严重。"① 如果蒋介石一定要打内战，为了自卫，为了保卫解放区人民的生命、财产、权利和幸福，中国共产党必须带领人民拿起武器和他作战。对于蒋介石"寸权必夺"、"寸利必得"的独裁、内战的反动方针，中国共产党的方针是"针锋相对，寸土必争"，而且这个方针一定要建立在自己力量的基点上，叫作自力更生。② 8 月 25 日，中共中央发表《对目前时局的宣言》，全面阐述了中国共产党争取和平、民主，反对内战、独裁的方针，提出了和平、民主、团结三大口号。毛泽东对国内形势的分析和中央提出的方针，统一了全党的思想认识。中共琼崖特委也由此明确了前进的方向。

　　1945 年 9 月，国民党中将叶佩高带领经济部、交通部、空军等部门的接收人员抵达琼崖，在侵琼日军和驻防伪军的配合下，开始接收日伪军的武器装备和物资，抢夺琼崖抗战胜利果实。10 月，国民党第四十六军渡琼，全面加强了琼崖国民党军的实力，大肆接收日、伪军的武器、弹药、被服、车辆、舰艇和其他战略物资，接管主要城市、港口、交通要道，使用武力强夺已被琼崖纵队解放的南坤、新兴、旺商、福来、南宝、和舍、新州、旧州、长坡、木棠、铺前等墟镇。由于国民党军和琼崖日军沆瀣一气，极力阻挠琼崖纵队受降，使琼崖国共两党军队之间的摩擦不断。琼崖面临着严重的内战危险。

　　针对琼崖的危急局势，中共琼崖特委于 10 月 19 日发出《关于当前局势及对策的紧急指示》，指出："中国和平建设的新阶段即将开始，我们必须继续努力，在和平、民主、团结统一的基础上，实现长期合作，坚决避免内战，建设独立自由富强的新中国"，"可是我们琼崖……仍存在着很严重的障碍和困难"。③ 为克服这些障碍和困难，特委认为必须坚决执行如下的政策：①一般说来，应主动停止一切抗日军队的敌对行为，极力避免内战，避免放肆的见小利的行为，除非国民党军队作无理的进攻而采取自卫的反击外，不应作主动的攻击。②应主动地积极地从政治上力求恢复团结，保障和平，实现民主的宣传攻势，召开各式各样的群众大会，组织广大群众作呼吁和平运动，以及透过各种社会关系，促进琼崖国共合

　　① 《毛泽东选集》第 4 卷，人民出版社 1991 年版，第 1125—1126 页。

　　② 同上书，第 1132 页。

　　③ 《中共琼崖特委关于当前局势及对策的紧急指示》（1945 年 10 月 19 日）；中共海南省委党史研究室、海南省档案馆编：《琼崖解放战争史料选编》（上），1989 年，第 3 页。

作，以达到和平建琼的目的。③在琼崖国共未合作之前，要格外提高警惕，随时提防意外的事变与袭击，倘遭受无理的进犯时，必须在自卫原则上坚决抵抗，以保存革命力量。④为实现琼崖的和平建设，必须动员全部力量，使全党同志及党所领导下的组织成员和广大人民清楚和平建设的新时期，在言论行动上来一个有力的转变，极力扫除对和平、民主、团结的一切有害偏向，集中一切力量，为和平建设而奋斗。

为了争取和平民主建设新琼崖，10 月 19 日和 11 月 8 日，中共琼崖特委先后致函琼崖国民党当局，主动提出和平谈判，以实现全琼的和平、团结和民主。琼崖特委的和平谈判主张，得到了人民群众的热烈拥护和社会舆论的广泛支持。国民党方面，尽管想消灭琼崖共产党，独霸抗战胜利果实，但由于以下几方面的原因限制而不得不作出"和平"的姿态：①在"受降"和"剿共"任务的执行步骤上，先侧重于"受降"工作，对琼崖纵队暂时采取缓和政策。如果国民党一边"受降"，一边"剿共"，将"剿共"不成，"受降"也很难。只有等接收工作告一段落，站稳了脚盘，充实了力量，国民党才能集中全力反共。②全琼地区辽阔，国民党要全部接防，大感力量不足，反共还未有充分的信心。③近年来琼崖的国民党压榨人民，政治威信已经破产，地方的政权机构也已支离破碎。它必须借和平之名争取民心，恢复行政效能，以作为反共的基础。④国民党的交通联络还未建立，地理人情还未熟悉，军事行动困难尚多，等等。鉴于发动全面内战的条件尚未准备就绪，同时为了缓和社会舆论的反对，骗取人民的同情，也麻痹一部分共产党人，并争取时间顺利接收，从容完成内战的准备工作，国民党就装出了"和平"的面孔。12 月，国民党第四十六军军长韩练成来信答复，同意琼崖特委派代表到海口谈判。

对于谈判能达成什么协议或取得什么结果，中共琼崖特委是比较清醒的，并不抱什么希望。特委在《关于在与国民党谈判中应注意问题的通知》中告诫全党："一般说来，各地是可以与国民党地方军政当局进行和平谈判的，但只限于寻找团结线索和表明态度的范围内，除此以外，没有其他权利"，"因为我们已经清楚，在国内与琼崖，整个国共问题尚未得到解决之前，局部的谈判不但不会成功，反而会使我们吃亏上当，被他分化我们"。[①]

---

① 《中共琼崖特委关于在与国民党谈判中应注意问题的通知》（1945 年 12 月 15 日），《琼崖解放战争史料选编》（上），第 22 页。

在《关于目前形势和工作指示》中，琼崖特委特别强调要防止国民党"利用政治谈判来欺骗麻醉我们"，并提出了具体的应对之策：①政治上利用谈判来拖延时间，蒙蔽和孤立对方，但切勿幻想局部谈判可以成功；②军事上提高警惕与自卫能力，分散斗争；③组织上（党政军民组织）有计划地分散、精简，以免妨碍部队行动；④工作上是扩大，不是缩小，长期斗争不是孤注一掷。尽管认为谈判不会有实质性结果，但为了揭露国民党假和平真内战的面目，琼崖特委仍然派出琼崖民主政府委员史丹作为谈判代表与国民党进行和平谈判。

1945 年 12 月下旬，琼崖国共两党代表在海口市得胜沙路临海边的国民党第四十六军军部驻地举行谈判。共产党代表提出和平建琼的主张，要求琼崖国民党当局遵守国共两党签署的《双十协定》，停止对琼崖纵队的武装挑衅。国民党代表却以国家政令、军令统一为由，要求实行军队国家化，企图迫使琼崖纵队接受改编。由于国民党缺乏谈判诚意，双方立场差距太大，先后进行两次谈判都没有任何结果。

在谈判的同时，国民党军借接防之机控制重要据点和交通路线，并向解放区推进，加紧内战部署。他们在各个地区一致行动，集中力量用逐个击破的方式，占领被琼崖纵队收复的重要城镇，而后步步深入腹地，形成压缩包围，把琼崖纵队逼迫于不利地形上，便于集中优势的机械火器决战，企图一举歼灭。

面对国民党的倒行逆施，共产党进行了坚决的反击。1946 年 1 月 13 日，儋县国民党游击大队长符照昌率 200 多人进驻白马井墟，妄图进一步进犯解放区。琼崖纵队第四支队第二大队在支队政委吴文龙和副支队长潘江汉带领下奋起自卫反击，一举歼灭符照昌以下 200 多人，缴枪 200 多支。1 月 26 日，国民党第四十六军一七五师一个团和保安六团突然向第四支队部和儋县县委、县府机关驻地王五墟发起进攻。第四支队被迫还击，激战十多个小时后，主动撤出阵地。同日，国民党军还向驻在澄迈县的旺商、福来的挺进支队第二大队进攻，也遭到顽强抗击。

但是，在国民党军的优势兵力进攻下，文昌、琼山、东定、乐万、陵保等县的共产党组织被迫由城市转到了乡村。在解放区内，澄迈的白莲、金江，临高的巴总、和安、和民、和祥，儋县的长坡、白马井、海头、海尾，昌江的敦头、新街等市镇，又被国民党军所占领。国民党军很快完成了琼崖内战的部署。其第四十六军一七五师及保安六团部署在澄迈、临高、儋县一线；一八八师部署在嘉积、定安、万宁一线；新编十九师部署在昌江、感恩、崖县一线，形成了对琼崖共产党领导机关和主力部队所在地——白沙根据地的包围。

1946 年 1 月中旬，当琼崖的内战风云日渐紧张的时候，国共两党中央分别下达了停战命令。消息传来，琼崖共产党内有人认为，这次停战命令是由两党领袖发出的，效力是全国性的，自然琼崖也不例外，况且琼崖国民党当局也声明要遵守停战命令，因此停战命令生效后，琼崖各地属于地方性质的个别摩擦纠纷是有的，但全琼性冲突的可能性很小。针对党内一些同志的和平幻想，琼崖特委在白沙县城牙叉镇召开了党、政、军机关科以上干部参加的扩大会议。会议分析了琼崖当前的斗争形势，围绕"全国和平后，琼崖有否继续打内战可能"的问题展开了热烈的讨论。庄田、李振亚等认为：全国既已停战，而琼崖属于中国的一部分，也在停战范围内，这是没有问题的。但由于琼崖本身有特殊情形：①孤悬海外，与全国联系困难；②远离主力；③琼崖国民党当局有十余年内战伤恨，深具成见，现在它的力量占优势；④就全国来说，中国革命力量发展很不平衡，国民党一贯来具有阴谋，即使全国和平出现，但在革命力量薄弱的地区，他们会继续进攻，多占便宜。而琼崖在全国来说，就是这样的薄弱地区。从国民党第四十六军来琼后不断蓄意挑起事端、制造武装冲突来看，琼崖内战已迫在眉睫，不可避免。如果掉以轻心，不认真做好战争动员、准备应付突然事变，就要犯大错误了。

琼崖特委书记冯白驹在牙叉会议上作了总结发言，指出：和平对我们来说，本是件大好事，力争是毫无疑义的。关键是这种局面能不能争取？用什么办法去争取？历史的经验告诉我们，蒋介石是不会轻易放弃反共反人民的既定方针的。十年内战时期如此，抗日战争时期也是如此。现在，他们又以和平为幌子，掩盖其准备发动内战的阴谋，这点我们要看清楚。从我们琼崖的情况看，更是越来越明显。国民党第四十六军来琼后，不仅劫收了大量的胜利果实，还制造了一系列向我们进攻的严重事件，目前，他们又向我们白沙根据地逼近。可见，琼崖并不是什么和平为主流的问题，而是急需准备战争、应付战争的问题。如果不是这样认识问题和提出问题，我们就会犯错误。①

---

① 琼崖武装斗争史办公室编：《琼崖纵队史》，广东人民出版社 1986 年版，第 199—200 页。

基于这些基本认识，琼崖特委经过认真研究和讨论，决定今后整个工作的对策是：加强宣传攻势，动员全琼人民要求国民党停止进攻琼崖纵队，实现琼崖和平，军事上坚持自卫政策，保存地区，造成未来和平谈判的有利形势。具体工作是利用庆祝和平或时事座谈方式组织父老士绅请援，发通电呼吁和平，并大发传单标语，告国民党官兵及行政人员，要求和平建琼。琼崖纵队各部则分散主力，开赴外线平原地区。

牙叉会议统一了琼崖共产党人和琼崖纵队的思想认识，明确了工作思路，为应付可能发生的内战做了政治动员。会后，琼崖特委从各方面加紧了自卫反击战争的准备。

二、风云突变：琼崖内战的全面爆发

琼崖内战爆发初期，国共两党的力量对比非常悬殊，呈现绝对的敌强我弱形势。国民党方面有四十六军的三个师和保安部队共3万多人，抢占了琼崖所有重要城镇和沿海地区，其主力部队全系美式装备，地方部队则装备了由从日、伪军手中接收的大批武器。国民党军部署于全琼各地，构成了全面内战的态势，具体如下：四十六军韩练成军部驻海口，一七五师（主力）驻防于澄迈、临高、儋县、白沙，师长甘成城，师部驻那大；一八八师驻防于琼山、文昌、定安、琼东、陵水、乐会，师长海竟强，师部驻嘉积；新编十九师驻防昌江、感恩、万宁、保亭、崖县，师长蒋雄，师部驻榆林。保安六团配合主力师行动，驻防于澄、临、儋，团长杨开东。除此以外，各县均有集结大队、区联防队、乡自卫班，驻防在所属县。琼崖纵队方面只有五个支队共约7000人，装备也比较差，驻防分布如下：第一支队驻防琼山、文昌，首长吴克之、肖焕辉；挺进支队（主力）驻防澄迈、临高，首长李振亚、杨少民；第二支队驻防琼东、定安，首长陈武英、陈青山；第三支队驻防乐会、万宁、陵水、保亭，首长符哥洛、陈乃石；第四支队驻防儋县、白沙、昌江、感恩、崖县，首长马白山、王白伦。

1946年2月14日，琼崖内战全面爆发。国民党四十六军集中五个团的兵力，配以保安六团、保安七团一部和各县地方武装，分四路围攻白沙根据地：主力一七五师一个团从那大经南丰向白沙挺进，一八八师一个团从定安经南昌、岭门向白沙推进，新编十九师一个团从昌感经石碌向白沙逼近，一八八师和新编十九师各一个团从万宁、崖县分别经保亭、乐东向白沙进犯。保安六团、保安七团和地方武装分别配合各路部队出战。国民党其他各地的驻军也全面出动，牵制外围的琼崖纵队。这是国民党四十六军来琼后最有计划、最大规模的一次进攻。国民党军依靠优势力量，抱着势在必打、志在必灭的决心，企图一举消灭琼崖共产党领导机关和琼崖纵队主力。

琼崖特委对国民党的这一阴谋早有预料，提前带领党政军领导机关和主力部队挺出外线，转移至澄迈六芹山区。国民党军合击白沙扑空后，迅速回师追击，进行以澄迈为中心的全面大扫荡。国民党军集结一师以上的兵力进行数月的填空格战术，采取各个击破、分地压服的步骤，同时也向东、西、南及琼文的解放区分别出击，疯狂进攻扫荡，策应澄迈战事。为消灭琼崖特委和部队，国民党采取了多种毒辣的方法：军事上，以集中对付集中，以分散对付分散，以机动对付机动，不断出击、截击、进攻、扫荡、搜山、拆村（房）、建筑堡垒，组织地方武装配合行动；政治上，积极宣传战果辉煌，大放谣言蛊惑人心，说什么"土匪大部分已消灭了，只剩一些零星散匪，不日就可清剿"，"匪首庄田主张投降，但冯白驹不肯，庄田就要割髯弃袍走出去了"，"冯白驹是实行排外，琼文的干部是他心腹的人，他就保存在他身边，其余各地的非琼文的干部，他已发下密令杀掉"，企图挑拨与分化共产党内部，还利用某些叛徒，积极发动自新运动，劝降、诱降、迫降，不断破坏共产党的组织和队伍；组织上，积极恢复行政系统，组织保甲，实行清乡移民，填报户口，组织五家十家联保，企图压服人民；经济上，封锁与围困解放区，蹂躏地方生产，破坏与烧毁粮食，破坏税收，在非解放区则强迫人民搬迁与藏匿粮食，增加共产党的困难，以便消灭。

面对国民党的猖狂进攻，琼崖特委总的方针是分散斗争，伸出外线，到新的地区积极打击敌人，布置伏击和全面动员工作。3月初，为振奋民心、鼓舞士气，琼崖纵队司令员冯白驹命令挺进支队副支队长张世英，以六芹山的有利地形为依托，在最短时间内打一次胜仗。

3月9日，国民党四十六军一七五师一个加强连从澄迈县福来墟出发，窜至仁洞村，强迫群众带路"进剿"六芹山。得到情报后，挺进支队在张世英的指挥下，集中四个中队的兵力，提前进入仁洞选择有利地形设伏。当国民党军全部进入伏击阵地时，挺进支队发起猛烈攻击，经过激烈的战斗，共歼敌 50 多人，缴获轻机关枪 2 挺，冲锋枪 2 支，掷弹筒 2 具，步枪 20 多支，子弹 2000 多发。战斗结束后，挺进支队除留一个中队在六芹山区牵制国民党军外，其余部队掩护领导机关转移，挺出澄临外线作战。

国民党四十六军向澄迈六芹山区进攻的同时，还派出部队"围剿"其他解放区：派一八八师两个团进攻第三支队所在六连岭地区，派一八八师一个团配以地方武装进攻第一支队所在琼文地区，派一七五师一个团配以地方武装进攻第四支队所在临儋地区。面对敌人的猖狂进攻，琼崖纵队各部队以分散应付集中，以集中应付分散，避实就虚，普遍出击，大打游击战和伏击战，进行全琼性的全面战争，使敌顾此失彼，处处受到威胁。

1946 年 3 月，国民党四十六军一八八师两个团大举进犯六连岭地区，琼崖纵队第三支队在支队长符哥洛、政委陈乃石的领导下，避强击弱，实行灵活的集中与分散，不断与敌周旋，以第一大队坚持斗争，以主力第二大队挺出外线寻机歼敌。4 月，第三支队在六甲伏击敌军车 1 辆，击毙国民党保亭县长蔡琼源，后又在六甲石牙伏击新编十九师一个连，毙、伤、俘敌 30 人，缴获轻机关枪 1 挺、冲锋枪 1 支、步枪 10 余支。5 月，第三支队全歼强迫群众上山砍树开道的敌人 50 多人，缴获六〇炮 1 门，轻机关枪 2 挺，冲锋枪 2 支，长、短枪 29 支。受此严重打击后，六连岭地区的敌人开始撤退。

活动于琼文地区的第一支队，连续攻克长昌、甲子、仙沟三个敌据点后，又袭击文昌县清澜港和槟榔根等据点，歼敌自卫队 30 多人。活动于东定地区的第二支队，先后袭击了定安县的龙塘、南吕、岭门和琼山县的岭肚、黄岭等据点，歼敌 30 多人。活动于儋临地区的第四支队，在儋县的洛（基）长（坡）公路设伏，歼敌一个排，后又在东成乡立丁山反击歼敌十多人。活动于昌感地区的镇南队，一举攻占海尾、海头两个港口，歼敌十多人。

这一时期是琼崖内战最艰苦的斗争时期。除了外部国民党的压力与进攻，共产党内部也面临着空前的困难，有经济物资困难、武器弹药不足的困扰，有水土病的威胁，有坐等和平到来和对和平失去信心的消极思想，而最大的困难则是"北撤"与广东"三项协议"引发的思想混乱。

早在 1946 年 2 月，正当国民党四十六军全面进攻、琼崖纵队浴血奋战之际，中共广东区党委联络员符气岱来琼传达中央关于琼崖纵队北撤山东的指示。琼崖特委派庄田、罗文洪为代表赴广州参加"北撤"谈判并向上级党委汇报琼崖情况。4月，广东区党委又派林树兰来琼传达广东"和谈"三项协议。根据协议，琼崖纵队准备北撤山东烟台，人数1900人，由美舰运送，从儋县登舰，主要是撤干部，同时要留下一批干部，组成一个新的领导机构来领导"北撤"后的琼崖斗争，对不"北撤"的琼崖纵队指战员做适当的安排或暂时复员，等候革命高潮的到来。

对于"北撤"指示，琼崖特委认为，为了揭露国民党发动内战、反对和平的阴谋，争取全国人民和国际舆论的同情与支持，党中央在不违背人民根本利益的原则下，承诺让出南方八个解放区，撤退部队，这是大局，我们应该服从这个大局。但是，琼崖偏处孤岛，当前国民党四十六军已发动了全面内战，在这种情况下能否安全北撤，撤退后琼崖革命如何进行，需要我们认真考虑。经过认真分析和充分讨论，琼崖特委决定必须做好两手准备：一手抓北撤工作，一手抓自卫反击战。特委书记冯白驹特别强调，要保持干部和部队的思想稳定，在接到"北撤"的正式命令前，只把上级指示精神传达到支队和地方县以上的领导干部。

然而，由于个别领导人员没有严格遵守纪律，"北撤"的消息泄露了出去，在一些部队和地方造成了思想波动，给党的工作带来了一定的损失。有的人认为和平已得协议，问题已得解决，产生盲目的冲动和乐观，松懈斗志；有的人担心复员或要求迅速复员，认为斗争已经失败；还有的人消极怠工，擅离工作岗位甚至叛变投敌；等等。5月，琼崖特委关于"北撤山东烟台"的指示传达到昌感崖联县县委，县委讨论了北撤和留下坚持斗争的干部名单，县委宣传部长被定为北撤人员之一。此人害怕北撤，偷偷逃走了。他的逃走，扰乱了一部分革命意志不坚定的人的思想，县委干事赵布尔等人先后叛变投敌，县、区、乡干部共逃跑20多人。①在崖县区委，"北撤"消息传出后，人心不稳，许多人离队，基干队仅剩40人左右，崖乐县政府、崖三区党政组织涣散，仲田岭一带革命活动暂时处于停顿状态。②

国民党疯狂的扫荡、填空格、蚕食，历时三个月，不但没有消灭共产党，反而使自己力量遭受不少损失。斗争实践教训了国民党，他们认识到

---

① 中共昌江县委党史研究室：《昌江革命史》，海南出版社1994年版，第182页。

② 中共三亚市委党史研究室：《崖县革命斗争史大事记》，第108页。

消灭共产党不是一件短时间的容易的事，而是长期斗争，也不是单用军事扫荡和"围剿"所能消灭的。5月，张发奎亲到琼崖督战，面授"政治瓦解与军事消灭并进"的策略。因此，国民党琼崖当局调整了原来的策略：注意加强地方力量的组织，分兵布防，巩固据点，得到正确的情报时，则集中兵力远道奔袭；注重"攻心为上、攻城次之"的瓦解办法，实行"宽大为怀"，逮捕到的共产党一般人员只要愿意"悔过自新"，则给予自由；扩大集结队、联防队、自卫班的组织，设立短期培训班训练基层军政头目；等等。

针对敌人策略上的改变，琼崖共产党在继续积极进行军事斗争的同时，大力加强政治上的一元化领导，团结全党全军，开展思想斗争，克服思想和组织上的不一致、不协调；改革组织形式，缩小上级领导机构，把大批的工作人员派到基层，造成上层轻松、下层加强、领导统一的适应游击战争环境的组织体系；整编部队，求精不求多，使行动既轻便、战斗也加强，编余武装则拨归各县党政领导，每县组成一至两个精小队伍，分开活动，帮助行政工作；注意关心人民利益，批判与纠正触犯人民利益的行动，减轻人民负担，改善人民和我们的关系；等等。在琼崖特委的统一领导下，党政军一致动员，民众积极配合，普遍开展破击战：对敌人的征兵、拉丁，则进行抗役、缓役、灭役、抗丁；对敌人的编组保甲、填报户口等，则进行抗编、抗报、缓编、缓报、乱编、乱报；对敌人的移民、搜山、砍山，则敷衍搪塞消极应付；对敌人的清乡、征粮，则进行反清乡、反征粮。琼崖共产党还以民主人士、地方士绅为发动中心，号召人民反对敌人的暴行与剥削。

1946年5月，国民党四十六军再倾全力，向解放区发起新一轮"进剿"。一七五师及保安六团进攻儋县、临高、澄迈一线，一八八师进攻万宁、定安、文昌、琼山一线，新编十九师进攻陵水、昌感一线。6月14日，琼崖特委发出了《执行上级指示继续坚持自卫斗争的工作决议》，提出继续坚持自卫斗争的一系列措施，其中特别提道："在继续坚持自卫斗争中，我们必须在政治上做有效的动员工作，把成员特别是干部都弄清思想，准备反对在自卫斗争中发生任何的懈怠的偏向，特别是对林树兰同志返来所传达的北撤问题所引起的任何不好现象，不仅要加以严格检讨，彻底消除，而且要把北撤问题搁置不谈，禁止任何有关与干部北撤这一问题提到讨论和闲谈上，但领导机关与干部应自我检讨自己有否因为这一问题而产生各种偏向，加以揭发批判，在实际的斗争指导与努力奋斗中改变过来，以身作则领导全部成员克服与转变。"① 特委的决议及时扭转了地方和部队思想混乱的被动局面。琼崖纵队各部队积极出战，灵活应敌：第四支队在洛基的黑岭伏击保安六团一个连，毙伤敌连长以下 60 余人，缴获轻机关枪 2 挺，步枪 30 支；第一支队袭击了琼山县演丰和文昌县东路、抱罗等据点，歼敌 20 余人；镇南队在感恩的岭头铁路伏击新编十九师一个班，歼敌 12 名，缴获轻机关枪 1 挺，步枪数支；第三支队在万宁六甲伏击敌军车 3 辆，不久后又奇袭冯家墟，擒获反动头子吴振藩、陈照坤等20 多人，缴获短枪 14 支，步枪 9 支。后来，广东省国民党当局和张发奎拒不承认琼崖共产党和琼崖纵队，妄图把琼崖纵队留在孤岛加以消灭，使"北撤"计划未能实现。局势明朗以后，琼崖党政军民更加万众一心，继续坚持艰苦的自卫斗争。

1946 年下半年，国民党在全国内战战场损兵折将，接连失败。为了弥补山东战场上兵力不足，四十六军开始陆续北调。琼崖特委获悉这一消息后，立即号召全党全军抓住敌人换防的有利时机大举出击。然而，"北撤"问题刚刚解决，"南撤"问题又开始困扰琼崖纵队。

1946 年 6 月底，广东东江纵队北撤后，中共广东区委考虑到国民党可能增强琼崖的军事力量，使琼崖特委和琼崖纵队陷于十分不利的境地，因此提出了琼崖纵队和地方红色干部向越南撤退的意见。对此，当时正在香港的庄田明确表示不赞同。他征得广东区党委领导人方方同意后，前往南京向周恩来等汇报琼崖的情况和提出不宜"南撤"的建议。庄田的建议得到了董必武、廖承志等领导人的支持。董、廖在《关于琼崖问题致中央电》中明确指出："我们商定琼崖党思想上应确定唯有艰苦留琼崖战斗，开展群众工作，隐蔽和缩小地方精简组织，并巩固武装分区打游击，从打击敌人中解决弹药给养困难，训练干部，才能解决干部生存及一切问题，如打得好，将来反独裁内战胜利时，对琼很有利；如长期内战，琼崖反正一样，所以必须反对和平隐蔽，大批离琼等幻想，且事实上不可能，并纠正一般逃移倾向。"② 中央很快复电，"同意

---

① 《中共琼崖特委执行上级指示继续坚持自卫斗争的工作决议》（1946 年 6 月 14 日），《琼崖解放战争史料选编》（上），第 61—62 页。

② 《董必武、廖承志关于琼崖问题致中央电》（1946 年 9 月 24 日），《琼崖解放战争史料选编》（上），第 77—78 页。

对琼崖问题的估计和处置"①。

1946 年 8 月，广东区党委派张创来琼传达关于琼崖纵队撤往越南的指示，大意是：全国内战爆发后，广东将出现十年黑暗的局面，琼崖斗争将更加困难，因此，琼崖特委应一面坚持斗争，留下一部分人员占领山头、打游击，一面将琼崖纵队主力撤往越南，尤其是要把成千成百干部撤到海外。为减轻负担，有些人可以复员或出洋，党员只要有办法离琼而不危害党者，均永远承认党籍。

琼崖特委听取张创的传达后，认为当前进行南撤不切实际，有全军覆没的危险。敌人严密控制着沿海港口和船只，即使能够安全撤出，以后也很难再打回来。琼崖党组织有坚持孤岛斗争 20 年的经验，只要坚持走群众路线，制定和执行正确的路线、方针、政策，完全能够继续坚持斗争。琼崖特委决定将情况向广东和中央报告，并接受"北撤"的教训，强调在正式决定作出之前，对"南撤"指示要绝对保密，不允许任何泄露，以免再次引起思想混乱。

9 月，琼崖特委在时隔五年之后，又与中央恢复了电台联系。不久，广东区党委派联络员张端民来琼，再一次传达"南撤"指示，并强调"南撤"与否，由琼崖特委根据实际情况来确定。10 月 26 日，琼崖特委以冯白驹、黄康、李明的名义直接致电中央，阐明了特委关于"南撤"问题的意见，"我们一致认为，如执行此指示，不但碰到无港口、少船只的困难，而且整个工作要垮台了"，"因为我们有一个经验，就是当传达粤琼三项协议准备北撤时，一般士兵与工作人员以至下级干部，都极感悲观与不安"，如果"我们今天要把成千成百的干部撤退，就必发生更严重的事情，那时干部要争先离琼，战士人员将失斗志，人民失望，这么一来琼崖斗争不堪设想"。因此，"为琼崖革命前途计，不得不请示中央，倘使中央认为今后的粤琼必更黑暗，为保存干部应即大批撤退，我们必坚决执行。但如中央认为，自卫战争之结局，只要琼崖坚持得好，中央至少必能争取粤琼三项协议的实现或更大的成果，那么我们有坚强信心与办法，坚持斗争，绝不能被敌人打垮"。② 30 日，经毛泽东拟稿，中央就"南

---

① 《中共中央关于琼崖问题复董、廖电》（1946 年 9 月 26 日），《琼崖解放战争史料选编》（上），第 79 页。

② 《冯白驹、黄康、李明关于琼崖斗争成败关键问题的请示》（1946 年 10 月 26 日），《琼崖解放战争史料选编》（上），第 96 页—97 页。

撤"问题复电琼崖特委："你们意见很对，你们应当坚决斗争，扩大军队，扩大解放区，学会集中主力打运动战，争取每次歼灭敌人一营一团，同时发展民兵游击队，配合主力作战。你们应以占领整个海南岛为目标，将来再向南路发展。"① 这就明确了琼崖革命斗争的方向，极大地鼓舞了琼崖军民的斗志。

在向上级党委和中央反映自己的意见的同时，琼崖特委领导部队主动出击，奋勇杀敌。9—10 月间，琼崖纵队先后与敌作战数十次，攻克墟镇 20 多座，毙、伤、俘敌 300 多人，缴获轻机关枪 6 挺，冲锋枪 1 支，步枪百余支。国民党四十六军对琼崖纵队的"清剿"以失败而告终。

经过数月艰苦的自卫反击战，国民党企图消灭琼崖共产党的阴谋被彻底粉碎。琼崖纵队共进行大小战斗 200 多次，消灭了国民党四十六军的 2 个团和部分地方武装，约 3000 人，缴获轻重机枪 10 挺，冲锋枪 9 支，长短枪 400 余支，小型迫击炮 2 门，摧毁了数十个堡垒，② 不但打垮了敌人各个击破的美梦，而且为了伸出外线而展开新的地区斗争，使敌人围困与封锁的计划被挫败。

10 月 27 日，琼崖特委以冯白驹、黄康、李明的名义向中央电报呈送了《自卫反击战总结》的报告，全面回顾了自日军投降、国民党四十六军渡琼以来琼崖特委和琼崖纵队的斗争历程，总结了斗争中应当汲取的经验教训。11 月 21 日，中央复电给予肯定："十月二十七日《自卫反击战总结》，完全正确，望以此教育干部"，并对今后琼崖的工作明确指示，"全国内战正继续进行，不粉碎蒋介石的军事力量，国内和平是无望的。在全国内战条件下，蒋很难调兵到琼崖，望利用此种条件采取积极行动，学会打大仗，消灭反动武装，扩大根据地，扩大武装部队，提高战斗人员对非战人员的比例，根据中央前电为占领整个琼崖并向南路发展之任务而斗争"。③ 中央的复电，极大地鼓舞了琼崖军民的战斗热情和士气，指引着琼崖革命走向一个新的发展阶段。

---

① 《中共中央关于应以占领整个海南岛为目标给冯、黄、李的复示》（1946 年 10 月 30 日），《琼崖解放战争史料选编》（上），第 98 页。

② 《自卫反击战总结》（1946 年 10 月 27 日），《琼崖解放战争史料选编》（上），第 100 页。

③ 《中共中央对冯、黄、李〈自卫反击战总结〉的复示》（1946 年 11 月 21 日），《琼崖解放战争史料选编》（上），第 105 页。

三、战场博弈：琼崖纵队的战略防御与进攻

1946 年 11 月，国民党四十六军离琼后，广东省国民党当局调来保二、保三、保四、保五四个保安总队接防，加上原在琼崖的保六、保七总队和榆林要塞守备队，琼崖国民党的兵力共计 15000 人，比四十六军驻琼时减少 3/5。国民党的正规军虽然减少了，但地方武装却扩大了，人数约有 1 万。广东省政府主席琼崖办公室主任兼第九区行政专员蔡劲军被委任为保安司令，负责指挥琼崖国民党军队继续打内战。琼崖纵队方面，尽管战斗减员没有得到足够的补充，但仍有五个支队、一个特务大队，共约4500 人，并且，经过十个月自卫反击战的洗礼，部队在战略战术运用和指挥作战能力方面都积累了一定的经验，缴获的大批武器装备也大大提高了战斗力。虽然敌强我弱的基本态势没有改变，但双方的力量对比差距已经缩小，共产党由绝对被动转变为局部主动，形势逐渐开始朝有利的方向发展。

蔡劲军上任后，制定了"分期分区、重点进攻、各个击破"的清剿计划，扬言六个月内解决琼崖共产党问题。11 月，蔡劲军开始实施第一期清剿计划，集中保六、保七两个总队和保三、保四各两个营及地方武装共 3000 多人，重点进攻第一支队活动的琼文地区，同时以保二总队在儋县、白沙，保五总队在昌感，保三总队一部在定安，保四总队一部在澄迈作局部进攻，策应其重点"清剿"。除了军事行动，琼崖国民党当局还施行"十杀"① 政策和"五家联保"、"十家联保"的保甲制，对民众进行威胁、恐吓，对共产党军政人员家属进行摧残、迫害。

琼崖纵队各部队继续采取"以分散对敌之集中，以集中对敌之分散"的军事斗争方针，主动出击，寻机歼敌。活动于琼山、文昌地区的第一支队在支队长吴克之、副支队长陈求光的带领下，先后进行了罗射村伏击战、乘坡岭反击战，毙、伤敌 90 多人。1947 年 1 月，第一支队诱歼大致坡之敌 30 余人，并一度攻克文昌县的铺前、烟墩、迈号和琼山县的演丰等墟镇，给重点"清剿"的敌人以沉重打击。其他各支队也纷纷积极开

---

① "十杀"，即为"共"者杀、通"共"者杀、窝"共"者杀、为"共"通情报者杀、为"共"抽丁者杀、济"共"者杀、知"共"不报者杀、为"共"征粮者杀、为"共"纳粮者杀、为"共"宣传及损坏公路桥梁、盗取电线电杆者杀。

展斗争，配合琼文地区的反"清剿"斗争。1月16日，活动于澄迈地区的挺进支队夜袭美厚岭，歼敌保四总队一个排30多人。活动于定安、琼东地区的第二支队，继里草坪歼敌保二总队一个连之后，12月初，又一度攻克定安县的石壁、岭口等墟镇。活动于昌江、感恩地区的镇南队，在报板铁路段歼敌保五总队两个排。活动于乐会、万宁地区的第三支队，一举攻克万宁的猿水、竹子仓、牛姆寨和乐会的龙江等据点，歼敌50多人，后又在万宁至兴隆公路设伏歼敌20余名。12月29日，活动于白沙、儋县地区的第四支队在新溪田段公路设伏歼敌保二总队一个加强营，毙敌88人，俘8名，缴获轻机关枪4挺，枪榴筒4具，步枪40余支，子弹15000余发。中央军委特此发来嘉奖电，"海南得此胜利，甚为欣慰，望传令该中队嘉奖"，并鼓励琼崖纵队，"你处应继续此精神，寻求敌之分散部队及其弱点，集中我之优势兵力，争取不断地在运动战中消灭敌人一连至两连的胜利，定可改变过去局势，有利于今后的发展"。① 截至1947年1月30日，琼崖纵队共歼敌750多人，缴获轻机关枪12挺，步枪300多支，蔡劲军第一期"清剿"计划在琼崖纵队的英勇抗击下宣告破产。

在反"清剿"期间，为贯彻执行中共中央的指示精神，并对新形势作出新的判断和决策，1946年12月中旬，琼崖特委在澄迈召开了临委书记联席会议。会议首先学习了中央11月21日的电报指示。特委书记冯白驹作了《琼崖自卫战争的新形势和任务》的报告，对当前国内政治局势作出了基本判断，即"和平已告绝望，战争已达顶点"。② 他指出，造成这样的局势，是蒋美勾结的结果。经过一年的自卫反击战争，我们获得了基本的胜利，杀伤了国民党军近4000人的有生力量，获得了大量武器装备，虽然我们失去了两座县城和百余个市镇，但广大的乡村仍在我们的控制之下。自几个保安总队接防四十六军后，敌人的兵力不足和分散，在琼崖到处表现出来，每县平均不足一个保安营，而且在全国人民解放战争胜利展开的形势下，蒋介石没有余力增援琼崖，这给我军继续开展自卫反击战以有利的条件。另一方面，琼崖是孤岛，远离主力，又是国民党统治最强的广东一部，处于太平洋的战略要点，敌强我弱的格局没有根本改变。

---

① 《中央军委对琼纵解放支队一中队溃敌一营歼敌一连战绩的嘉奖电》（1947年1月6日），《琼崖解放战争史料选编》（上），第141页。

② 冯白驹：《琼崖自卫战争的新形势和任务》（1946年12月12日），《琼崖解放战争史料选编》（上），第108页。

因此，尽管琼崖人民解放战争的胜利方向是确定了，但战争胜利不会很快到来，敌人还百般企图消灭我们，我们自身的困难也不少，战争的残酷性和艰苦性仍然不可避免。

在对面临的新形势认真分析后，会议确定今后的总任务是：积极准备反攻，发展全琼，夺取全琼，向南路发展，打通大陆，配合全国。为此目的，今后必须：①扩大解放区，在发展全琼的原则下，建立白沙、保亭、乐东革命根据地，支持长期斗争；②扩大部队，发展民兵，学会打运动战，猛烈开展军事攻势，大量杀伤敌人有生力量；③确立为人民服务的观点，对民众进行自上而下的思想动员和教育，大量开展民众工作，恢复与建立各级民众组织，发动与领导民众开展减租减息、反劳役、反暴行、反抽丁、反征兵等各种合法与非法的翻身斗争；④加强干部培养工作，各支队开设一短期军事训练班，培养中小队级干部，三个月后准备设比较大规模的训练班或学校，大批培养干部。① 会后，琼崖特委领导军民立即投入到反"围剿"和建立五指山革命根据地的斗争。

1947 年 2 月，蔡劲军开始实施第二期清剿计划，以保六总队进攻万宁六连岭地区，以保七总队进攻定安地区，以保四总队进攻澄迈地区。虽然兵力不足，无力同时在全琼范围"清剿"，但敌人采取了堡垒政策，企图分割解放区，控制琼崖纵队行动。针对敌人的战术特点，琼崖纵队决定以少数部队配合民兵，坚持根据地斗争，以主力迂回敌后，灵活歼敌。2月 9 日，琼崖特委发布《关于反"清剿"工作的指示》，分析了敌我双方的特点，号召全党全军注意讲求方法和策略，全力粉碎敌人的"清剿"。

2 月初，第三支队以少数兵力牵制和反击六连岭"清剿"之敌，以主力转移至外线袭击礼纪墟，歼敌 20 余人，3 月 7 日，又在陵水至乌石公路伏击歼敌 20 余人。定安方面，第二支队留少数部队坚持山地斗争，主力转移至平原地区寻机歼敌。3 月 16 日，第一支队和第二支队在琼东县的长坡至嘉积段公路连环伏击，诱击长坡之敌，打击嘉积出援之敌，毙、伤敌 110 多人，俘 10 多人。琼文方面，第一支队先后攻克文教、东郊、水北、公坡、冯坡、白延、铺前等墟镇，歼敌 200 多人，还在琼山的南白村、博洽铺两次伏击，毙、伤、俘敌 40 余人。儋县、白沙方面，第四支

---

① 《中共琼崖特委关于临委书记联席会议情况给中央的报告》（1946 年 12 月 28 日），《琼崖解放战争史料选编》（上），第 137—139 页。

队攻克长坡、白马井等墟镇，歼敌 40 余人。澄迈、临高方面，挺进支队先后在红土坎、高田坡、金沟岭等地伏击，缴获轻机关枪 5 挺，步枪 100 余支，3 月 2 日又在和庆至和舍公路设伏歼敌一个排 20 余人。4 月 28 日，李振亚亲自指挥挺进支队发起风脚村战斗，毙、伤敌 200 余人。昌感方面，镇南队消灭昌感县政府基干中队，毙、伤敌 10 多人，俘 20 多人，4 月 26 日，又在北黎至石碌铁路伏击保四总队一个连，毙、伤、俘敌 40 余人。在此次反"清剿"斗争中，琼崖纵队共进行大小战斗 200 余次，毙敌 970 人，伤敌 540 人，俘敌 300 余人，缴获轻机关枪 25 挺，六〇炮 3 门，掷弹筒 8 具，步枪 870 支。蔡劲军第二期"清剿"计划再遭破产。

　　在反"清剿"斗争的同时，根据中央的指示和临委书记会议的决议，琼崖特委决定再进白沙，领导五指山根据地创建工作。1947 年 1 月，特委和琼崖纵队领导机关率警卫营进入白沙红毛峒，以第四支队一个中队牵制牙叉之敌，警卫营迅即进攻加叉、新市、元门、细水之敌，摧毁反动政权，恢复和巩固党的基层政权。4 月，为加强开辟根据地的力量，琼崖纵队决定从各支队各抽调一个小队和警卫营两个中队组建前进支队，符振中任支队长，文度任政治委员，郑章任副支队长，王山平任参谋长，继续清除白沙残敌，巩固白沙根据地。4 月 14 日，琼崖特委向中央报告，"自三月二十五日进入五指山周围展开工作后，已将该地之义勇队及黎民红枪队完全击退。三百余里五指山脉的周围地区，除东北角加叉乡外，全变成解放区。……现已水满为据点，向四周分开中"。① 中央复电祝贺，"海南根据地已在五指山初步建立是一大胜利"，并进一步指示，"现琼境只六个保安团，在全国解放区继续胜利面前，粤省很难再抽调多少兵力，唯在你们继续胜利威胁下，反动统治决不会放松你们，而美英帝国主义又都很重视这一华南的海军根据地的，因此，琼崖自卫战争有它相当有利的条件，同时也有它相当困难的条件，结果必然要在长期战争中取得最后胜利，这就是你们一切工作的出发点"。② 中共中央还决定将琼崖特委改为琼崖区党委，并由中共中央直接领导。

　　在反"清剿"斗争不断取得胜利的有利形势下，琼崖特委决定召开

---

① 《中共琼崖特委关于五指山脉周围已全变解放区致中央电》（1947 年 4 月 14 日），《琼崖解放战争史料选编》（上），第 149 页。

② 《中共中央关于召开琼崖党的第五次代表大会的指示》（1947 年 4 月 29 日），《琼崖解放战争史料选编》（上），第 154 页。

第五次代表大会来产生琼崖区党委，并讨论中央关于目前形势与任务的指示。中央对琼崖第五次党代会非常重视，提出了九个方面的问题请大会考虑：基干部队的扩大与建立巩固根据地；民兵游击队的组织和发展；群众经济要求及土地改革，由减租减息到清算分田；机关部队生产自给或部分自给；在敌占区武工队与两面派的合法斗争；瓦解顽军工作；保存与训练干部；吸收新的积极分子入党；争取黎民。① 5 月 9—26 日，琼崖党的第五次代表大会在白沙县红毛乡便文村举行，共有 24 名正式代表参加会议，琼崖党政军领导机关负责干部和各县委、支队的主要负责人列席会议。经过认真讨论，大会通过了关于建设解放区的军事、政治、经济、土改、民运、党务和创建五指山革命根据地等多项决议，提出今后的主要任务是：①巩固和发展五指山革命根据地；②学会打运动战，以伏击战为基础进行运动，大踏步前进和后退；③展开民运工作，发展民众组织，进行土地改革，帮助民众生产，减轻民众负担；④加强党的建设，学习毛泽东思想，改变党的作风，发展党的组织；⑤开展反特斗争，正确执行俘虏政策，瓦解敌军。②

大会以无记名投票方式选举产生了中共琼崖区委员会，冯白驹、李明、庄田、黄康、何浚为常委，冯白驹为书记，李明、黄康为副书记。四个临委改为四个地委：北区地委，书记黄康，副书记肖焕辉；东区地委，书记陈乃石，副书记符哥洛；南区地委，书记史丹，副书记陈克文；西区地委，书记杨少民，副书记陈青山。为了加强对军事工作的领导，琼崖区党委决定增补李振亚、吴克之为琼崖纵队副司令员，任命马白山为区党委军事部长，李明兼任区党委政治部长。支队领导也作了调整：第一支队，队长陈求光，政委陈石；第二支队，队长兼政委陈武英；第三支队，队长符哥洛，政委陈乃石；第四支队，队长潘江汉，政委吴文龙；挺进支队，队长张世英，政委林明。③

琼崖第五次党代会后，建立稳固的五指山根据地成为首要任务。1947年 8 月，第四支队奉命挺进白沙，准备围攻牙叉。因牙叉守备严密，准备

① 《中共中央关于召开琼崖党的第五次代表大会的指示》（1947 年 4 月 29 日），《琼崖解放战争史料选编》（上），第 154—155 页。

② 《中共琼崖特委三个月反"清剿"斗争总结——琼崖第五次党代会上工作报告》（1947年 5 月），《琼崖解放战争史料选编》（上），第 164—170 页。

③ 《中共琼崖区第五次代表大会第一次执委会会议记录》（1947 年 5 月），《琼崖解放战争史料选编》（上），第 171—173 页。

充分，第四支队采取围而不打的拖延战术，切断了牙叉守敌与外界的一切联系。不久，敌人储备的粮食、物资消耗殆尽，又得不到外援，军心大乱。10 月 7 日，敌人突围逃窜，先后在阜龙乡新开岭和儋县和盛墟遭到追击，死伤多人。牙叉被攻克后，白沙成为一个完整的县级解放区。随后，琼崖区党委和琼崖纵队司令部迁至白沙、保亭、乐东三县交界处的毛贵地区。

为了加强军队建设，根据中央军委指示和琼崖区第五次党代会决议，1947 年 10 月 20 日至 11 月 30 日召开了琼崖纵队第一次全军代表大会，各部队领导机关和中队代表 60 多人出席大会，冯白驹、李振亚、吴克之、马白山、罗文洪组成主席团主持大会。10 月 21 日，中央军委批准"同意琼纵为中国人民解放军琼崖纵队"，极大地鼓舞了全军将士和与会代表。

在全军代表大会上，冯白驹作了《十年建军历史总结》的报告，全面回顾了十年来琼崖纵队在斗争中发展壮大的历史进程，总结了宝贵的经验和教训，提出今后军队发展和努力的方向是：学会打仗，学会结合人民，学会团结内部，学会生产，以扩大与巩固自己。为此目的，必须：扩大与发展力量，成立三个总队、九个支队，半年内在现有力量的基础上扩大一倍；全心全意为人民服务，积极领导人民翻身斗争，进行土地革命，创造与巩固基地，严守"三大纪律、八项注意"；制定正确的作战指导方针，使武装斗争与群众运动密切结合起来；完善政委制度，改善部队中党的工作，尤其是党支部的工作；健全参谋工作，加强军事教育，广泛开展练兵运动；大胆提拔干部，使用干部，培养干部，改造干部；发展生产，厉行节约，建立严格的物资管理制度；建立后勤部门，加强经济给养、卫生、军需生产工作；反对本位主义与各种坏倾向，加强与地方党政的团结合作；注意瓦解敌军工作，严格执行俘虏政策。①

在《党务工作总结报告》中，冯白驹全面分析了党在军队工作中的优点和缺点，进一步指明今后党的工作方针是：①强化党在部队的领导，克服对党的工作不重视的严重现象，发扬十年来党领导部队的功绩与优良传统，使全军党员认识党领导部队的关键作用；②加强阶级教育与党性锻炼，改造党员群众的思想意识，学会贯彻党的领导，学会团结非党与全

---

　　① 冯白驹：《十年建军历史总结》（1947 年 10 月 20 日），《琼崖解放战争史料选编》（上），第 220—221 页。

军，学会做模范表率，领导全军向自己看齐；③加强组织领导，强调政委对党工作的绝对负责，强调军政党工作密切配合；④展开审查与审核党员阶级或成分，重新进行党员登记、查阶级、查立场、查思想、查功绩的运动；⑤加强党内的民主与纪律教育，提高党员的民主精神与自觉纪律，使每个党员确保日常工作执行，展开自我批评，反省自己，加强学习，站紧岗位完成任务，同时建立党务委员会，来严明党纪律的执行；⑥加强党支部领导与活动。①

会上，李振亚作了《十年来战术的运用与发展总结报告》，马白山作了《十年来军事管教总结报告》，罗文洪作了《改造领导作风加强内部团结及加强政治教育改造思想的总结报告》，等等。这些报告分别从不同的方面总结了琼崖纵队发展壮大的经验和教训，对部队今后的工作提出了具体任务。大会结束后，根据中央军委的命令，中国人民解放军琼崖纵队开始按照正规化的要求进行扩编，下辖三个总队，九个支队，补充了大批兵员，加强了司令部、政治部，建立了后勤供应部门。

1947 年 11 月，蔡劲军因"剿匪不力"被撤职，韩汉英接任广东省第九行政区督察专员兼保安司令。由于军事力量的抽调（原有六个保安总队，抽调了两个总队）和多次的"清剿"失败，国民党的兵力进一步减少，士气更加低落，被迫进行战略防御。琼崖纵队则在斗争中不断发展壮大，占据了军事力量对比的相对优势。另外，由于国民党的反动统治非常不得民心，共产党在政治上的优势也很明显。琼崖的整体形势对共产党有利。

韩汉英上任后，重新调整了军事部署，采取"重点防御，相机进攻"的方针，将部队部署在沿海港口和重要城镇：保四总队驻防海口，保六总队驻防澄迈县的金江和儋县那大，保三总队驻防文昌、琼山，保七总队驻防琼东、陵水，保五、保二总队驻防昌江、感恩、崖县，要塞守备队仍驻防榆林、三亚港，同时以地方武装据守次要墟镇据点。趁韩汉英立足未稳，忙于排兵布阵之际，琼崖区党委决定迅速解放保亭、乐东，完成建立五指山革命根据地的任务。

1948 年 1 月，琼崖纵队第三总队副总队长陈求光率第七支队和第九

---

① 冯白驹：《党务工作总结报告》（1947 年 11 月），《琼崖解放战争史料选编》（上），第241 页。

支队进军保亭，再次攻占县城，又相继攻克了祖关、加茂等墟镇，击溃了南圣的地头蛇王光华和其二嫂的反动武装，解放了保亭全境。琼崖纵队参谋长马白山和代总队长陈武英、政治委员吴文龙指挥第五总队的两个支队和第一总队的一个支队，先后扫除了崖县至乐东公路沿线的据点和乐东县城周围的据点，围困乐东县城守敌。经过长期围困和激烈战斗，6月6日，乐东县城被攻克，乐东全境宣告解放。至此，白沙、保亭、乐东连成一片，五指山地区全变成解放区。

同一时期，琼崖纵队其他部队也纷纷出击，主动发起进攻。北区方面：1月8日，在琼山三江乡道门口的公路上截击敌军，毁汽车3辆，缴获子弹1万余发和大批军需品；2月23日，在琼文公路展开大破击战，给敌人交通线以重大破坏；3月12日，一举攻克文昌中山乡据点；3月27日，在琼文公路击败保三总队第二大队曾道明部和美南、三江出援之敌200余人，毙、伤敌20多人；4月11日，又一举攻克琼山福昌乡据点；7月，在北港坡伏击敌军车1辆；其他打击地方武装的小战斗不下10余次。西区方面：3月4日，一举攻克临高县城；3—4月，连续攻击自澄迈开往儋县救援那大、南丰之敌，击毙保六总队长陈瑞章以下70余人；4月7日，拔除挺舍的敌据点，歼敌一个小队；4月13日，强袭澄迈大东乡罗光帮部，歼其多半；6月3日，捣毁保三总队在白沙阜龙乡的指挥所，击毙总队长曾杰以下40余人。南区方面：3月3日，攻克崖县县城；3月26日和4月13日，在崖城至马岭和崖城至榆林的铁路截击敌火车2列，俘敌乐东县长王衍祚和要塞守备队通信连一部；4月14日，彻底摧毁新高营据点。东区方面：4月14日，诱击困守三十笠之敌，歼其一个排；4月22日，在白石据点附近围歼一个自卫班；5月11日，进攻陵水县新村港，歼敌一部；7月14日，在白石塘至陵水公路设伏，歼敌一个连；其余零星战斗和缴获也很多。

据不完全统计，1948年1—7月，琼崖纵队各部队共歼敌1000余人，缴获轻机关枪25挺，重机关枪2挺，长、短枪446支，拔除敌据点30余座，解放保亭、乐东两座县城，攻陷崖县、临高两座县城，取得了对敌斗争的阶段性重大胜利。

琼崖纵队的上述军事胜利，离不开根据地的紧密配合和大力支持。为建设巩固的根据地，琼崖区党委领导解放区人民进行了轰轰烈烈的土地改革运动。1947年8月28日，琼崖区党委发布了《关于执行中央五四指示解决土地问题的工作指示》，指出："土地问题是目前斗争的基本问题，是一切工作的中心"，"在工作方式上，应突破一点，取得经验，再推动扩大到整体，不可平均使用力量和分散注意力"。[①] 为推动土改工作，取得工作经验，琼崖区党委还组织了土改工作团，先后在阜龙、牙叉、白沙、番阳等地进行土改试点。由于土地改革是一场旨在消灭封建剥削的运动，因而遭到了封建剥削阶级的极力反对。为确保土地改革的顺利进行，琼崖区党委制定了相应的土改工作策略和方法：先打击大地主，然后打击其他地主，对恶霸与非恶霸，对大中小地主待遇要有区别；先组织贫农团，几个月后组织农会，以贫农团、积极分子为骨干，吸收一部分中农积极分子参加；反动地主武装组织及特务组织，必须消灭，不能利用；等等。[②] 由于方法得当，措施得力，截至 1948 年 2 月，土地改革取得了阶段性成果：减租减息回来的谷物共有 4680 石，破仓分粮济贫的仓谷 2053 石；在清算斗争中，没收汉奸、恶霸、大地主的田地共有 3069 石，相当于 30690.5 亩的田地；没收及分配的大牲口 1329 头；没收分配的白银 9013 元；没收的槟榔树 20 余万株；实际分得田地的农民共 28000 户，得到减租减息利益的当大大超过此数。[③]

　　1948 年上半年，在土改试点和减租减息取得初步成效的基础上，土改工作开始扩展到各解放区。根据中央关于 1948 年土地改革工作的指示和毛泽东同志关于新区工作策略问题指示精神，琼崖区党委把全琼划分为三类地区，分别采取不同的土改方法：①巩固区。其又分为甲种巩固区和乙种巩固区。在甲种巩固区，国民党反动力量全被驱逐或消灭，且经过比较深入的诉苦清算斗争，奸霸地主土地一般已被没收分配，封建势力基本肃清，人民觉悟普遍较高，贫农团、农会等组织已经部分或大部分组织起来，解放时间较久，地理条件也有利。在这些地区的工作任务，主要是进行乡村调查，评定阶级，兴办各种建设事业，繁荣地方经济，努力做到丰衣足食。在乙种巩固区，国民党反动力量全部被驱逐，地区全在共产党的控制之下，但人民对党的认识比较薄弱，未全部参与斗争，对封建势力也

　　① 《琼崖区党委〈关于执行中央五四指示解决土地问题的工作指示〉》（1947 年 8 月 28 日），《琼崖解放战争史料选编》（上），第 192、195 页。
　　② 《琼崖区党委关于土改工作指示》（1948 年 2 月 15 日），《琼崖解放战争史料选编》（上），第 303 页。
　　③ 林枌：《琼崖土改概况》（综合报道）（1948 年 3 月 12 日），《琼崖解放战争史料选编》（上），第 318 页。

存在某种程度的恐惧，敌人爪牙还有部分潜藏着，因而表现出观望的态度。在这些地区的工作任务，主要是进行初步诉苦清算斗争，没收分配奸霸地主土地财产，中立富农，并附带进行减租减息工作，组织训练民众，进行生产。②边缘区。在这些地区，国民党反动武装力量虽被驱逐，诉苦清算斗争虽已进行，形式工作也做了不少，但敌人爪牙和少部力量尚存在，人民不但觉悟不高，且害怕敌人，坚持性不强，而表现为两面应付。这些地区属边缘地带，且都解放不久，一切组织和工作都还未打下好的基础。在这些地区的工作任务，主要是着重于减租减息，实行合理负担的财政政策，避免过早清算分田斗争，避免伤害中农及过分伤害富农利益，争取民心。③游击区。在这些地区，共产党的组织和工作历史较久，民众觉悟程度很高，且有应付敌人的斗争经验，但这些地区一般都是平原地带，在地理条件上不能坚持正面斗争，因而不能断绝和敌人的各种关系，造成国共双层政权组织的存在。双方对这些地区控制力量的强弱，常因时间和空间的不同而发生变化，斗争内容也表现得十分复杂化。在这些地区的工作任务，主要是确立坚持斗争和发展斗争的方针，不分土地和浮财，实行减租减息和合理负担的财政政策，积极宣传土改区的土改政策和工作，扩大影响。

　　琼崖区党委分地区、分阶段，有重点地逐步推进土地改革，取得了明显成效。到1948年10月，全琼进行各种不同深度土改的地区有8个县，71个乡，据不完全统计，共没收与分配田地2198.33石，种田得分配与退回的人口有29327人，没收谷米3508.98石，牛1936头，猪羊428只，光银9518.51元，农具1543件，粉药枪与步手枪138支。在土改过程中被清算与逮捕的恶霸、地主、特务、爪牙共约584人，被枪杀者约217人。① 解放区的土地改革，激发了广大农民的革命积极性，为琼崖纵队在战场上与国民党军队进行军事较量奠定了良好的群众基础。

　　1948年5—12月，琼崖区党委根据中央的指示精神，发起了整党运动。整党的目的，是达到党内思想改造、组织纯洁，以团结党、巩固党、进步党，使党能够胜利领导解放战争。整党的内容，是进行"六查"，即查阶级、查立场、查思想、查作风、查工作、查生活，要完成这个任务，

----

　　① 《琼崖区党委关于军事建设、政权组织与工作、财政经济政策、党的组织与工作、土改工作问题的报告》（1948年10月31日），《琼崖解放战争史料选编》（上），第371页。

全党必须进行由上而下的刷污运动，审查干部，学习文件，紧密地与各种斗争特别是土改斗争联系起来，从斗争中得到考验与证实。整党运动中，广泛开展了自我批评，批评并纠正一切不符合人民利益的官僚主义、命令主义、无政府无纪律状态、自私自利贪污腐化的思想行动，对于一切侵占人民斗争果实侵犯人民利益的党员予以严格的纪律制裁。在开展整党运动的同时，琼崖纵队开展了整军运动，学习和借鉴了野战军新式整军运动的做法和经验，并结合自身实际，以"三查"（查阶级、查斗志、查工作）作为整军的主要内容。整党和整军运动提高了琼崖各级党政军干部的思想素质，纯洁了党和军队的队伍。党和军队的进一步成熟，大大推进了琼崖人民解放事业的发展。

1948 年下半年，全国解放战争的形势发生了很大变化，中国人民解放军的战略反攻取得了重大胜利，继济南战役之后，又取得了辽沈、淮海、平津三大战役的胜利。琼崖战场上，一个新的、有利的局势正在形成。国民党虽有 5 个保安总队、一三一旅 3 个团和另一个团的要塞军，共九个团的正规军和大量的地方武装力量，却无法取得主动地位。由于琼崖纵队的不断胜利，各阶层人士对于解放战争的胜利不再怀疑，各地人民掀起了参军、献枪、献弹的热潮。琼崖纵队在斗争中不断发展壮大，已拥有 3 个总队，约 7500 人，此外还有 1400 人的地方武装和 1 万多人的民兵队伍。就控制区域而言，国民党当局统治区域基本上限于城镇，仅占全琼总面积的 1/5，而解放区更加巩固和扩大，控制全琼 4/5 的面积。在全琼 250 万人口中，在共产党领导下的占了 3/5。政权组织方面，琼崖临时民主政府领导下有 5 个行政专员公署，22 个县政府，225 个乡政府。① 这些情况表明，琼崖解放战争已进行到一个转折点，琼崖纵队从战略防御转入战略进攻的条件基本成熟。

根据中央军委 1948 年 7 月 14 日发出的关于战争第三年的军事计划中要求全国各个战场发起秋季攻势的指示，9 月初，琼崖区党委和琼崖纵队司令部在白沙毛栈召开作战会议，研究秋季攻势作战计划和军事部署。会议认为：位于五指山根据地东南的陵水一带，紧邻保亭解放区，敌人守备力量薄弱，有利于琼崖纵队出击，而且一旦解放陵水，不但可以将琼东南

---

① 冯白驹：《在琼崖东北区民主政府成立七周年纪念大会上的讲话》（1948 年 11 月 10 日），《琼崖解放战争史料选编》（上），第 387 页。

地区与五指山根据地连成一片，而且能切断敌人南北交通要道海（口）榆（林）公路，为以后分割消灭敌人创造条件。因此，会议决定秋季攻势应首战陵水，并以此为突破口扩大战果。

9月17日、18日，琼崖纵队在陵水光岭作战两次，连连告捷，歼敌一个连，后转向万宁，连续攻克港坡、乌石、兴隆、李宅塘、牛漏、中兴等据点，歼敌70人。在进攻牛漏的战斗中，琼崖纵队副司令员、前线总指挥兼政委李振亚不幸牺牲。琼崖纵队临时指定第五总队长陈武英、第三总队长张世英为正副总指挥，继续指挥部队在万宁行动。由于他们缺乏指挥大部队作战的经验，致使部队在马六坑岭战斗中遭受死伤140多人的重大损失。随后，琼崖纵队副司令员吴克之被委任为前线总指挥兼政委。经短暂休整后，10月17日和10月23日，琼崖纵队分别攻克了万宁县城周边的礼纪、贡举据点，后转战定安，攻克石壁墟，11月9—11日，又攻克岭门、乌坡、枫木等墟镇。11月23日，琼崖纵队克服重重困难强行攻克中原墟，取得了攻坚战的经验。同一时期，其他各地区的琼崖纵队部队也相机出击，取得了一系列的胜利。在秋季攻势作战中，琼崖纵队共进行大小战斗20余次，歼敌1570人，攻克和解放了18座墟镇，拔除了20余处中小据点。[①] 1948年年底，秋季攻势结束后，为了巩固秋季攻势取得的胜利，琼崖区党委决定在琼崖纵队各部队进行一次为期两个月的军政整训，同时补充和扩充兵员。

1949年2月，陈济棠接任海南特别行政区长官公署长官兼海南特区警备区司令，并取代韩汉英的广东省第九区行政督察专员公署。陈济棠来琼后，加紧整编部队，调整设防。敌人总的部署仍是分别防守城镇，平均每个团要担负两个县的防区，这表明敌人力量不足，难以对琼崖纵队发动大的进攻。面对琼崖的新形势，琼崖区党委和琼崖纵队司令部决定发起春季攻势，以进一步扩大解放区和游击区。

从2月下旬起，琼崖纵队开始春季攻势作战，所到之处，国民党反动势力纷纷土崩瓦解。2月20日，琼崖纵队主力一部突袭临高县南宝镇，守敌临高自卫队一中队大部被歼。3月6日、7日，先后拔除澄迈县城外围据点里万、好保。10日，在临高县和舍至和祥公路上击溃保三总队第三营一个连，毙、伤、俘敌150余人。19日，琼崖纵队挥师西进，攻占

---

① 琼崖武装斗争史办公室编：《琼崖纵队史》，广东人民出版社1986年版，第252页。

儋县新州镇，毙、伤、俘儋县自卫总队副总队长兼代理县长陈德赏以下164人，20日乘胜解放光村。4月19日，琼崖纵队猛攻石碌守敌，迫使敌人全部投降。在强攻和政治瓦解下，国民党白沙县长赵克刚投降。4月21日，琼崖纵队迫降报板守敌，随后全歼东方守敌，迫降热水、广坝守敌。就在春季攻势捷报频传时，中国人民解放军百万雄师过大江的消息传来，极大地鼓舞了琼崖的军心、民心。琼崖纵队以秋风扫落叶之势，相继横扫海尾、昌化、乌烈、通天、明山等据点，解放昌感大片地区。6月4日，琼崖纵队直捣崖县九所镇，春季攻势胜利结束。春季攻势作战中，琼崖纵队共歼敌1800余人，约合两个团以上兵力，缴获轻机关枪106挺，迫击炮6门，冲锋枪6支，长、短枪1264支，掷弹筒27门，枪尾炮23门，子弹12万余发，解放儋县、崖县、感恩3座县城和石碌铁矿区、广坝水力发电厂等20座城镇。在春季攻势中表现出的特点是：国民党军纷纷撤离孤小据点，缩守主要点线，无心恋战，稍加抵抗就放下武器，而琼崖纵队士气高昂，每战必克，攻坚战也较以前大有进步。

全国解放战争的顺利进行和琼崖春季攻势的巨大胜利，使琼崖形势的发展进一步有利于共产党方面。虽然琼崖纵队的力量还未取得压倒敌人的优势，却牢牢掌握了战争的主动权。

四、迎接解放：海南岛战役的发动

1949年4月中国人民解放军发动渡江战役后，很快解放了南京、上海、武汉、南昌、杭州等重要城市，国民党军节节败退，其中有一部分溃散至琼崖。至7月间，除原在琼崖的国民党六十四军、一个警卫旅、两个要塞总队外，又增加了从青岛兵败来琼的三十二军与五十军及一个警卫旅，很快，国民党军就占了压倒性优势。国民党军队的实力大大增强后，重新调整了部署：六十四军一五六、一五九师布防于澄迈、临高、儋县，六十四军一五五师布防于定安、琼东、乐会；五十军三十六师布防于崖城至北黎一带，贯串了崖县一部与昌江、感恩；三十二军二五二师布防于陵水至万宁，二五五师布防于琼山东边与文昌，军部与二六六师布防于崖县之榆林、三亚一带，这一带还有山东警卫旅同驻；海口与琼山西边一带由另一警卫旅驻防。这样，在每一个县城，均有国民党正规军一至二团兵力，如果包括地方团队在内，数量则更多，国民党军在每一地区随时可集中二团至三团兵力应付琼崖纵队。鉴于琼崖局势的突然变化，琼崖纵队不得不由大规模集中出击转为各个地区的分散斗争。

随着国民党在琼崖军事力量的急剧增加，国民党军开始高调"清剿"，企图着手"光复"在春季攻势中被琼崖纵队解放的地区，恢复其反动统治。从7月底起，国民党军从外线全面进攻与劫掠解放区。8月1日，国民党一五六师四六六团大举进攻乐东平坡营，遭琼崖纵队第五总队六团突然反击，仓皇逃往乐东千家墟，后被追击和沿途民兵袭扰，又逃往崖县。9月中旬，国民党三十二军二五二师进犯定安，被琼崖纵队第三总队在石壁附近的南星、乐塘歼灭一个连，后在阳江至龙江公路上又被歼灭一个排。地方武装配合主力部队也频频骚扰敌军，使其烦乱不堪，被迫退出石壁解放区。第一总队第八、九团也分别在儋县光村和临高县清和多次打退国民党军的进攻。国民党军七、八、九月间的行动，主要目的是劫掠粮米，解决自己的困难，所到之处十室九空。虽然国民党军的进犯占去不少被琼崖纵队解放的地区、据点，公路干线也被控制，但他们也付出了相当大的代价。国民党军普遍的疯狂的劫掠，激起了广大人民的格外仇恨与愤怒，民众把整个希望寄托于琼崖共产党领导的解放战争的胜利。在三个月（七、八、九月）的斗争中，琼崖纵队共毙、伤、俘敌669名（计击毙109名，伤135名，俘425名），缴获轻机关枪25挺，重机关枪4挺，高射机关炮1门，高平两射机枪1挺，各种步枪590支，各种短枪45支，六〇炮3门，掷弹筒6门，枪榴筒3个，手提枪2挺，冲锋枪2挺，各种子弹33425发，各种炮弹117发，拔除与迫走敌堡垒50个（其中拔除22个）。①

琼崖军民的英勇斗争，得到了中共中央的高度肯定。7月，中央指派琼崖纵队副司令员马白山和琼崖少数民族自治区行政委员会副主任王国兴代表琼崖军民赴北平参加全国政治协商会议，王国兴还在大会上作了发言。10月1日，中华人民共和国成立，10月14日，华南最大的城市广州宣告解放。琼崖区党委认真分析了形势，认为：根据琼崖敌我力量的对比，要使琼崖的战争随着国内的战争取得彻底的胜利，单靠琼崖的力量是不能解决问题的，迫切要求兄弟军来琼帮助我们早日完成解放琼崖的任务。②

---

① 《琼崖区党委关于七、八、九三个月工作情况给华南分局和中共中央的报告》（1949年10月7日），《琼崖解放战争史料选编》（下），第223页。

② 《冯白驹关于琼崖形势及意见给叶剑英、方方的报告》（1949年10月19日），《琼崖解放战争史料选编》（下），第228页。

　　两广战役后，中国人民解放军横扫雷州半岛，与琼崖隔海相望。解放海南岛也提到了中国人民解放军的作战议程上来。

　　海南岛扼两广出入之咽喉，占据南海交通要冲。当时龟缩到海南岛的国民党军企图凭险固守，与台湾、金门、马祖、舟山、万山等共同构成封锁大陆的岛链，作为其反攻大陆的基地。如不及时解放海南岛，就会给祖国南疆留下严重的隐患，使新生的人民共和国受到国民党反动派和帝国主义的军事威胁。

　　鉴于此，12 月 18 日，毛泽东指示中国人民解放军第四野战军司令员林彪，"以四十三军及四十军准备攻琼崖"，并进一步指出，"渡海作战完全与过去我军所有作战的经验不相同，即必须注意潮水与风向，必须集中能一次运载至少一个军（四五万人）的全部兵力，与 3 天以上粮食，于敌前登陆建立稳固滩头阵地，随即独力攻进，而不要依靠后援"。① 1950 年 1 月 10 日，毛泽东又指示林彪，"争取春夏两季内解决海南岛问题"，因为有两个有利条件，"一是有冯白驹的配合，二是敌军战斗力较差"。②

　　经过多年的孤岛斗争，琼崖终于迎来了新中国成立前的最后时刻。为配合解放军渡海解放全琼，琼崖区党委做了大量的准备工作：组织系统的支前委员会，以有力地执行支前工作；实行充分的粮食准备工作，使大军到琼后不致因粮食困难影响作战；扩大民工组织，建立输送供应站；做好情报工作，提供准确情报；等等。③ 12 月 27 日，琼崖区党委专门作出指示，要求各级党政军民组织以粮食工作为中心，"集中力量以突击精神去进行其完成的数量，应有具体清楚的登记"，"此外粮食的输送工作，也须预先布置好，事前进行号召广大民众为解放全琼而给人民解放军输送粮食，普遍扩大动员组织每一个能挑担的民众都参加到粮食输送队中去"。④ 琼崖临时人民政府在全岛开展了筹集钱粮的"一

---

　　① 《毛主席关于渡海作战等问题给林彪的指示》（1949 年 12 月 18 日），《琼崖解放战争史料选编》（下），第 268 页。

　　② 《毛主席关于琼岛作战问题给林彪的指示》（1950 年 1 月 10 日），《琼崖解放战争史料选编》（下），第 406 页。

　　③ 《琼崖区党委关于配合大军渡海解放全琼的紧急工作指示》（1949 年 12 月 15 日），《琼崖解放战争史料选编》（下），第 255—256 页。

　　④ 《琼崖区党委关于迎接大军渡海作战做好粮食准备的特别紧急指示》（1949 年 12 月 27 日），《琼崖解放战争史料选编》（下），第 270 页。

元钱、一斗米"运动，广大民众积极配合，宁肯自己吃杂粮，也踊跃献粮。据不完全统计，到 1950 年初，琼东县预借粮 1240 石 9 斗 4 升 5 合，澄迈县预借粮 2228 石 1 斗 3 升，定安县预借粮 2336 石 4 斗，新民县预借粮 1841 石 2 斗 8 升，万宁县预借粮 3460 石 5 斗 6 升，其他各县也都筹集了数量不等的粮食。①

在国民党方面，1949 年 12 月，撤销了海南警备总司令部，成立了国民党海南防卫总司令部，薛岳取代陈济棠任总司令，统一指挥兵败逃琼的国民党海、陆、空三军。此时，猬集海南的国民党兵力达 10 万之众，计有 5 个军，20 个师，73 个团，另有琼北、琼南 2 个要塞总队。海军第三舰队辖舰艇 50 多艘，其中驱逐舰、护卫舰、猎潜舰等作战舰艇约 20 艘，余为登陆艇、巡逻艇、运输舰等。空军有 4 个大队，飞机 40 多架，其中战斗机 20 余架，运输机 10 余架，余为轰炸机。为抵御解放军登陆海南岛，薛岳把全琼划分为东、北、西、南四个守备区，整编一、二、三、四路军防守，构筑了海、陆、空一体的"伯陵防线"②，具体部署为：第一路军以三十二军的 4 个师编成，守备乌场港至木栏港段；第二路军以六十二军的 3 个师、教导师、暂十三师、保安第二、第三旅共 7 个师编成，守备木栏港至林诗港段；第三路军以六十四军、四军共 6 个师编成，守备林诗港至岭头湾段；第四路军以六十三军 3 个师编成，守备以榆林为中心岭头湾至乌场港段。除守备区的机动部队外，全岛的机动部队共有 5 个师。国民党军的防御重点在北部沿海正面，并在便于登陆的各要点构筑野战工事、支撑点和设置部分水上障碍。国民党海军舰艇除担任环海巡逻外，主要用于封锁琼州海峡。空军主要用于轰炸雷州半岛各港口，阻止野战军海上训练和船只集结，袭扰后方公路运输线，破坏野战军登陆战役准备。国民党军还集中机动部队向琼崖纵队活动中心地区压缩搜剿，企图在野战军登陆海南岛前摧毁琼崖纵队力量和琼崖解放区，使解放军不能互相策应。

中国人民解放军解放海南岛以四十军、四十三军为主力，并配属加农炮兵二十八团、高射炮兵第一团和工兵一部（大举登陆前又从其他部队抽调了部分防坦克炮兵和通信兵参战）和琼崖纵队 3 个总队、1 个独立

---

① 《琼崖解放战争史料选编》（下），第 272、329、343、350、353 页。

② 薛岳，字伯陵，故称"伯陵防线"。

团，总兵力达 11 万人（但直接参加渡海作战者不过半数），统归十五兵团指挥。1949 年 12 月下旬，各部队先后进至雷州半岛及其东西地区，进行战役准备，琼崖纵队第一总队于昌江、白沙地区，第三总队于琼东、定安地区，第五总队于乐东地区，独立团于琼东北谭牛、文昌地区，积极活动，随时准备配合渡海兵团作战。

1950 年 2 月初，中共华南分局书记、广东省军政委员会主席叶剑英在广州主持召开海南战役作战会议，十五兵团司令员邓华、政委赖传珠、第一副司令员兼参谋长洪学智以及四十军、四十三军的军长、政委参加了会议，参加完政治协商会议回到广州的琼崖纵队副司令员马白山和专程潜渡过海的琼崖纵队参谋长符振中也出席了会议。会议分析了各方面的情况后，确定了海南岛战役的作战方针：分批偷渡与积极准备大规模强渡，两者并重进行。在两个军大规模强渡前，应各偷渡一个团以上兵力，一方面支援琼崖纵队的力量，另一方面取得渡海作战经验。

3 月初，冯白驹电告十五兵团和四十军，国民党军正集中主力进攻西区解放区，儋县的海头港至白马井一带防务空虚，仅一个步兵团留守，建议野战军向该地区乘机偷渡一部分兵力。兵团指挥部决定派四十军一一八师三五二团一个加强营偷渡，琼崖纵队派第一总队负责接应。3 月 5 日下午 7 时，在琼崖纵队司令部侦察科长郭壮强的协助下，一一八师参谋长苟在松带领加强营 799 名指战员分乘 14 只船由雷州半岛北东坡起渡，于 6 日 13 时进至琼岛西北白马井附近海面，遭国民党飞机、舰艇和海岸火力的联合阻击。琼崖纵队接应部队迅即向国民党军海岸据点发起进攻，开辟登陆场，并阻击增援之敌，渡海部队冒着炮火强行登陆，抢占滩头阵地。在两支部队的两面夹击下，国民党守军的防御崩溃了，渡海部队与琼崖纵队接应部队胜利会师，随后向五指山区转移。

3 月 9 日，琼崖区党委高度评价了野战军偷渡成功的重大意义，"这是琼崖人民及琼崖解放军在坚持二十余年的孤岛艰苦斗争中第一次得到外力帮助的胜利会师。这标志着琼崖解放屈指可待，是残匪大吹大擂解放军不能过琼，什么'伯陵防线'的欺骗之具体回答。这个胜利非但给予我军与琼崖人民以无限的鼓舞与兴奋，对于残匪更是一个致命的打击，是琼崖解放的第一炮"，同时，区党委也谆谆告诫全党，"应该认识到，这个胜利说是琼崖解放直接与开始则可，说是这个胜利本身就是琼崖解放则不可。琼崖获致全面解放一方面还要靠大军继续登陆，另一方面还要靠我们党政军民做最后努力"。①

　　四十军一个加强营偷渡成功后，国民党军对西部比较注意，对东部则有疏忽。3 月 10 日 13 时，在琼崖党政干部林栋的协助下，四十三军一二八师三八三团一个加强营 1007 人由团长徐芳春带领，分乘 21 只船从雷州半岛硇州岛起渡。活动于琼文地区的琼崖纵队独立团负责接应。渡海先头部队于 11 日 9 时到达预定之赤水港地区，击退岸上守敌后在龙马地区与琼崖纵队独立团胜利会师。随后，两支部队在琼文地区与敌周旋，以便随时策应后续部队登陆，并在谭门地区击溃国民党十三师两个团的合击，歼其近一个营。后续渡海部队也陆续登陆，在当地党政组织和人民群众的接应下安全转移至解放区。

　　两次远距离偷渡奇袭、登陆成功后，不仅加强了琼岛解放军的力量，有力支援了琼崖纵队的反"围剿"斗争，更重要的是为渡海作战积累了宝贵的经验，提高了全军渡海信心。同时，也惊动了国民党守军，他们立即抽调兵力加强了琼北两翼的防御和海上巡逻，并以一个师以上兵力追击和截击野战军登陆部队。

　　为进一步加强岛上解放军力量，摸清海峡对面国民党设防情况，给野战军大规模强行登陆创造更有利的条件，四十军和四十三军先后组织了第二次偷渡，琼崖纵队奉命接应。3 月 26 日 19 时，四十军一一八师三五二团（欠一营）和三五三团二营共 2295 人在师政治部主任刘振华、琼崖纵队副司令员马白山的带领下，分乘 81 只船由北东坡、孟宁、南港起渡，预定在临高西北之罗棠、禾邓之间登陆。27 日拂晓，琼崖纵队接应部队按计划拔除了临高海边国民党守军据点，开辟登陆场，却没有接到渡海部队。原来，受大雾和潮水回流等因素的影响，渡海部队登陆点距预定位置偏东约 50 公里，先后在澄迈林诗港、玉包港、红牌港、博铺港一线宽二十余公里的正面分散强行登陆，突破国民党军一三一师三九三团的防御，并歼其一部。后经数次突围战斗，击破国民党军 10 多个营兵力的多次拦击，在当地党政组织和人民群众的支援下于 29 日与琼崖纵队接应部队胜利会师。

　　3 月 31 日 22 时 40 分，在琼崖党政干部陈说的协助下，四十三军一

---

　　①　《琼崖区党委关于配合大军解放琼崖的紧急指示》（1950 年 3 月 9 日），《琼崖解放战争史料选编》（下），第 362 页。

二七师四个加强营共 3733 人由师长王东保、政委宋维栻带领，分乘 88 只船由博赊港起渡，预定在北创港与塔市之间地区登陆。4 月 1 日拂晓，琼崖纵队接应部队向登陆场附近的国民党守军发起攻击，开辟登陆场。不久，渡海部队大部在预定地区登陆，而有两个加强连错登陆于白沙门，与国民党守军苦战两昼夜，大部伤亡。两军胜利会师后，打退了国民党暂十三师的阻击，转移到琼山解放区。

两军四次渡海并与琼崖纵队胜利会师后，在琼解放军力量已声势浩大，引起了双方形势新的变化：①打破了国民党军以 1/2 兵力"围剿"琼崖纵队的行动，使其从山区撤防来加强海防，增加了后续登陆的困难，有力地策应了琼崖纵队的斗争；②造成了接应大军登陆的有利形势，野战军近一个师的兵力加上琼崖纵队的配合，有能力在任何一段海防线上打开缺口，掩护登陆。另外，成功登陆也证明国民党军的防御组织有很多弱点，增加了野战军解放琼崖的信心。

琼崖国民党军判定野战军 4 月必大举攻琼，因而迅速将琼南之二五二师、二五六师等部队及海、空军绝大部分调至琼州海峡正面增防。薛岳命令海陆空军每日黄昏起至拂晓后一律全副武装备战，海防部队一律进入阵地，各指挥官全部就位。双方一水之隔，各行攻防准备，据此不但偷渡已无可能，小规模的强渡也增加许多困难，大规模的强渡已成为解放海南岛之唯一途径。

4 月 10 日，琼崖纵队司令部接到十五兵团的命令，要求做好接应野战军主力登陆的准备。冯白驹主持召开作战会议，决定由马白山、陈青山、刘振华、陈求光、苟在松等率领琼崖纵队第一总队和四十军上岛部队，负责接应四十军主力登陆；由王东保、宋维栻、张世英等率领琼崖纵队第三总队和四十三军上岛部队，负责接应四十三军登陆。会议要求其他没有直接接应任务的部队积极行动，牵制国民党军，减轻接应部队的压力，确保野战军主力成功登陆。

4 月 16 日黄昏，野战军主力渡海作战开始。在琼崖纵队参谋长符振中的协助下，兵团副司令员、四十军军长韩先楚率领四十军一一八师（欠三五二团、三五三团二营）、一一九师和一二〇师三五八团约 18700 人分乘大小船只近 300 艘，由东场港、灯楼角、南岭港起渡，预定在博铺港东西一线登陆；在琼崖纵队政治部组织部副部长谢应权和王山平、冯尔迅、吴正桂的协助下，四十三军副军长龙书金率领四十三军二八二团、二八三团两个营、三八四团一个营共 6968 人分乘 81 只船从雷州半岛的东场港起渡，预定在玉包港一带海岸登陆。17 日凌晨，琼崖纵队第一总队和四十军上岛部队相继攻占了临高角一带高山岭、美夏、昌拱、东英等据点，为大军开辟登陆场。在强渡与登陆过程中，渡海部队与国民党飞机、舰艇和海岸守备部队展开激战。四十军先头部队分别在新村、临高角一线强行登陆成功，一举突破国民党军一三一师两个团的防御阵地，抢占滩头并向纵深扩展。同时，四十三军在玉包港东西地区分别登陆，粉碎国民党守军一切抵抗，建立滩头阵地。两军都先后与琼崖纵队接应部队胜利会师。

为扩大战果、歼敌主力，四十军指挥所与接应部队指挥所决定，以三五二团一部和琼崖纵队第一总队积极牵制临高之敌，伺机歼灭，以军主力进攻美台、加来国民党军。19 日，薛岳调集了二五二、一五一、一五三、一六三师、暂十三师残部和军官教导师约五个半师的兵力向澄迈驰援，企图乘野战军立足未稳，寻其决战并消灭于近海地区。同日，继攻克美台、加来后，四十军主力向澄迈分进击。20 日，四十三军继歼福山守军后，乘胜挺进至黄竹、美亭一线，对内包围了国民党二五二师部及其七五四、七五五团，对外抗击了国民党军五个半师的围攻，形成了包围与反包围之势，战斗异常激烈。21 日，四十军主力赶到澄迈扑空（国民党军已于 19 日北援美亭），随即兵分两路钳击围攻四十三军之国民党军。各部队不顾国民党飞机狂轰滥炸，分路向黄竹、美亭疾进，与四十三军里应外合，全歼守敌。22 日，国民党军残部向海口方向撤退，四十军与四十三军随即转入追击，在白莲地区歼灭国民党六十二军一部。23 日，野战军进占府城、海口，琼崖战局急转直下，国民党军全线溃败。

22 日下午，薛岳下令全线撤退，令第一路军撤至万宁、乐会；第二路军撤至陵水、保亭；第三路军撤至北黎、八所；第四路军集结于榆林、三亚，随后，薛岳乘飞机逃往台湾，要求蒋介石派军舰接运撤退。23 日，国民党机群从三亚起飞，大肆轰炸海口机场和港口，阻击野战军挺进海口。23 日 19 时半，十五兵团司令员邓华率领野战军第二梯队——四十三军 13 个营渡海，于次日晨在天尾港、荣山厂一带登陆，进驻海口。针对战局形势，十五兵团决定，除留一二七师两个团在海口守备外，两军主力向榆林、三亚、北黎、八所迅猛追击。25 日，冯白驹率领琼崖党政军领导机关进入海口，琼崖纵队各部队配合野战军追击国民党残部。

23 日，四十军主力向南发起追击，24 日，以缴获之汽车和动员的一部商车共 40 多辆（三五四团三营、一个山炮连、一个 107 迫击炮排）组成快速纵队，沿东部环岛公路，进行远距离追击。三五二团二营和琼崖纵队第一总队经那大向南追击至白沙地区。25 日 7 时，一一九师三五七团追到黄竹，抓住南逃国民党六十二军一五一师部及两个团，战斗一个半小时，俘国民党中将副军长兼师长罗懋勋以下 800 余人。三五五团于 17 时进至嘉积，守军已南逃，与四十三军一二八师会师后，继续向万宁追击。快速纵队在嘉积以南文寨附近，追上国民党后卫部队，为了抓住其主力，遂置该敌于不顾，超越前进。26 日 13 时，快速纵队追至龙滚以北与国民党大股逃兵接触，战斗不及一小时，俘虏 2000 多人。为迅速抓住乌场港撤退之国民党军，快速纵队继续向万宁追击，进至后塘地区遭到两个营有组织的抵抗和海上炮艇的拦击，前进受阻。27 日 3 时，三五五团赶到后安，绕万宁城西柳园，协同快速纵队击退守敌，快速纵队跟踪追至白沙和乌场港海岸展开激战，重伤国民党军舰一（后沉没）、轻伤二，俘虏 3300 余人，缴获汽车 30 余辆。28 日，一一九师主力与快速纵队及琼崖纵队一部在万宁会师，当日 24 时继向榆林、三亚追击前进。30 日 16 时，一一九师主力进到榆林、三亚，会同一二八师歼敌一部，余者大部乘船逃窜。

四十三军方面，除一二七师主力控制海口、琼山维持秩序外，一二八师全部向三亚、榆林猛追直进，势如破竹：沿途于安仁、琼山，各歼敌一部；在塔市附近逼降一个团；在树德头歼敌两个营；在新村港歼敌主力数千；最后于 29 日一昼夜，连打四仗，前进 180 里，进至三亚、榆林附近，抓住未及登轮之敌数千人。一二九师主力及三八〇团登陆后经澄迈、那大向八所、北黎疾进，于 5 月 1 日晨赶到指定地区，抓住未及登轮之敌四个团，经数小时激战，俘虏 3000 余人，逼敌下海淹死者数百人。至此，海南岛宣告解放。

海南岛战役是中国人民解放军"解放中南地区的最后一战"[1]，也是中国共产党创建人民军队以来"第一次渡海登陆的成功战役"[2]。据不完全统计，自 4 月 17 日中国人民解放军野战军大举登陆至 5 月 1 日海南岛解放，琼崖纵队配合野战军共歼敌 31985 人，其中毙伤国民党海军第三舰

---

① 邓华：《雄师飞渡天险，踏破"伯陵防线"》，《广东解放战争回忆录》，广东人民出版社1989 年版，第 377 页。

② 刘振华：《海南之战》，广东人民出版社 1988 年版，第 456 页。

队司令王恩华以下 5416 人，俘虏六十二军副军长罗懋勋、二五二师长康乐三以下 23885 人，受降六十二军一四六师四八九团团长李一荣以下 1684 人，溺亡 1000 人，还缴获了大量武器弹药和军用物资。同时，野战军也付出了巨大的代价，伤亡总数达 3000 多人。① 这次战争粉碎了国民党反动派企图将海南岛变成"第二个台湾"的美梦，"对于巩固国防，保卫新生的红色政权，医治战争创伤，恢复国民经济，具有十分重要的意义"。②

　　海南岛战役的胜利，结束了国民党在琼崖的反动统治，成为琼崖人民"空前没有的翻天覆地的伟大胜利"③。1950 年 5 月 1 日，经政务院批准同意，在海口成立了海南军政委员会，实行军事管制，邓华为主任，冯白驹为副主任。一个完全属于人民的海南最高地方政权机关建立起来了。

　　① 《四野司令部：四十三、四十军渡海作战战绩》（1950 年 5 月 8 日），《琼崖解放战争史料选编》（下），第 418—419 页。
　　② 韩先楚：《逐鹿中原，直捣"天涯"》，《解放军报》1977 年 9 月 15 日。
　　③ 中共海南区党委党史办公室编：《冯白驹研究史料》，广东人民出版社 1988 年版，第 237 页。

第八章 社会重构

——琼崖土地改革运动

海南岛的解放，人民政权的建立，只是标志着琼崖革命的基本胜利。只有全面推进农村土地改革，彻底消灭地主阶级对农民阶级的封建剥削关系，才能彻底完成反封建的民主革命任务。

一、琼崖土地改革运动的展开

1950 年 6 月，中央人民政府制定并颁布了《中华人民共和国土地改革法》，明确规定新解放区的土改目的是"废除封建地主阶级封建剥削的土地所有制，实行农民的土地所有制，借以解放农村生产力，发展农业生产，为新中国的工业化开辟道路。"根据这一法律，各新解放区的土地改革加快了步伐。

6 月 2 日，经中共中央华南分局批准，中共琼崖区委员会改称中共海南岛区委员会，冯白驹任书记，何浚、黄康、张池明为副书记。11 月，冯白驹与叶剑英一起前往北京向党中央汇报工作。12 月，临返琼前，毛泽东派人向冯白驹传达指示，要求抓好"练兵与土改"两大任务，说如果这两个问题解决了，那就什么问题都好办，帝国主义若敢来进攻，我们就可以主动地对付。1951 年 1 月 13—19 日，冯白驹主持召开海南区委第一次代表会议，学习和传达毛泽东关于"练兵与土改"的指示，确定1951 年的主要工作，一是加强练兵，动员优秀青年参加中国人民解放军，巩固国防；二是放手发动群众，在今后两年内完成全岛的土地改革。

2 月 15 日，中南军政委员会批准成立海南土地改革委员会，统一领导土改运动，冯白驹任主任，何浚任副主任。3 月 19 日，海南军政委员会公布海南区土改工作计划，确定土改的总要求是消灭农村的封建剥削制度，土改的基本路线是：满足贫雇农的要求，巩固地团结中农，孤立富农，有步骤有分别地消灭地主阶级。在第一阶段重点试行土改运动中，全岛的着眼点要放在土改重点区、剿匪重点区、海防重点区，每个县还要指定二到三个乡为重点进行。为推动工作，取得经验，海南土改委组织了三个土改工作团，分赴三种重点地区去统一领导土改、剿匪、反霸、减租等工作。第一土改工作团团长肖焕辉、副团长黄白天，第二土改工作团团长李独清、副团长陈克文，第三土改工作团团长陈青山、副团长陈武英。海南土改委还抽调 600 多名县、区、乡干部编成队组，在三个工作团领导下进行重点地区的发动群众工作，另外在南方大学海南分校训练 1000 名土改干部作为二期、三期大规模发动土改运动的基本力量。

由于土地改革是要彻底地推翻封建势力，消灭封建制度，消灭地主阶级，因而遭到了地主、匪徒特务的破坏和反对，土改运动中充满了剧烈的、严重的斗争。3 月 22 日，海南军政委员会发布布告，要求"各级人民政府，各地驻军，必须支持和主动协助广大农民的土地改革，反对地主的反土地改革"，"地主中如有违反土地改革法令及破坏土地改革工作者，定予严厉处分"，"防止匪徒特务、不法分子挑拨离间，造谣生事及破坏生产，扰乱社会秩序等非法活动"。[1] 3 月 24 日，为镇压不法地主破坏土改，海南军政委员会敦促各县迅速成立人民法庭，保障土地改革顺利进行。

4 月 22 日，根据中央和广东人民政府的决定，正式成立广东省人民政府海南行政公署，冯白驹任公署主任，肖焕辉、李黎明、云应霖任副主任。海南行政公署的设立，标志着海南实行军事管制的结束，向新政权过渡任务的完成。冯白驹在行政公署成立典礼仪式上发表了《为建设新海南新中国而奋斗》的讲话，指出 1951 年的任务，主要是搞好抗美援朝、进行土地改革、镇压反革命分子，要求每个同志都要在三大运动中锻炼自己，作出贡献，不辜负中央、省和海南人民的期望。

到 7 月，全岛共有 56 个乡约 20 万人完成了土改，第一阶段的土改试点工作基本完成。这一阶段的主要收获是：①初步发动群众，配合部队肃清土匪，巩固地方治安。据不完全统计，全岛消灭残匪 416 人，收缴轻机枪 4 挺，卡宾枪 6 支，长、短枪 747 支，子弹 12950 发，手榴弹 43 枚。[2]

---

① 《海南军政委员会关于实施土地改革的布告》（1951 年 3 月 22 日），见海南省史志工作办公室、海南省档案局（馆）编《海南土地改革运动资料选编》，2002 年版，第 24、25 页。

② 《海南土改委关于土改试点工作总结（草案）》（1951 年 6 月 30 日），《海南土地改革运动资料选编》，第 162 页。

②初步打垮了地主恶霸的政治势力，树立农民在农村的政治优势，使农村中敌我形势起了新的变化，农民做了农村的主人。③初步改造了基层政权，扩大和巩固了农村中青年、妇女、农会的组织，大大加强了人民民主专政。④大大削弱了地主阶级的封建剥削，动摇了地主阶级的经济基础，解决了农民夏耕和度荒的部分困难，初步满足了贫雇农的经济要求。据完成土改的 49 个乡的材料统计，农民分得主要果实如下：耕地 77137 亩，粮食 824346 斤，耕牛 654 头，农具 1716 件，房屋 315 间。①⑤教育了群众，训练和改造了干部，培养了 3999 名贫雇农积极分子。

土改试点工作中也出现了一些缺点与偏向，主要表现在：没收征收分配果实斗争中，琼山、崖县发生过接受中农献田、损害中农利益的情况；琼东发生过对华侨土地不经评定阶级就实行没收；临高在分配土地时，讲照顾地主，不讲满足贫雇农；万宁发生分田后，买酒肉菜聚餐，浪费果实的事；等等。对于这些问题，海南土改委要求土改干部注意纠正。

从 9 月开始，海南土改委在 14 个县市的 344 个乡 110 余万人口的广大地区开展土改第一阶段以"退租退押、清匪反霸"为主要内容的"八字"运动。这次运动是在农民觉悟逐渐提高、敌我界限初步分清的基础上，是在海南区党委明确思想认识、统一方法步骤、规定方针任务的基础上进行的，因而运动一开始，干部满怀信心，劲头很大，农民期望迫切，斗争坚决。土改第一阶段运动取得的成绩是：①在清匪反霸中斗垮了长期骑在人民头上欺凌压榨人民的恶霸 1315 人，收缴黑枪炮 3 门，机关枪 15 挺，长、短枪 599 支，给封建势力严重打击；②在退租退押清偿废债中，获得经济果实谷 37976655 斤，得益人口达 150755 人，平均每人得果实 87 斤，削弱了封建经济，解决了农民一些生活与生产困难，初步满足了农民的经济要求；③整顿基层组织中，清洗了不纯分子 10636 人，组织与锻炼了以贫雇农为核心的农民队伍 161639 人（缺儋县材料），培养了农民积极分子 28547 人，并带领了农民约 50 万人直接参加斗争，在斗争中提高了农民的阶级觉悟，加强了人民民主专政；④在培养干部中，使 3000 多下乡干部得到了锻炼与考验。② 土改第一阶段的成功，为第二阶段——划

---

① 中共海南区党委党史办公室编：《冯白驹研究史料》，广东人民出版社 1988 年版，第 286 页。

② 中共海南区党委党史办公室编：《冯白驹研究史料》，广东人民出版社 1988 年版，第 301—302 页。

分阶级、没收征收分配土地工作，铺平了道路。

二、琼崖土地改革任务的完成

　　1951 年 12 月 6—16 日，海南区党委召开了土地改革工作会议，对第一期"八字"运动进行了总结，确定 1952 年秋收前完成全岛土地改革。会议决定大量集中干部，尽快推进土改运动转入第二阶段，并选派海南区一级的负责干部亲临各县直接指挥。1952 年年初，全区土改与复查运动开始后，各地工作中普遍和突出地表现出不好的风气：在复查区，主要是包办代替比较突出；在土改区，主要是强迫命令比较突出。为此，海南区党委决定：在 2 月 7—16 日这一时间内，各县委必须按自己地区运动进展情况，用 5 天左右的时间，集中土改干部进行整训。① 春节整训干部后，土改运动有了很大转变，主要表现在：①切实建立重点，加强重点领导。②从领导到干部都较以前深入、踏实了，尤其是县委领导决心深入下去摸底，从而发现问题，解决问题。③使领导与干部心中有数，澄清对运动的若干盲目性，上下情绪高、劲头足。

　　到 5 月底，大规模的土改运动暂告一段落，完成运动的共有 219 个乡，704584 人，取得了明显的成效：①政治上，地主阶级当权派的威风，一般来说已被打垮，地主恶霸与反革命分子受到了严重的打击，被斗争的不法地主、恶霸及反革命有 2801 人，其中杀了 154 个，关了 972 个，管了 2333 个（包括被管制而未被斗争的反动军官）。破获匪特地下组织 128 宗，共扣押 716 人，收缴各种炮 9 门，轻、重机枪 22 挺，步枪 1428 支，手枪 545 支，弹药及军用品一大批。②经济上，获得斗争果实，据 242 个乡统计（包括未完成乡在内），有粮食谷 16879073 斤，耕牛 87 头，其他抵交果实的布 5822 丈和什物共 6961 件。③运动中组织起来的群众，在运动完成的 219 个乡，贫雇农组织有 124624 人，占贫雇农的 32%；参加农协组织的会员有 122354 人（缺 5 个县市共 64 个乡的数字，仅是 155 个乡统计），占总人口的 28%；民兵有 27590 人。② 土改不但对农民是一个革

---

　　①　《中共海南区委关于春节整训干部工作指示》（1952 年 2 月 11 日），《海南土地改革运动资料选编》，第 432 页。

　　②　《海南土改委关于夏前土地改革运动初步总结》（1952 年 7 月 13 日），《海南土地改革运动资料选编》，第 589 页。

命，对干部也是一个革命。广大的干部也在几个月的运动中得到了锻炼，取得了新的经验，在政策水平和工作能力上都提高了一步。

尽管海南区党委做了很大努力，土改运动也取得了很大成绩，但土改进度仍然严重滞后。到 8 月初，全岛还有 716 个乡（少数民族地区除外）没有完成土改，要在 1953 年夏收前完成，任务非常艰巨。为保证这次规模空前的土改任务的完成，中共海南区委第三书记张伟烈要求动员千军万马，紧紧依靠和团结部队与南下干部，迅速开展运动。

11 月 10 日，海南区党委召开扩大会议，中共海南区委秘书长崔金印作了《海南重点土改总结和今冬明春土改复查工作》的报告，指出：从 8 月 12 日以来，海南 5536 名干部用三个月的时间完成了 364 个乡 833099 人的土地改革。从整体情况看，已经有 1111455 人口的地区结束了土改，占全区的 44%，还有 1316633 人口的地区未完成土改，占全区的 56%。从全程来看土改取得了初步胜利，主要问题一般解决得比较彻底。

1953 年 1 月，海南区第二期土改与复查工作全面铺开，4000 多名土改干部分赴各地乡村。到 5 月底，海南全区除少数民族外已在 2291552 人口的地区完成了土地改革，并在其中 1209556 人口的地区完成了复查，从政治上、经济上消灭了地主阶级，变封建土地所有制为农民土地所有制，90% 以上地主户数受到农民的斗争清算，消灭了地主阶级长期统治压迫农民的政治威风。①

琼崖革命实质上是农民革命。革命的一项重要内容就是将农民从地主阶级的剥削和压迫下解放出来，就是消灭地主土地所有制。海南岛解放后，通过土地改革，海南区彻底摧毁了封建剥削的社会制度，广大无地、少地的农民分得了 927600 余亩土地和其他生产资料，极大地调动了农民的生产积极性，完成了消灭地主土地所有制这一民主革命遗留任务。通过土地改革，传统的琼崖农村实现了社会重构，为海南社会主义建设事业奠定了重要基础。

琼崖革命的胜利是中国共产党领导琼崖人民前赴后继、英勇奋斗的结果。琼崖孤悬海外，但琼崖革命并不是孤立无援。"琼崖人民的一面旗帜"冯白驹在回顾 20 多年的奋斗历程时说："海南党的组织二十多年来，

---

① 张伟烈：《关于海南目前情况和任务的报告》（1953 年 5 月 21 日），《海南土地改革运动资料选编》，第 712 页。

远离中央，在摸索中创造了一些成绩，但我们必须懂得，我们的斗争并不是孤立的，如果没有毛泽东同志领导下的全国革命的发展和胜利，海南是不可能得到单独的胜利的。在全部的过程中，虽然有些时候我们与中央断绝了联系，但就在那些时候我们从公开发表的文件中，从毛主席的著作中，初步地体会了毛泽东思想的要点，而这就是我们海南岛的斗争能够坚持和发展的最根本的原因。"①

---

① 中共海南区党委党史办公室编：《冯白驹研究史料》，广东人民出版社 1988 年版，第269—270 页。

主要参考文献

《列宁选集》第2卷，人民出版社1995年版。

《毛泽东选集》第1—4卷，人民出版社1991年版。

《邓小平文选》第3卷，人民出版社1993年版。

吴家桧：《海南近志》，台湾鹤见广告传播有限公司1993年版。

黎雄峰：《海南社会简史》，海南出版社2003年版。

林日举：《海南史》，吉林人民出版社2002年版。

符国华等：《琼岛丰姿》，香港天马图书有限公司2001年版。

李勃：《海南岛历代建制沿革考》，海南出版社2005年版。

［美］吉尔伯特·罗兹曼：《中国的现代化》，江苏人民出版社2003年版。

张闻天：《中国现代革命运动史》，中国人民大学出版社1987年版。

丁身尊：《广东民国史》，广东人民出版社2004年版。

中共海南省委党史研究室：《中国人民解放军海南将领传》，广东人民出版社1991年版。

中共海南省委党史研究室：《中共琼崖党史纪事》，《琼岛星火》编辑部，1992年。

琼崖妇运史料征集研究领导小组：《琼崖妇女革命斗争记事——新民主主义革命时期》，1985年。

陈永阶：《琼崖革命先驱者文集》，《琼岛星火》编辑部，1985年。

中共海南区党委党史办公室：《冯白驹研究史料》，广东人民出版社1988年版。

中共海南省委党史研究室：《琼崖大革命史料选编》，1994年。

中共广东省海南行政区委员会党史办公室、海南行政区档案馆：《琼崖土地革命战争史料选编》，1987年。

中共广东省委党史资料征集委员会、中共广东省海南行政区委员会党史办公室：《琼崖抗日战争史料选编》，1986年。

中共海南省委党史研究室、海南省档案馆：《琼崖解放战争史料选编》（上、下册），1989年。

海南省史志工作办公室、海南省档案局（馆）：《海南土地改革运动资料选编》，2002年。

邢诒孔、彭长霖、钱跃：《冯白驹将军传》，中共党史出版社1998年版。

朱逸辉：《琼崖旗帜——纪念冯白驹将军诞辰100周年》，海南出版社2004年版。

罗文洪：《峥嵘岁月》，海南出版社1994年版。

琼崖武装斗争史办公室：《琼崖纵队史》，广东人民出版社1986年版。

肖焕辉：《琼崖曙光》，广东人民出版社1989年版。

中共海南省委党史研究室：《红旗不倒——中共琼崖地方史》，中共党史出版社1995年版。

赵康太：《琼崖革命论》，南海出版公司2005年版，

李德芳等：《琼崖革命精神论》，武汉大学出版社2007年版。

冯仁鸿：《琼崖史海钩沉》，香港天马图书有限公司2000年版。

中共琼海县党史办公室：《琼海革命斗争史》，中国三环出版社1990年版。

中共海口市委党史办公室：《海口地下斗争史料选编》，1989年。

《南阳革命史话》编写组：《南阳革命史话》，《琼岛星火》编辑部，1991年。

中共文昌县委党史办：《文昌人民革命史》，海南出版社1988年版。

中共琼山县委党史研究室：《琼山革命史》，海南出版社1994年版。

中共三亚市委党史研究室：《崖县革命史》，中共党史出版社1995年版。

程昭星、邢诒孔：《黎族人民斗争史》，民族出版社1999年版。

王辅：《日军侵华战争》（第2册），辽宁人民出版社1990年版。

台湾总督府：《台湾总督府事务成绩提要·昭和十五年度》，台湾成文出版社1985年版。

符和积：《铁蹄下的腥风血雨——日军侵琼暴行实录》（上、下），海

南出版社 1995 年版。

　　符和积：《铁蹄下的腥风血雨——日军侵琼暴行实录》（续），海南出版社 1996 年版。

　　陈永阶、林飞鸾：　《琼崖华侨联合总会回乡服务团研究史料》，1993 年。

　　黄慰慈、许肖生：《华侨对祖国抗战的贡献》，广东人民出版社 1991 年版。

　　中共海南省委党史研究室：《琼崖革命研究论文选》，中共党史出版社 1994 年版。

　　中共海南省委党史研究室：《海南解放 50 周年纪念文集》，南海出版公司 2001 年版。

　　陈川雄：《琼崖革命研究文集》，新疆人民出版社 2003 年版。

　　王齐冰：《琼崖革命研究六十年》，南海出版公司 2011 年版。

后　　记

　　琼崖革命是海南大学马克思主义学院教师比较关注的研究课题。近年来，学院教师先后出版了有关琼崖革命研究的系列著作，产生了一定的影响。我们在承担教育部人文社会科学研究一般项目"琼崖革命与马克思主义中国化研究"的过程中，在以往研究的基础上，编写了这本小书，旨在弥补过去研究成果的某些疏漏，进一步普及琼崖革命的历史知识。

　　本书由李德芳拟定编写提纲，主持编写。具体写作分工是：引言：李德芳；第一、第二、第三、第四章：王善；第五、第六章：杨娜，第七、第八章：李锋。最后由李德芳对各章内容进行统一修改并定稿。

　　琼崖革命在中国革命史上占有特殊的地位，其波澜壮阔、丰富多彩的历史画卷，非常值得研究。今后我们将在此基础上不断深入探讨，将最新成果奉献给学术界。

作　者

2012 年 12 月 28 日